近世民事責任法の研究

金田平一郎［著］
和仁かや［監修］

九州大学出版会

研究室にて

九州帝国大学工学部本館前で学生たちと（昭和 12,3 年頃、箱崎）

自宅書斎にて
（昭和 19 年頃、旧武内通り
／筥崎宮北側）

目次

凡例

凡　例

本書は、著者・金田平一郎氏が昭和二四（一九四九）年初頭に提出し、同年六月三〇日付けで九州大学より法学博士の学位を授与された学位論文「近世民事責任法の研究」である。この論文は、日本近世法制史学の礎を築いた氏の集大成的な研究成果でありながら、長らく学界関係者の間でも存在自体知られてこなかった。

現在オリジナルは国立国会図書館関西館が所蔵し、二〇〇字詰原稿用紙に複数の清書者の手書きで清書した上、四分冊に簡易製本されている。本書刊行に際し、これらすべてを監修者により電子データ化した。入力時の基本方針、並びに原文に修正を加えた点は次の通りである。

- 本文の旧仮名遣い及び旧字は、原則としてすべて現用の仮名遣い及び通用字に改めた。また一部表記も通用に改めた。
  例：～し度い→～したい、就いて→ついて、此→これ、この
- 史料を含めた引用部分については、特段の理由のない限り、変体仮名及び旧字のみ通用字に改め、仮名遣いは原文での表記に従った。また原文では読点が付されていない史料には、読みやすさを考慮し、初出論文（解題参照）に付されている分についてはそれに従い付加した。その他部分的に改行等を施した。
- 引用史料、参照文献の表記は、基本的に原文に従った。但し引用符については原則として、書名は『』、文書の表題は「」で統一した。なお文中で九州大学法制史研究室及び同経済史研究室蔵とあるものは、現在では九州大学附属図書館蔵となっている。
- 明らかな誤字脱字、もしくは清書時の転記の際に生じたと考えられる単純な誤記は、初出論文とも照らし合わせつつ修正した。
- 以上の他個別に修正を加えた箇所については、本文中の監修者註（〔　〕）で示した。

近世民事責任法の研究

金田平一郎

はしがき

本書は、第一編において近世民事責任法（第一編序説参着）の体系的研究を試み、第二編乃至第五編において、それぞれ第一編の論述に直接関係ある主要問題を取り上げて、改めて詳論するという仕組を採ることにした。最後の第六編は近世法残存期近代法出発期の民事責任に関する論考であるが、近世民事責任法理解に欠くべからざるものと考えて付加した。

第一編　徳川時代の民事責任法

序説

（一）近世徳川時代[1]においても、特定人が特定人に対して一定の給付をなすべき関係、即ち今日いうところの債権債務関係において、給付がなされない場合、一定の人または物件に対して、ある種の拘束が加えられるという法制が存する。而して、この種の拘束はその多くが直接債務の履行を強制するものであり、然らざるものといえども少なくとも履行に代わる結果を齎すものであって、債権の満足を得せしめることを目的とし、且つその目的に添うものであったのである。換言すれば、この種の拘束は、債権の担保のために加えられるものであったのである。

しかしながら右はその概説であって、これを詳細にいうならば、この種の拘束のすべてが、直接債権担保の効果を伴うものとはいえないのである。

債務の履行が見られない場合、一定の人（債務者を主とするが必ずしもこれに限らない）の法益を褫奪するに止まるもの、即ち直接債権の担保とならざる拘束も存するのである。もっとも、かくの如き内容の拘束といえども、それはやがて債務の履行を間接に強制する結果となり、また制度自身としてもこれを一つの目的としていたのであろうが、しかしなおそれは、債権担保を第一目的とせるものではなく、債務者その他の人の法益褫奪を主たる目的とするものであると考えられるのである。

徳川時代債務の履行が見られない場合の一定の人または物件に対する拘束について、右の如き種別が認められるとすれば、その中の直接債権の担保となるものは、今日の民事責任の概念に該当するのであるが、一定人の法益褫奪を第一目的とする拘束は、その内容において、今日の刑事責任に類するものといわねばならないであろう。

さて、本編題して徳川時代の民事責任考究というが、今日の民事責任的拘束のみを考究するものではなくして、今日の刑事責任的拘束の場合にも及ぶのであるが故に、今日の用語例からするならば、甚だ当を得ざる文字といわなければならないであろう。しかし、それが債務違反に基づくこと、またそれが法律上の制裁であるということにおいては、両者全く同一であるが故に、民事的給付義務違反に対する制裁という意味において、ここに両責任を民事責任と総称することにしたのである。

これを要するに、本編は徳川法制上の債務違反に源を発する制裁を、各種の観点から考察せんとするものである。

（二）次に、徳川時代における民事責任法の研究というも、徳川時代我が国に行われたこの種制度全般を考究の対象とするというのではない。

徳川法制を概観して、まずその法系について幕府法と諸藩法との対立が認められ、内容的には封建法と普通法との対立が看取出来るのであるが(2)、今本編において取り扱わんとする民事責任法についても勿論、たとえ封建法普通法の対立は殆ど問題でないにしても、幕府法と諸藩法との対立に至っては充分これを認めることが出来るようである。故に、徳川時代における民事責任法という時には、幕府法上の民事責任と諸藩法上の民事責任とを共に指称することになるのであるが、ここに考究せんとする対象は、題名に忠実ではないが、幕府法上の民事責任であって、資料の関係上藩法上のそれは後日の問題とするものである。

なお、同じ幕府法の及ぶ法域であっても、地方的特別法が存し、必ずしも一律の法制が行われたとはいい得ないのである。殊に私法的方面についてその類例が多いのである(3)。然りとすれば、各地方の特別法にまで考察を及ぼさざる限り、幕府法の研究とはいえないのであるが、これまた資料に制約せられて、本編においては、江戸を中心に、併せて大坂その他二三地方の民事責任法を考究するに過ぎないのである。

これを要するに、ここに徳川時代の民事責任法というも、それは江戸、大坂等の地方に行われたる幕府法上の民事責任制ということになるのである。

もっとも、いうまでもなく、江戸、大坂は当時における政治的中心地であり、経済的中心地であるが故に、この地方の法制は原則として一般法的性質を帯びるものが多く、従ってこれら地方の法制の考究は、幕府法の一般原則の考究ということにはなるのである。

(三) 次に、「徳川時代においても私法の根本は依然『古例』もしくは『仕来』などと称せられた地方的慣習法であって、成文法はただこれを匡正し補充しあるいは明確にするだけの職分を有していたに過ぎざりしこと中世と同様である」[4]が故に、徳川時代の私法的制度の真髄を知るには、成文法に止まらず慣習法の充分なる考察が果たされねばならないのであるが、現在の私としては慣習法の淵源の蒐集極めて至らず、勢い以下の所説は多くの場合、成文法を主たる基礎とせざるを得なかったのである。従って、以下述べるところは、厳格には成文法上の民事責任制であって、当時の民事責任法の全貌を描出するものではないのである。

(四) 最後に述べておきたいことは、これまた資料不足からではあるが、以下の民事責任に関する考察は、主として徳川時代におけるこの方面の法理の解明を志すものであり、この制度の沿革関係立法の変遷等については、殊に備わらざるものがあるということを充分自認しているということである。

(1) ここにいう近世とは、徳川幕府時代という意である。人によって近世というもその意必ずしも同一でない。而して、それには種々の理由がある訳であるが、今私はそれを云為するつもりはない。私のここに近世とは、徳川時代という代わりに、便宜この語を用いたに過ぎないということにしておく。
(2) 中田薫『法制史論集』第一巻四六七頁参照。
(3) 拙文「徳川時代の特別民事訴訟法」(『国家学会雑誌』四二巻一一号) 緒言に述べるところ参照。また例えば分散法の如き江戸と大坂と相異なること、拙文「徳川時代の大坂分散法註解」(『国家学会雑誌』四八巻九号) 参着。なお次註所引参照。
(4) 中田薫『法制史論集』第二巻六〇四頁以下。

第一章　責任の範囲

緒言

徳川時代、特定人（債権者）に対して一定の給付をなすべき者（債務者）が、その給付をなさずあるいは給付をなし得ざる場合、法律上の拘束（責任）は、（一）如何なる対象に対して（二）如何なる程度に加えられるものであったか。この二つの問題を、私の本編に所謂民事責任の範囲に関する事項としてまず考究して見ることにする。

さて、徳川時代の民事責任は、被拘束対象の側からこれを概括大別して、（一）一定人の財産（包括的）が拘束せられる場合、（二）同じく財産であっても個々の財物が一応責任物として特定されるという形のものである場合、（三）一定の人の身体その他各種の人格法益が責任の対象となる場合の三種となすことが出来るのである。

今以下には、第一の場合を財産責任、第二の場合を財物責任、第三の場合を身的責任と名づけて、一応三者別々にその範囲について考察を試み、然る後別節を設けて、これら三種責任の相互関係を考えるという順序に従いたいと思う。

第一節　財産責任

緒言

徳川時代、債務の履行が見られない場合、一定の人の財産が包括的に拘束を受ける場合、即ち財産責任は当時の官憲的財産執行たる身躰限の場合にこれを見ることが出来るのである。然らば、この場合における財産の責任範囲の程度如何。以下項を分かって考察して見よう。

その前に附記しておきたいのは、後に述べるように当時私的差押契約の慣行が存し、その場合財産責任を設定する事例が見出され、しかもこの私的差押契約はまず法律上有効であったと推定される（第二章第一節第二項）ので、ここにまた財産責任（財産責任としては勿論特例ではあるが）を見出し得るということである。なおこの場合の責任の範囲については、今これを詳らかになし得ないが、恐らくまず契約によって決定され、身躰限の原則に抵触せざる限り有効なのではなかったろうか。

第一項　財産の範囲

（一）身躰限における執行の目的たる財産は、身躰限申渡当時における責任者の「田畑屋鋪家蔵家財」、即ち責任者の有体財産のまずもって全部[1]、及び債権[2]であったのである。

なお我が固有法の財産権の体系の中には、不動産物権、動産物権及び債権の外に、特定の地域内に行われもしくは特定の地域に固定する権利であり、不動産の収益権の如く永続的収益の源泉であるところの、中田博士の所謂准不動産物権、及び無体財産権的権利を参入することが出来る。就中准不動産物権は既に中世に存在したものであり、例えば関給主職（関税徴収権の恩給を受けたる者の権利）、塩会物職（また塩会物公事職ともいう塩会物に課税する特権）、先達職（また丹那職御師職宿職ともいう道者を案内し宿泊せしむる各種の営業権）、問職（また問丸職ともいう問屋営業の特権）、及びその他職と呼ばれる各種の特許営業権等がそれであるが、その中での最も典型的な各種の独占的特許営業権は、徳川時代になっても各種の問屋株、酒屋株、髪結床株、湯屋株等として存続し、広く行われたのである。先達職、丹那職の如きも地方的にはなお徳川時代存続したのである。(3)

然らば、徳川時代准不動産物権、無体財産権また身躰限の客体となったか否か。この点については今明証を欠くが、中世以来准不動産物権は売買質入の目的となり得たのであり、(4)また無体財産権も大略同様であったと考えられるが故に、身躰限の客体ともなり得たものと解していいのではあるまいか。

これを要するに、身躰限の客体は不動産物権、准不動産物権、動産物権、債権、無体財産権に亘る責任者の身躰限中渡当時現在(5)の総財産であったのである。当時の語を以てすれば、「分限有次第」(6)の責任であることを原則としたのである。

(1) 拙文「徳川時代の特別民事訴訟法」(四)(『国家学会雑誌』四三巻九号)一〇七頁。

なおこの論文(同上頁)において、少なくとも大坂堺地方にては、あらゆる財産「先祖ノ位牌マデ残ラズ貸方へ没収スル掟」であったということを『東湖随筆』の記事によって述べておいたが、今大坂地方の法例書である『諸届願出法式』の中に収めたる「身躰限リ帳面仕方」例を見るならば、その情況がより一層判然するであろう。

何守殿領分何州何郡何村何右衛門身躰限リ附立帳

松平何守殿領分

何州何郡何村

何右衛門

願人

なる表紙を附し次に

一仏壇壱本

此内ニ

阿弥陀如来掛物壱幅

瀬戸もの　三ツ

三ツ具足　壱段

経机　壱脚

一畳　何畳

一帳籠　壱

一火鉢　壱

一硯箱　壱

一蒲団　壱

一膳椀五人前箱入

〆
一茶碗拾人前箱入　　一行燈　壱
一鍬鋤　何梃
右者願人江相渡申事　　右之外品々者其時之有姿ニ可認候事

とあるものこれである。

（2）拙文「徳川時代に於ける債権及び債務の移転」（『法政研究』一巻一号）五四頁。

（3）准不動産物権については中田薫『法制史論集』第二巻一九〇頁以下及び八四〇頁以下。同上八四五頁註37中にて中田博士はある種賤民の職場権を准不動産物権の一つと見做されている。湯屋株については『洗湯手引草』（嘉永四年版）参照。

なお右掲の外、彼の板船株（『社会経済史学』五巻一号所載伊東弥之助「日本橋魚市場の板船株に就いて」等参照）、下肥汲取権（野村兼太郎『読史余瀝』の江戸の下肥取引の条参照）等また准不動産物権の一種であろう。

無体財産権については、今詳説の遑はないが、版権（なお徳川時代の版権については椿村専一『著作権法概論』参照、同書一二九頁に慶応元年五月の「版木売上一札之事」なる版権売渡文書を掲出す、九州大学図書館蔵京阪地方関係文書に版権取引文書少なくないが今挙げず）、専売特許権的権利（例えば『古事類苑』産業部第一、二六八頁に水揚道具の専売を個人に許せる事例を載せたり）、商号権（これに関する資料は当時の裁判説話にも見える、『本朝藤陰比事』巻五の「〇看板に偽ある梶原屋の」の条、『耳嚢』上三の「〇幾世もち起立之事」の条等なお商号権取引が適法なりしこと宝永六年己丑十月五日の申渡に「…古来よりの造酒屋名題外へ譲候儀…名主共致吟味差図可請候云々」（『日本財政経済史料』二、一三二五頁）とあるによって知られる）、その他営業上の権利、例えば得意等はまず無体財産的権利といえるであろう。『経済史研究』一四巻二号一〇〇頁に得意書入証文が出ているが、飯田市図書館司書小林郊人氏より得意売渡証文の開示を得たので、転記して参考に供する。

同市伊藤兵三氏蔵文書である。

譲渡申旅先売場之事

一我等是迄売来り候御座物元結水引紙類椀類旅先売場所
一上州高崎　安中　一武州鴻巣　羽生
一武州深谷　熊谷　行田　加須　幸手
〆九ヶ所
右之場所今般勝手に付亀屋佐兵衛肝煎を以貴殿江譲渡為請料与金八拾両只今慥ニ受取申候処実正ニ御座候尤売場所譲渡之儀者　御城下之外在方且御地領は譲渡不相成候御定ニ御座候右商事売場所ニ付我等子孫ニ至迄毛頭執心無御座候然上は以後御勝手ニ御商可被成候為後日之旅先売場所譲渡証文仍而如件

文久元酉年　　譲り主田町

十二月　　　　　　　　　　萬屋吉右衛門　印
五人組総代
綿屋久兵衛　印
親類総代
正木屋萬吉　印
口入肝煎人
亀屋佐兵衛　印

知久町三丁目
丸賀屋善兵衛殿

その包書に「旅商事得意譲渡証文」と見え、また次の裏書あり、

御産物取締年番　　問屋　　小西虎助　　印書判

表書之通相違有之間敷候以上

同断　　　　庄屋　　小林源兵衛　　印書判

（4）中田薫『法制史論集』第二巻一九〇頁。

（5）但し、大坂堺においては債権判決当時現在の総財産という原則が行われたらしい（拙文前段註（1）所引参照）。なお分散における分散財団の構成（本節附説の（三））対照せらるべし。

（6）『徳川禁令考』後聚第二帙六三一頁〔原註は註番号のみで註記文欠落、一六頁引用史料により補った〕。

（二）右は現在財産の被拘束範囲如何に関する考察であるが、次に責任者の将来の財産については拘束の及ぶことはなかったか、ということを考えて見なければならぬ。これを反面からいうと、当時の財産強制執行身躰限は免責的効力を有するや否やの問題があるのである。

さて、『公事方御定書』下巻「身躰限申付方之事」の条に

金高不足候得者追而身上取立次第可相掛旨申付(1)

とあるが、これこの点に関する幕府法上の原則を示すものである。即ち幕府法は身躰限に免責的効力を認めないことを以て原則としたのであって、「身上取立次第」即ち将来財産また拘束を受けたのである。

しかし、少なくとも大坂堺地方においては身躰限によって「他ノ細々シキ借金ハ一円返スニ及バザルコトニナリテアレバ無借金ノ人トナリ棄捐モ同様」[2]であったのであるから、この地方の身躰限には、免責的効力があったのではあるまいかと考えられる。それはともかくとしても、この外になお身躰限に免責的効力を有たしめた場合と解せられる一二の事例が見られる。

元禄十五年の申渡に

一奉公人引負又は取逃仕候者請人より給金は急度返済させ其外取逃弁金は請人方分限有次第弁させ不足分は主人損失に致させ云々[3]

とあるがその一つで、これは請人の奉公人取逃金弁償関係においては、執行当時現在の請人の総財産に拘束が加えられるに止まり、将来財産には拘束が及ぼされないという原則の存在を示すものであろう。ただこの種の原則が、御定書時代以降にもなお行われたか否かは今考え得ない。

その二は、年貢（貢租）引負の村役人に対し財産執行を行いし結果、なお「不足ニ候ハ、村方江弁納申付」た事例であるが[4]、この場合また同様の関係と見られはしまいか。もっともこの場合残額村方弁納ということによって、当然引負村役人の責任解除となるものではなくして、引負村役人の将来財産また拘束を受けるものとも考えられようが、まず以て村方弁納によって、引負村役人免責の文意と解するが、自然ではなかろうかと思うのである。なおかくの如く解するとしても、それは引負村役人免責というだけであって、当該責任が何人に対しても問われないということまでを意味するものではない。

以上これを要するに、徳川時代の財産強制執行は例外皆無ではないが、原則として免責的効力を有せざるものであったのである[5]。換言すれば、当時の財産責任は所謂人的無限の責任であったのである。

当時の財産責任執行を呼んで身躰限または身代限と称し、また財産を身上あるいは身体等と呼ぶことは[6]、財産責任が人的無限の責任であることを、即ちこの財産とは単なる財産でなく、結局一身的なものであることを自然に表現しているものとなし得まいか。

(1)『徳川禁令考』後聚第二帙一八四頁。なお拙文「徳川時代の特別民事訴訟法」(四)(『国家学会雑誌』四三巻九号)一〇七頁参照。
(2)『東湖随筆』の一節『古事類苑』政治部四、六五三頁所出による。
(3)『徳川禁令考』後聚第二帙六三一頁。
(4)本書第三編第三節〔本書二二〇頁〕。
(5)分散の免責的効力(本節附説の(三))参着対照せらるべし。
(6)これについては改めて出典を挙げる必要はあるまいが、前段所掲御定書の法文中に身上とあるが如きその一例である。

(三)上にいう如く、徳川時代の財産責任は人的無限の文字通りの総財産責任であることを以て原則としたのであるが、たとえ責任者の財産であっても特殊な条件が加わる場合には、拘束の外に置かれたのである。少なくとも次の二場合がそれである。

まず第一に、責任者の財産といえどもそれが第三者の担保権の客体となっているために、拘束を受けることがない場合が存するのである。

換言するならば、財産責任執行に際して、その財産中第三者に対し担保として提供せられているものにして、担保権者によって優先支配せられ身躰限の客体にならざるものがあるというのである。当時においても、担保権の客体となる財産は不動産、動産、准不動産、債権、無体財産権等あらゆる財産であったが、その代表的なものはいうまでもなく動産または不動産である。以下動産、不動産担保(質入―占有質、書入―無占有質)の場合について、右の原則の存在を具体的に調査して見よう。

不動産質入の場合について見るに、天保十四年の金銀出入裁許改革に関する書付の条々中に

一借主所持之田畑家屋敷等家質々地ニ入置候ハ、証文吟味之上出訴以前入置候ニ無相違候ハ、質入之田畑屋敷ハ売払・・・・・・質取主江為相渡残金之内を以訴訟人江可相渡云々(1)

と見えるところから、少なくとも金銀出入の場合においては、質入されてある田畑家屋敷は身躰限の客体とならなかったことが分明するのである。

これは江戸の原則を示すものであるが、大坂にても同一の制度が行われたことは、天明五年の「大坂表金銀出入取計之事」の条々中に

一家屋敷田畑等質地に入有之候得者其分売払元利質取主江相渡売出之分身代限請取候もの江相渡云々(2)

とあることによって充分明らかである。

但し、ある特殊な債務の執行の場合には、この原則の適用はなかったのである。即ち村役人がその管理する年貢（貢租）米金を引き負いし場合には、「所持の田畑家屋敷家財質入に致置候分并書入候分共取上御払之上右代金を以御年貢引負之分為相納」たのである。(3)

不動産無占有質即ち書入の場合は如何というに、書き入れてある不動産といえども、身躰限の目的となることを以て原則としたのであるが、(4)少なくとも大坂地方にては、書入地所を書入権者に引き渡すという例外制度が行われたのである。(5)動産質入、動産書入については明確なる史料に接し得ない。しかし分散法上、書入、質入、動産を分散財団より除外するという原則が広く各地方に行われたこと、(6)及び不動産担保の場合の原則とを以てするならば、少なくとも質入動産は執行の外に置かれたものと憶測し得まいか。

（1）『徳川禁令考』後聚第二帙三三一頁。なお次段所掲享保十一年六月四日の評定所一座相談書参照。
（2）同上四六二頁。
前註本註所引共に中田薫『法制史論集』第二巻五四二頁註34の指示に従う。
なお大坂においては、家屋敷の質入であってもそれが所謂家質契約である場合は、書入に外ならぬ（中田薫『徳川時代の文学に見える私法』家質の条）からこの場合は別である。次の（四）に説くところと対照すべし。
（3）本書第三編第三節〔本書二二〇頁〕。
（4）中田薫『法制史論集』第二巻五五四頁。
（5）同上註47。
（6）本節付記〔「附説」を指す〕の（三）参照。

（四）責任者の財産にしてなお拘束を受けざる第二の事例は、質地別小作滞（質地を第三者に小作せしむるが別小作）に原因する身躰限においては、責任者の家屋敷はこれを執行の外に置くという原則である。これは享保十一年六月四日の評定所一座相談によって確立された原則で

別小作人身代限之事……小作人所持之田畑質地ニ入置候分ハ田畑持不申もの同前に諸道具は為相渡家屋敷ハ為渡申間敷候[1]

とあるものこれである。

さて、この責任者の家屋敷無拘束という原則は、法的淵源の上ではこの別小作滞の場合にのみ見られるようで、一般には家屋敷当然に身躰限の客体となったものであるらしく考えられるのである。右は単なる憶測であるが、後に述べる通り、別小作滞の場合における責任者所持の田畑は、これを一定期間債権者をして強制管理せしめるに止め、他の場合の如くその所有権またはその価格を債権者に移転せしめないという原則が行われ、而してこれはまた享保九年に設けられ、後々まで一般原則に対する例外的制度として終始別小作関係についてのみ適用されたのであるが[2]、この別小作滞特別扱いの事実を参照して考えるならば、首肯し得る憶測ではあるまいか[3]。

（1）中田薫『法制史論集』第二巻五八四頁註42。
（2）同上及び同上五九九頁註73。
（3）分散の場合は、家屋敷を分散財団より除外する慣行が広く行われた（本節附説の（三））こと対照。

第二項　責任の程度

前項財産責任における財産の範囲についての考究であるが、次に然らばその財産に対して加えられる拘束の程度は如何なるものであったか。『公事方御定書』の表現に従えば、この拘束は「取上[1]」であるが、その具体的内容は如何なるものであったか。

これは結局身躰限の方法に関する問題であるが、財産を売却してその代償を以て債務の弁済に充当するというのが、その原則的方法であったのである。もっともこの原則は天保十四年の改革に際し確立せられた制度であって、それ以前においては財物そのものを債務額に応じて債権者に交付したものらしく、殊に財産の価格が債務額に満たない場合には、この方法を用いたものらしいのである。(2)

これを要するに、徳川時代の財産責任は財産の所有権、後には原則としてその価格を債権額に応じて債権者に移転することを以て、その拘束内容としたのである。(3)

しかしただ一つ、前に一言したところであるが、別小作滞の場合の責任執行に関しては、全然その内容を異にする次の如き特別規定が存するのである。

享保九年三月二日創定の

　家財ハ不残相渡田畑ハ小作滞リ金高之多少ニ応年季ヲ限リ金主方へ相渡サセ可申候

即ち田畑については、単に収益のために、所持田畑の占有を質取主（金主）即ち小作債権者に移し、ある年季間強制管理をなさしめるに止めるという制度がそれである。而してこの制度は後世にも行われたのである。(4)

（1）『徳川禁令考』後聚第二帙一八五頁。
（2）拙文「徳川時代の特別民事訴訟法」（四）（『国家学会雑誌』四三巻九号）一〇七頁。なお次々註前段所引参照。私的差押契約によって生ずる財産責任にあっては、その拘束内容もまた契約によって定まったものであろう、なおこの点については本書第二編。
（3）第二章「責任の実現」参照。
（4）中田薫『法制史論集』第二巻五八四頁註42、五九九頁註73。

附説

以上徳川幕府法上の財産責任に関する原則の大要を見たのであるが、なお以上考究せしところに関連して説述すべき事項にして未だ及ばざりしものがあるので、それらを述べ、併せて分散制度上の原則にして本節所説事項に比当参着すべきものを附記し、以て本節を終わることにしたい。

（一）前述の如き財産責任の範囲に関する制規は、原則として一般庶民に対してのみ適用されたものであって、武家、寺社、能役者、御用達町人等公法的な特殊身分の具有者に対しては全く適用されなかったものであることを、まず第一に述べておかねばならぬ。これをより具体的にいうと、右の如き特殊身分具有者に対しては身躰限処分が行われない、換言すれば彼等には財産責任が問われなかったのである。(1)

なお右は前記の如き武士その他の特殊身分具有者の私有財産についての原則を述べたのであるが、私有財産にして然り、まして形式的にはその公法的支配権能を有するに止まる武士の知行所の如き、武士に対する債権の担保とならざることは、事理上いうまでもないことであったのである。『甲子夜話』に

佐竹侯義敦……御朱印の高知行残らず二十ヶ年の中公辺え指上申すべし。夫を以て程々借財公儀より御片づけ被レ下給り度候……老中方承り道理顕然たれど狂骨なる筋取挙ぐべくもなければ先づ暫預り置く家老は引取べしとて夫より竟に沙汰止みに及べりとぞ。(2)

という記事が見えるが、蓋し当然のことであったのである。

しかしこの公私の別を混淆して、借財のために知行地を拘束し、その収益を債務の担保に充てる（前記別小作滞の場合の田畑強制管理に似たる形式で）という取扱事例も見られるのである。

右引当御借用高に応じ諸家え之貸附は御領分之内田畑取置若御返済滞御願申上候ハヽ、元利返金相済候上迄最寄御代官へ田畑御預り置き年々物成御取立右貸方町人共へ御渡し可被下(3)

という取扱が、少なくとも大坂地方における武家への貸金関係について見られるが、これがその一例である。

岡山藩における承応三年の

家中藩士にして借銀の為め家計維持し難きものは屋敷知行とも一旦返上の上在郷に住せしめ別に生活費用を給し一旦返上に係る知行所より生ずる物成を以て借銀を償ひ借銀皆済の後二三年間物成の蓄積を為し家普請用銀等を支弁し得

るに至らば再び岡山に帰り知行屋敷等素の如く給せられる。(4)

という制度はまた同種のものであるであろう。

（1）拙文「徳川時代の特別民事訴訟法」（四）（『国家学会雑誌』四三巻九号）一〇五頁。拙文いうところは金公事（利子附無担保金銭債務訴訟）の場合の原則であるが、この他の一般債務訴訟についても同様であったであろう。
（2）『日本随筆大成』本、下七四五頁。
（3）『大阪市史』第三、一一〇九頁所載天明五年十二月十五日の「御用金被仰付候者請書之事」の一節。同上一一一五頁所載天明六年正月七日の触は同旨触書であるが、これにあっては「田畑取置」が「村高書入」となっている。
『日本財政経済史料』第二巻一一四頁所出の天明六年丙午六月日の「右者社○寺当午より来る戌まで五ヶ年之間年々前書之通出金被二仰付一従二公議一（儀の誤）も御金被二差加一同大阪表会所において利足七朱之積を以諸家へ致二御貸附一返済引当之儀は大阪表通用之米切手並領分之内相応之村高証文に書入万一相滞候節は米切手は彼地定法之通取計切手米為二相渡一村高は最寄御代官へ預り其物成を以返済之積」参照。

なお書入は後述の如く無訴権であり（本章第二節第二項）、従って書入物責任が発生しないことを原則とするが、かくの如き場合は例外である訳である。

さらに当時の領主地頭借、地頭裏判借金における年貢引当（書入）、村方田畑の書入、質入等また同種の場合と考えられるが、この場合は一般原則通り無訴権なのである（前段註（1）所引拙文（一）（『国家学会雑誌』四二巻一一号）一四七頁以下）。従ってこれらまた形式的には公私混淆の一例ではあるが、原則として官憲的拘束以外法律上の責任を認めない（第二章第一節）徳川幕府責任法上は何らの意味がないのである。
（4）『岡山市史』上、一七〇頁。

（二）次には前記の別小作滞の場合における田畑強制管理法について、今少し考究を重ねておきたいと思う。
さて、この種の強制管理法においては、財産の所有権または価格を債権者に移転するものではなく、田畑の占有を債権者に移し彼をしてその収益を受納せしめるという内容のものであるが故に、ここに質関係を見出すことが出来るであろう。しかもそれは収益質関係であったのである。

而してそれは勿論関係者の契約に基づくものではなく、官憲的差押によって生ずる関係であるが故に、さらにこの強制管理関係は所謂差押質関係の性質を有するものとなすことが出来るであろう。

これを要するに、この財産強制管理という拘束は、収益質としての差押質であり、ドイツ語にいうところの Anpfändung[1] の本質を有するものであったということが出来るであろう。[2]

（1）中田薫『法制史論集』第二巻三八二頁。

（2）なお中田博士の研究によれば、我が中世には差押質が一般的に行われたのである（前註所引三八二頁以下）が、徳川時代になるとこの種の制度は衰頽の傾向があるのである（中田薫、同上五六一頁）。

しかし私的差押契約の慣行必ずしも稀少ではなく（本書第二編参照）、成法上の類例も二三存するのであるから、一般的とはいえないにしても、差押質そのものはなお行われたのである。

成法上の類例の一つは、右の強制管理であるが、次の如き場合またその一例であろう。大坂において、公儀代官等に対し他人のために自己の家を質に入れた者即ち「借リ家質之者共へ割付出銀申付上納皆済之上借リ家其主へ可返遣候」なる原則が行われたが、この質は書入であり法律上の拘束を受けないものである（本章第二節第二項「書入」の条参照、なおこの外にも同様の文同上条に見ゆ）が故に、かくの如き質入家屋敷に対する拘束は一種の差押質と見做されるであろう。

徳川初期に行われた加害家畜被害者差押法（第二章第一節第一項（一））また参照すべし。

（三）徳川時代、「競合セル多数債権ヲ満足セシムルコト能ハザル債務者ガ、債権者ノ同意ヲ得テ自己ノ総財産ヲ彼等ニ委付シ、其価額ヲ各債権ニ配当セシムル制度」として分散（割符）なるものが行われたが、これは債権者、債務者の協約に基づく財産委付であって、前述の身躰限即ち対財産強制執行とは勿論全くその法律的性質を異にするものである。[1]

しかしながら包括的財産について債権の満足を得るという点においては、両者同一であり、一方分散は当事者の協約に基づく関係であるとはいえ、一旦分散協約が成立せし上は、一定の法規に従ってその事務が遂行せられるものであるが故に、その実質からこれを見るならば、分散と身躰限とは同種の制度とはいえないにしても、少なくとも類似の制度と見做すことは出来るのである。

よって、今以下に分散における分散財産の範囲の原則を略記して、身躰限のそれと対比して見たいと思うのである。

分散に当たり各債権者に配当せらるる分散者の財産、即ち分散財団は、分散者の諸道具、家屋敷、船舶債権等の分散者

の総財産であることを原則としたのである。(2)

但し分散者の財産にても、他に質入中のものは当然には分散財団の構成分子とならず、また地方によっては家屋敷を当然分散財団より除外するという慣行も行われたのである。この点について、以下やや詳細に述べてみよう。

「身躰倒之質物負せ方江吐出し申事無之」(3)とは大坂地方の分散法上の明文であるが、かくの如き質入財産分散除外の原則は、幕府法上の一般原則であったのではあるまいか。

一般慣行としては、質の場合のみならず書入の場合もまた同様となせる類例が少なくない。

負債弁償能ハサル者ハ親類組合立合其財産ヲ検シ各債主ノ承諾調印ヲ受ケ役印証文アル抵当物ヲ除キ其他一切ノ財産ヲ売却シ其金ヲ分配ス○尾張国愛知郡

（分散の場合）庄屋奥印アル抵当物ハ其債主先取ノ権アル事勿論ナリ○三河国渥美郡

庄屋ノ奥印アル抵当金ヲ引取其余ヲ以テ各債主ニ分配ス○三河国額田郡

身躰分散スルトキハ……一切ノ財産ヲ入札払ニナシ債主ヘ分配ス。書入質入ノ抵当アル者ハ先取ノ権アリ○遠江国佐野郡

町頭ノ奥印ニテ書入ノ明文アル財産アレハ其債主先取ノ権アル事ナリ。○駿河国安部郡、有渡郡

右は『全国民事慣例類集』の記載であるが(4)、この種の類例は『日本商事慣例類集』にも多く見えるところで、今日の東京、千葉、茨城、神奈川、栃木、三重、愛知、静岡、岐阜の各府県地方同様の慣例であったことを知ることが出来る。今その一々を挙ぐるの繁を避けるが、一二の例を出すと(5)

義務者分散を為したる時は抵当を有する債主の外に先取特権の附着したるものなし○東京市浅草区

抵当を有する債主の外に先取特権を有する慣習なし○岐阜県羽栗郡、中島郡

次には、分散者の家屋敷は当然に分散より除外するという慣行の実例を掲示してみよう。

これまた『全国民事慣例類集』の記事の転載であるが、次の如きものがそれである。

身代分散ヲ為シテ一切ノ財産ヲ売払ヒ債主ヘ償フ事アレドモ宅地ハ決シテ手離ス事ナシ○伊豆国田方郡

分散（の場合）…然レドモ其宅地家屋ハ必ス存シテ身代ノ持直ニ便ナラシム○相模国鎌倉郡

身代分散スル者ハ宅地ヲ除キ其他一切ノ財産ヲ売払ヒ其金額ヲ以テ債主ノ貸金高ニ応シ配賦スル例ナリ。宅地ヲ存スルハ村方戸数ヲ減ゼザル主意ナルヲ以テ債主ニ於テ之ヲ奪フ事ヲ得ズ。○相模国足柄郡

身代分散（の場合）…宅地ハ必ス売払ノ部ニ加ヘス本人ニ付与スル習慣ナリ。○常陸国新治郡

村方ニテハ役場ニ於テ引受ケ其財産ヲ糶売ニ為シ一畝ノ宅地ヲ残シ売却ノ代金ヲ分配シテ義務ヲ果ス。○近江国滋賀郡

身代分散ノ節ハ……大抵居宅ハ債主勘弁ニテ付与スル例○岩代国信夫郡

なおさらに、次の如きものも参着すべし。

（分散の場合）凡ソ一切ノ財産ヲ売却スルト云ヘトモ親類組合ニテ尽力シ其住家ノミハ買取リ之ニ住居セシムル事多シ○遠江国敷知郡

（分散の場合）一切ノ財産ヲ売却シ……債主ノ分配スル事ナリ但農具炊具ノミハ存シ其家族ノ仮居トシテ住宅ノ外灰小屋或ハ木小屋ニ住居スルヲ許シ宅地ハ十箇年ノ質入ニ為ス例ナリ。○駿河国安部郡、有渡郡(6)

最後に分散の免責的効力如何について述べて、分散者の将来財産に対する責任関係如何を窺っておきたい。

中田博士の研究によれば、分散に免責的効力が認められたのは寛政十二年以後のことであるらしいのである。(7) しかし、既に早く少なくとも大坂地方に行われた分散法上にては、特殊な場合についてではあるが、分散に免責的効力を付与する原則が存在した。

即ち、（一）少なくとも元禄時代から、分散者の分散受領者（債権者）に対する残余債務はその保証人が負担すべきであったのであるが、その場合保証人がさらにまた分散をなし、債権者にしてその分散配当を受けた場合には、債権の残部は「損ニ成」即ち消滅するという原則が行われ、(8)（二）また少なくとも宝暦時代前から家賃銀について、分散によって家賃銀債権に対する配当を受けた場合は、残余家賃銀債権については、「家請人ハ不相立家主損ニ成」即ちかくの如き場合の残余債務については、少なくとも請人の責任は消滅するという原則が行われたのである。(9)

（1）分散制度一般については、中田薫『徳川時代の文学に見えたる私法』「分散」の条、拙文「徳川時代の大坂分散法註解」（『国家学会雑誌』

四八巻九号）参照。ここに掲げた引用文は上掲中田博士文の一節。
（2）中田博士前註所引文一七〇頁以下、拙文前註所引文一一四頁以下。
（3）前段註（1）所引拙文一〇三、一一四頁。
（4）『明治文化全集』本（以下同じ）三二八、三二九頁。
（5）覆刻本（以下同じ）三八一頁以下、ここに出せる実例は三八二、三八七頁所出。
（6）三二九、三三〇頁。
（7）前段註（1）所引中田博士文一〇二頁以下。
（8）前段註（1）所引拙文一一二頁。
（9）同上九九頁第九条、一一〇頁第六十条。
同上文において、私は所謂大坂分散法は、少なくとも享保から宝暦にかけての間に成立したものであろうと推定しておいた（九六頁以下）が、後少なくとも慶安時代その基本形態が出来、それより少なくとも宝暦時代にかけて形成されるに至ったものと補訂するところあり、「判例近世大坂私法一斑」（『中田先生還暦祝賀法制史論集』所収）二二五頁以下に詳し。

なお本節の身躰限及び分散については、小早川欣吾「近世に於ける身代限及分散について」（『法学論叢』四三巻五号）及び「近世に於ける身代限及分散続考」（同上四四巻一・二号）参着。

第二節　財物責任

緒言

先に述べたように、本編に財物責任とは債務違反に源を発する財産拘束中、前節の如き包括的財産の拘束ではなく、前もって責任物に指定されている個々の財物拘束の場合を指すのであるが、かくの如き関係は徳川時代においても契約に基づくもののみであり、法定のものは見当たらないのである。(1)即ち財産の占有質たる質関係と、無占有質たる書入（引当目当）関係とがそれである。

さて、本節は財物責任の範囲に関する考究を目的とするのであるが、質入、書入の客体たる財産の代表物はいうまでもなく不動産及び動産であるが故に、以下にはこの種の財産を担保に供したる場合についてその拘束内容如何を考察し、以て財物責任の範囲に関する当時の一般原則を窺うことにしたい。

なお財物責任にあっては、財産範囲が当初からそれぞれ特定されるものであるが故に、財産の範囲の問題は改めて考究する必要がないのであるから、従って以下述べるところは拘束の程度如何の点のみである。

（1）中田薫『法制史論集』第二巻五六一頁。

なお加賀国石川郡地方にては、「家屋貸借（の場合）…若シ満期ニ際シ敷金ヲ返ス事ヲ得サルトキハ其家屋ヲ売却シテ弁償スル」（『全国民事慣例類集』三五六頁）慣例であったというが、この関係は法定質的関係ということが出来はしまいか。

第一項　質の場合

第一款　不動産質の場合

不動産が質入れされた場合、当該不動産拘束の程度如何。別にいうならば、質入不動産による債権の担保は如何にして実現されたか。

さて、徳川時代「質取主は債務不履行の場合に於ては、質入不動産の物質に依て、又物質のみに依て、債権の満足を求むることを得べし。従て質入不動産の価格が質金の価格を超過する場合に於ても、其超過分を質置主に返還することを要せず。又反対に質金の価格に不足する場合に於ても、其不足分を質置主の他の財産に付て求むることを得ざるものとす。即ち（当時の不動産質は）…帰属質（Verfallpfand）にして又物質質（Substanzpfand）」[1]であった、即ち流質関係であったのである。

即ち不動産質を伴う債務関係においては、債務不履行の場合、質入不動産の所有権が常にそのまま債権者に移転せられるという制度であったのである。

以上が徳川時代の質入不動産拘束の原則であるが、「或る場合には不動産質は物的責任たる性質を変じて、価格責任(Werthaftung)と化することなきにあらず。即ち質入債務者が闕所又は身体限の処分を受けたる場合には、質地の価格が債券の価格に不足するときは、質地其ものを弁済に代へて質取主に引渡すも、反対に債券の価格を超過するときは、之を売却して其代金を以て、債務の弁済に充当するもの[2]と」したのである。換言すれば、かくの如き特別な場合には、質入不動産は売却され、その価格を債務額に応じて、債権者に移転するという制度であったのである。

この特則は、大坂地方においてはかなり古くより行われていたのである。

大坂地方の法例書『御仕置雑例抜書』に

科人家屋敷田地欠所成候訳

一科人所持之家屋敷田地主御料私領共ニ欠所ニ被召上入札を以御払ニ成候但質地田地ハ御払候而本銀質主へ被下之売へき銀欠所ニ被召上候本物返〔○質の異名同物〕[3]　右同断云々

との記事が見え、しかもこれに続けて「質田地闕所之例」と題し正徳三年巳十二月廿五日附の質地証文一通、「本物返之田地欠所之例」と題し正徳二年辰十二月三日附の本物返証文一通が収録されていることによってこれを知るのである。

なお分散の場合、「役場ノ公証アル抵当ノ不動産ヲ売払ヒ其金高元利ニ不足アレバ一町内ニテ其不足金ヲ償還スル義務アリ。」という慣習が、越前国足羽郡の地方に行われた[4]というが、もしこの「抵当」が質入をあるいは質入をも含めての意味に使用されたとするならば、分散の場合にも右と同様の特則が行われたことを示すものであろう。然りとしても、それが幕府法上の原則でもあったか否かに至っては、今これを考うべき資料を知らない。

ここに一言附記しておきたいのは、当時価格責任としての不動産質を、契約を以て設定する場合もあったらしいということである。それは、左に紹介するような家質証文が存するからである。

指上申家質証文之事

九郎左衛門町

一家屋敷壱ヶ所表口七間半裏行拾九間
内建家表口五間裏口七間　但建具共
代印銀壱貫三百弐拾目
右者此度印銀壱貫三百弐拾目拝借仕候ニ付右為質物書面之家屋敷建具共壱ヶ所指上置申候返納期月自然相滞候ハ、質物可被召上候若不足銀御座候ハ、連判之者共償急度返上納可仕候為後証仍如件

家主　定学院

延享四年卯九月

借銀人弐丁目　安左衛門　印
請同断　忠兵衛　印
家主九郎左衛門町　定学院　印
九郎左衛門中使　伊兵衛　印
同断　名主　三左衛門　印
（以下三名連署）
町年寄　阿部市郎左衛門　印

右之通吟味仕候処相違無御座候以上

という証文（佐渡島所出）を私は所持しているが、この内容は質物を債務の弁済に充当し、不足額はこれを保証人弁償するという契約であるが故に、一種の価格責任としての不動産質契約であったであろう。

（1）中田薫『法制史論集』第二巻五四二頁。
但し、一時的に享保六年から八年にかけて、不動産流質を禁止したことがあった、この点についてはまた同上中田博士文五四二頁註30及び同上五六三頁。

家質即ち家屋敷の質入は、不動産の質入であるが、大坂における家質は名は質であるが本質は書入に外ならぬ。故に大坂の家質には、本款の原則の適用はないのである。もっとも、江戸の家質も天保十三年以後は、書入の性質を多分に有するに至るのである。以上の如き家質の本質については、本註初段所引中田博士文五五一頁以下、及び同博士『徳川時代の文学に見えたる私法』「家質」の条。
（2）前註初段所引中田博士文五四二頁以下。

（3）同上五四四頁以下。
（4）『全国民事慣例類集』三三〇頁。

第二款　動産質の場合

動産が質入された場合、その拘束内容如何。

徳川時代の不動産質はまた所謂帰属質の性質を有するものであるが故に[1]、質入動産の拘束は、動産そのものの所有権がそのまま債権者に移転するという内容であったのである。

なおこれにあっては、不動産質の場合におけるが如き、価格責任の特則は存在しなかったのではあるまいか。しかし、ただ一つここに動産質における価格責任例と見らるべき場合が存するのである。それはある種の敷金関係である。

当時敷金というも、その語意必ずしも同一でないが、家屋敷賃貸借における敷金の如きは、普通に債務の担保のために債権者に提供しておく金銭であるのである。然りとすれば、少なくともこの種の敷金関係は、金銭の質入関係ということになるので、一種の動産質関係ということが出来るであろう。

まず然りとして、次にこの場合の敷金拘束内容を見るに、ある家屋敷借用証文に「家賃……月々相納可申候自然不納仕候節ハ敷銀之内より御差引可被成候」なる文言が記入されているところからして、少なくともこの種の敷金に対する拘束は、帰属質的拘束ではなく、価格責任的拘束である場合もあるということが知られるのである。私の動産質における価格責任例というはこの場合である。しかしながら、それが契約に基づくものであるか法定のものであるかに至っては、今知るところがない[2]。

（1）中田薫『徳川時代の文学に見えたる私法』「動産質」の条。
（2）敷金については後説（第四章第二節第二項「敷金」の条）参照。なおここに引用せる文言は、後説「敷金」の条中掲出証書の一節。

第二項　書入の場合

徳川時代、「書入人が不動産（動産の場合も同じ）の売却又は引渡を拒む場合には、債権者は直接に之を強制するの方法を有せ（ず）…従て債権者は基本債務履行の訴を起すの外途なきもの」[1]であるが故に、書入物に対する拘束は、法律上強制力ある拘束ではないのである。従って書入の場合には、原則として財物責任の問題は起こらないのである。

しかし次の如き場合には、例外として財物責任が生ずるのである。

（一）少なくとも大坂における家質（大坂の家質は書入である）[2]については、家質設定者が罪科によって欠所処分を受けた場合には、質入の場合と略々同様の拘束を受くるとの特則が行われたらしいのである。

大坂方の法例書『御仕置雑例抜書』に「質屋不届有之御追放欠所之例」なる表題の下に、明細なる質屋欠所の場合の裁断令が見えるが、その中に

但家質ニ入たる家屋敷ハ被召上御払候而質主江元銀斗被下之利銀ハ不及御沙汰云々

と見え、また同書に

御為替請負人江欠所銀相渡事

覚

一公儀御為替銀下為替証文を以相渡候段兼而御番所へ断有之分
　科人之家財欠所之内を以御為替請負へ右滞銀可相渡候
一同御銀并御代官御年貢銀請負家質指出置上納滞候分
　科人之家売払代銀之内を以可相渡候
一同断自分所持家之外親類他人之家を借リ加家質指出置上納滞候分
　科人之家は家屋敷代銀を以家相渡不足於有之は借リ家質之者共へ割符出銀申付上納皆済之上借リ家其主へ可返遣候

但

右借リ家質之者共江割合銀渡置候ハ其銀取上上納皆済之上家ハ其主江可相返候

また

家を借候得共割合銀等請取といふ共上納銀高不足有之ハ惣借リ家質不残江不足銀割符出銀之上其家可返遣候

一同断他人之家斗ニ而家質指出置候分

科人之家財欠所ニ取上御為替人又ハ御代官へ相渡不足有之者借家質之者江不足之分上納申付皆済之上ニ而其家可相返候

一御代官御年貢銀請負人より下為替証文を以銀子渡滞候分

此下為替勿論家質も無之惣而預ヶ銀之格式ニ候上ハ不及沙汰候

以上

享保元年申十一月

（以上掲出文は誤脱もかなりあるらしく、意味不通の箇所もあると思われるが）（以下具体例多く見ゆるが今これを略す）と見えるが、これらによってこの特則の存在が推知せられるであろう。

なおこの種の書入屋敷に対する拘束は、書入人の欠所ということを原因としてなされるもので、債務不履行を原因とするものではないのであるが、欠所によって債務履行不可能の状態に立ち至るものであるというべく、かくの如き場合における法的処置であるが故に、債務不履行の場合の拘束を考えるに当たって、少なくとも参考すべき事例と考え、ここに記述した訳である。

（二）次は、前述の如き大坂地方における武士への貸金関係について見られる、書入知行地拘束例である。(3)

（三）第三には、後述の如く書入証文に書入物私的差押文言を記入する場合があるが、当時私的差押契約はまず有効と見られるので、(4)この場合また書入の場合における財産責任の一例ということが出来るであろう。

（1）中田薫『法制史論集』第二巻五五七頁。

かくの如く、原則として書入財産には強制力ある拘束は加えられないのであるが、当事者間においては、債務を弁済すること能わざりし場合における、書入物の運命について特約をなすのが通例であったらしい。而してその特約の種類は、次の如きものであったのである。即ち「(一) 書入物そのものを弁済に代えて債権者に引き渡す約定、(二) 債務者がこれを売却してその代償を以て債務に充当する約定、(三) 請人（証人）が目的物を弁済に代えて債権者に引き渡す約定、(四) 請人の手にてこれを換価して債務の支払に充てる約定、(五) 目的物を債権者に引き渡しその収益を以て債務を消却せしむる約定、(六) 目的物を改めて質物とし債権者に引き渡す特約」（中田薫『法制史論集』第三巻四一七頁以下。なお本註初段所引中田博士文同頁参照）、(七) さらに書入物を債権者をして差し押さえせしめる約定（第二章第一節第二項）等がそれである。

近畿地方の庄屋記録と考えられる『庄屋公用手控』に

銀子借用証文之事

一丁銀三貫目也　但利足年中九朱

右者私儀御公納并ニ要用差支候ニ付無拠貴殿江御頼申入前書銀子三貫目慥ニ請取借用申処実正也然上は来ル子壱月五日限リ元利無不足急度御返済可致候万一本人差支候節は受相人住吉や条七郎より右日限無延引連々弁済可致候為其兼而請相人方へ慥成質物丈夫ニ請込置候間聊相滞儀無御座候為念之加判証文相渡申候仍而如件

文化十三年

亥壱月廿日

借用本人江村富太や　運平

受相人同村住吉や　条七郎

中屋

儀三郎殿

なる証文が書き留められているが、これは請人方へ質物を差し入れて置くという形の契約であるが故に、右の第（四）「請人の手にてこれを換価して債務の支払に充てる特約」に類する契約ではあるまいか。なお同書収録の文化十一年の「借用銭年賦証文之事」には、「受相人方へ引当質物丈夫に受込置候得ハ云々」とある。右の証文については、中田博士同上文五五五頁以下参着せらるべし。

（2）本章第一節附説（一）。

（3）同。

（4）第二章第一節第二項。

第三節　身的責任

緒言

債務違反に原因する一定人の身体その他の人格法益に対する拘束、本編に所謂身的責任の範囲如何、即ち如何なる客体に対して如何なる程度の拘束が加えられたか。以下この点に関する考究を試みるのであるが、この種の拘束には法律上のものあり契約に基づくものあり、故に両者項を分かって考究することにする。なお各項においてさらに細目を設けて分説するが、その分類は便宜に従うところが多く、必ずしも常に本質的に類別するものでないということを予め断っておく。

第一項　法律上の身的責任

第一款　生命責任

生命に対する拘束即ち生命責任は、広義の身体責任の中に入るのであるが、便宜のため生命責任に関しては、特に別款を設けて考察することにする。従って次款に述ぶる身体責任は、生命責任以外のものということになる。

徳川法制上には、債務不履行の場合一定人に生命責任を問うという、具体的には生命を奪うという制裁が加えられるという原則が存在する。もっとも、それは徳川初期の制規であって、後世まで行われたものではないらしいし、且つ特則でもあったらしいのである。

さて、少しくこれを詳説するならば、まず（一）享保十三年三井高房著の『町人考見録』に見える

図子口一是は長崎問屋にて、室町御池上る町西側也、八十年程以前町人の借金千四百五貫目引負申候に付、御奉行板倉周防守御裁断にて、町人の分際にて、千貫目余の銀子引込候段不届之至思召、図子には磔におほせ付られたり云々

また

大黒屋徳右衛門一新町二条下る東側上より角に住す、是も長崎問屋致し、方々借銀千二百貫目（一本千二三百貫目）不足有レ之、時の御奉行板倉周防守殿任二古例一獄門被二仰付一候云々(1)

なる裁断例及び（二）元和五年未十二月廿三日の「一公儀御法度を相背令欠落重科之者之事」の条の

請人より本人を尋出し主人江可相渡し於不叶は請人可為死罪事(2)

なる、欠落奉公人尋出義務不履行の請人は死罪という法令、（三）後に掲げる貞享五年八月十四日の評定所判決に

大分之致引負候段為不届牢舎申付十月死罪

と見えること（引負は当時原則として引負金返還義務を発生せしむるに止まるので、ここにいう引負も犯罪行為と見ないのである）(3)等によって、債務不履行の場合の生命責任制の存在を知るのである。

しかしながら、右の例の示す限りにおいては、債務違反に基づく生命責任は、特殊な場合にのみ行われる特則であったと推考せられる。蓋し、（一）の裁判例は特に町人の「分際」に不相応なる高額債務不履行を理由とせるものであると考えられ、（二）の法令また、特に警察的必要から厳制を以て律せられておる、雇傭契約関係上の請人の義務に関するものであり、（三）また奉公人の引負であり且つ高額引負の場合であるからである。

のみならず、右の如き裁断例は別に見出し得ず、且つ奉公契約請人の生命責任は、少なくとも『公事方御定書』以降は明らかに停廃されている(4)のであるから、債務関係上の生命責任制は、徳川前半殊にその初期にのみ行われたものであったらしく見えるのである。

西鶴の『世間胸算用』巻二「四門柱も皆かりの世」の段の

されば世の中に借銭乞に出逢ふほどおそろしきものは又となきに数年負ひ付けたるものは大晦日にも出逢はず昔が今に借銭にて首切られたるためしもなし有物やらで置くではなし云々

とは、この間の消息を物語るものであろう。

なおこの生命責任は、債務の履行に代わるものと解して差し支えないであろう。

（1）『日本経済大典』本、七九、八〇頁。
（2）『御当家令条』巻廿九。次註所引参照。
（3）次款第二の一及び二の（四）参照。
（4）拙文「徳川時代に於ける雇傭法の研究」（三）（『国家学会雑誌』四一巻九号）一〇三頁。

第二款　身体及び自由責任

緒言

本款にいう身体責任とは、前述の如く生命責任以外の身体責任であり、自由責任とは自由に対する拘束である。ところでこの自由責任は一面身体責任たる内容を兼ね有することがあるので（例えば手錠の如き明らかにその一例であろう、また入牢の如きも、見方によっては身体責任的元素が含まれているといえるであろう）、この種の両責任は同時に考察するを便宜と考えたために、かく同一款中に収めたのである。

第一　身体責任

少なくとも享保、元文頃から、奉公人が主人の金銭を引き負いし場合につき、

一引負人之親類其外にも弁金致候者無之当人ニも可済手立無之者江五拾歟百敲・追放申付ル[1]

なる原則が行われたのである。

同一の場合、『公事方御定書』になると、この追放が全然科せられなくなり入牢が附加されるのであるが[2]、それはともかく、引負奉公人には敲なる身体責任が問われるという原則が、少なくとも徳川中葉以降行われたのである。

なおこの身体責任は、債務の履行に代わるものと解していいようである。

蓋し、『公事方御定書』によれば、

享保六年極
一引負いたし候もの一向弁金於無之ハ金高ニ応シ五拾歟百敲

寛保三年極
但当人并親類之身上に応し引負金高三分一或ハ五分一又ハ十分一相済候ハ、当人出牢之上追而身上持次第
幾度も主人方より相掛リ候様可申付事[3]

即ちまず入牢申付、その間に幾分の弁済があれば、将来順次請求すべき旨を主人（債権者）に命ずるのであるが、この場合は最早敲を科さないというのであるから、反対に「一向弁金」なきために百敲五十敲を科した場合には、主人の引負金請求権は消滅するの法意と解していいと思われるからである。

次に挙ぐべき身体責任の類例は、『公事方御定書』にいう、

一給金請取主人方之不引越者敲[4]

なる原則である。

これまた債務の履行に代わるものであったのではあるまいか。

なお債務不履行に基づく手錠また、前述の如く身体責任の要素を包含するであろう。しかし、これは自由拘束の要素をより多分に有するものと考えるので、自由責任の一場合として次款に編入することとする。

さて、以上の如きが当時の身体責任例であるとするならば、それは特別な場合にのみ見られる制度であったのである。然りとすれば、身体責任また例外的制度であり、債務不履行一般に通じて行われる原則ではなかったということになる。[5]

（1）『庁政談』収録による。『享保度法律類寄』『徳川禁令考』後聚第二帙七二八頁、本書第三編第九節〔本書二二五頁〕。
（2）次段参照。
（3）『徳川禁令考』後聚第二帙七一三頁。
（4）同上七一二頁。
（5）債務の履行が見られない場合の身体責任に関する幕府法上の原則は、まず大体以上の如きものであって、身体そのものを差し押さえてこれを債務に充当するというが如き場合は、幕府法上には存しなかったようである。しかし、藩法上にはこの種の拘束と思われるものが見られる。即ち仙台藩においては、身代金（質物奉公契約上の）の返済なき場合「人主口入が足軽以下のものであれば、その当人を差し押さえあるいは妻子も共に沽却して換価することが出来た」（高柳真三「仙台藩の質物奉公」（三）（『法学』二巻四号）五七頁）のであるが、これ

がその一例である。

出雲国飯石郡地方所出の『五人組帳前書』は

組合五人《ママ》の内不届者有之候而田畑耕作は不出精不似合男達仕り分限を過候借金仕り行衛不見届者御座候はゝ仲間にて異見を仕り妻子を奉公に出し或は其身を為売候而一度は借金を済切所へ立返り百姓を相勤候様相談可仕候（『飯石郡誌』四九五頁）

と見えるが、これまた類似の令条ではあるまいか。

なおここに慣行上の身体責任と見らるべきものがあるので、序を以て挙げておく。

徳川時代、賭博に関する川柳に「入れ髪をして品川をヤタラ誉め」なるものがあるが、これは岡田三面子の註によると、「吉原の私刑で散切にされ義髪で品川へ通う」の意（岡田朝太郎『寛政改革と柳樽の改版』二八〇頁）であるという。然りとすれば、賭博に敗けて債務の返済をなし得ない者は、仲間から散切という身体刑に処せられるという慣行があった訳であるが、これ一種の債務不履行に原因する身体責任であるであろう。

第二　自由責任

緒言

徳川時代、債務違反に原因する一定人の自由拘束は、流罪、追放、所払（この三者は後出の居住地制限と同様、居住能力の拘束でもあろうが、自由拘束という色彩が濃いように考えられるので、今便宜自由拘束の部類に入れておく）、籠舎、入牢、留置、預、押込、手錠（鎖）、縄しばり等の形を以て行われるのである。

なおこれら各種拘束中、引負奉公人に対する追放に関しては、既に本款第一においてその大要を述べたので以下には再説しない。

一　流罪、追放、所払

まず第一に『公事方御定書』以前においては、奉公契約請人は前渡給金代償義務及び逃亡奉公人尋出義務不履行の場合に、場合により追放、流罪処分を受くる制であったのである。(1) 然るに、その以後においては少なくとも江戸にては、尋出義務不履行の場合、場合により江戸払に処せらるるに止まったのである。(2)

第二に、酒狂の上他人を打擲せることによって生じた療治代支払義務を履行せざる者は、所払に処せられるという原則、[3]また酒狂によって他人の諸道具を毀損したために生ぜる「諸道具償」義務不履行者を所払に処するという原則が、『公事方御定書』によって制定せられるに至ったのである。[4]

私の知る債務違反に原因する流罪、追放及び所払の場合は、まずかくの如きものであるが、この種の拘束は債務履行に代わるものであったと解していいと思うのである。

蓋し、享保六年の奉公人引負に関する伺書に

遠島追放罷成候得ハ若引負之内除金等いたし置可申も難計候間書面之通いつ迄も弁金為仕可申候[5]

なる、遠島、追放により弁金義務解消になるという制度の改革意見が見えるからである。

さて、以上の事例の示す限りにおいては、債務不履行に原因する流罪、追放は特別な損害賠償義務不履行の場合、及び前述の奉公人引負金弁納義務の場合にだけ見られる[6]のであるが故に、この種の自由拘束は債務法上の一般原則ではなく、特則たるに過ぎなかったことが知られるのである。[7]

（1）拙文「徳川時代に於ける雇傭法の研究」（三）（『国家学会雑誌』四一巻九号）一〇二頁以下。なお請人が武士たる場合には尋出義務は発生しない（同上一〇三頁）。
（2）同上一〇三頁。
（3）本書第五編第三節〔本書二九三頁以下〕。
（4）同上。
（5）『徳川禁令考』後聚第二帙七二八頁。
（6）本款第一。
（7）分散は多数債務完済不能を前提とせるものであるが故に、分散者は債務不履行者であるが、当時この種債務不履行者を追放、所払的処分に附するという慣行が存した。「分散セシ者ハ再ヒ其地へ帰住スルヲ許サズ。（駿河国安倍郡有渡郡）」、「山間ノ僻村ニテハ分散セシ者ハ村内ニ住居スル事ヲ禁シ云々。（美濃国厚見郡各務郡方県郡）」、「分散人ハ其村ヲ払ヒ町方ニテハ表町ニ住スルヲ禁ズル習慣云々。（豊前国下毛郡）」、（多くの地方では分散者自ら退転即ち居住地を去る慣例であったらしい。以上『全国民事慣例類集』三二七頁以下）等これである。これを要するに、慣行としては、この種の自由拘束が一般債務不履行について行われた地方もあったらしいのである。岡山藩

法の如きまた同様である。次条引用文参照。

二　籠舎、入牢、留置、預、押込、手錠、縄しばり

（一）まず第一に、徳川初期の法典にして京都所司代板倉勝重・重宗父子の制定にかかる『新式目』第三十六条に

一職人誂物之事……附職人故障之子細ニ而誂物日限令遅々……十ヶ月迄令延引者且渡之銀一倍可取返其上籠舎申付始末聞届相当之罪科可申付事(1)

と見えることによって、請負義務不履行に原因する籠舎即ち拘禁制が、既に早く行われたことを知り得る。この籠舎は、右の文意からして履行に代わるものではないであろう。

（二）『御当家令条』巻廿九所載の元和五年未十二月廿三日の令条に

欠落之者請人は右申定候切米之一倍請人より主人江可出之但於不出者可為籠舎其上主人次第之事

とあるが、これは欠落奉公人の請人の「申定候切米之一倍」弁済義務不履行に基づく籠舎である。さて、右の文章は、法律上の拘束は籠舎のみであり、「其上主人次第」は法律上の拘束を意味するものでないと解読すべきであるように考えられるので、この場合の籠舎は債務の履行に代わるものであったと推測しておく。

（三）寛文八年の法令に、請人にして欠落奉公人を

尋出候事不相成時者金子にて埒明申候請人様子により縄しばりにいたし預け候も御座候(2)

との原則が見えるが、これは欠落奉公人尋出義務違反の請人に対する自由拘束である。この法意必ずしも明瞭ではないが、尋出という所謂為す債務の履行が不可能なる場合は、「金子にて埒明」、その上事情により縄しばりになし預けるという原則と解されるようであるが、果たして然りとすれば、この種自由責任は債務履行の外に問われるものであったのである。

（四）古判例集『公事録』所収の貞享五年八月十四日の評定所判決に

一京都東洞院松原下ル町権平出店江戸大伝馬町壱丁目ニ有之手店手代ニ徳兵衛差置為致商売候処徳兵衛儀金九百両引

負不埒之旨権平訴之ニ付徳兵衛召出候処引負金無紛ニ付五ヶ年ニ可済旨手形申付徳兵衛兄江州畑村太郎右衛門召下シ令僉議処太郎右エ門請人ニ而無之勢州四ヶ市長兵衛為請人旨太郎右衛門雖申之証拠無之彼請状ハ主人権平方ニ而致焼失ニ付請人人主之訳不正候得共太郎右衛門難遁ニ付右徳兵衛ヲ預ヶ遣候処日延之上不相済ニ付徳兵衛手錠懸置引負ハ太郎右エ門ニ可済旨手形申付且又手錠掛置候処右金高之内米百拾俵権平方江請取残金致不足出入相済度旨未七月双方訴之間太郎右衛門手錠令赦免候徳兵衛義大分之致引負候段依為不届牢舎申付申十月死罪云々

なるものがあるが、これは引負金返還義務違反に基づき、引負人に対し預及び手錠なる拘束が加えられ、またその代償義務を課された引負人の兄に対し手錠なる拘束が加えられたことを示すものである。

この預、手錠はその文面からして、債務の履行に代わるものでないこと明らかである。

（五）前述の如く、『公事方御定書』以降は引負奉公人に入牢を申し付けたのであるが、この入牢は債務の履行の外に科せられたのである。(3)

（六）少なくとも徳川中葉以降は、所謂金公事債権（利子附無担保の金銭債権を本体とする一団の債権）(4)については、その執行に当たり、もし債務者が武士である場合には、まず以て切金（分割支払）を命じ、次いでその弁済なき場合その家来（その訴訟上の代理人たる家来）を「御役所に留置」き、彼をして切金を取り寄せしめ、これを弁済に充てしめるという制度が行われたのである。(5)

この場合の「家来留置」は、いうまでもなく債務の履行に代わるものでない。

（七）寛政三年の付札に、貢租米買入代金不履行者の弟を

捕入牢申付置候尤此者……償等引受候身分ニ而は無御座候云々(6)

と見えるが、この入牢また文面からして債務履行の外に科せられる拘束である。

（八）寛政八年十月十四日の「三郷借家家明願方事」に

（前略）家主より之追訴及数度候歟縦令数度不申出事ニ候共最初家請会所より廿日切差出候日限共凡百日におよひ不明渡候ハ、直ニ借家人召捕に遣入牢（ママ）申付可及吟味尤入牢扶持《ママ》は家主より不差出家請人共より差出候筈ニ申付置

候云々(7)

と見えるが、これまた右と同種のものである。

而してかくの如き為す債務の不履行の場合の入牢は、いうまでもなく当然に債務履行の外に科せられる拘束であったのである。

（九）天保十四年の改革に当たり、前述の切金制度は以後一般庶民には適用せざることに改められ、これに代えて一定日限内に弁済せざる債務者を約三十日間の手鎖あるいは預、押込等に処し、一応その弁済を待ち受け、なお完済なき場合身躰限処分に附するという制度が設けられるに至った(8)。

この手鎖、預、押込等また債務違反に基づく自由拘束であるが、これまた履行に代わるものでないこと明瞭である。

（十）以上、徳川時代における債務違反に原因する拘禁（手錠、縄しばり等を含めて）制を幕府法例について見たのであるが、法例以外この種制度を伝うるもの少なくないのである。以下これを掲げて参考に供したい。

（イ）享保十五年其磧作『世間手代気質』巻二第二「色里の投節死なざ止まい子息が悪性」の段に

親父殿欠落者の請に立れ百五十両金がなければ籠舎めさるゝ所を身共が聞付云々

（ロ）『翁草』に

銀主も借り主の穿議を等閑にして若不埒なる時は公威を借らんと公儀頼みに大切の金銀を之もしらぬ方へ借し広げ畢竟借す者も借る者も最初より不実にて切組めば牢舎手錠の者不絶世の不穏なり云々(9)

（ハ）『世事見聞録』一の巻「武士の事」の条に

或は引受けの百姓ども呼出し宿預け又は手鎖などの咎めに逢ても納める事成らず云々(10)

（ニ）同上書五の巻「諸町人中辺以下の事」の条に

借手は奉行所の僉議に逢ひ身上の有り丈を責取られ手鎖又は牢獄の苦患に及び親類又は証人等までも艱難に陥るなり(11)。

（ホ）『浪速叢書』に

（前略）若シ手形ニシテ不渡リトナル事アランカ直チニ代官役所ヘ手形不渡リ御糺ノ出入ヲ乞ヘバ代官役所ハ則チ其

権利者ニナリカワリ右手形人ヲ呼出シテ代金ヲ払ハシメ払ハザレバ（但シ一日間ノ猶予ヲ与ヘ）手錠ヲ施シテ行司預ケトナリ商品ハ悉ク取上ゲトナル慣習云々[12]

（へ）江戸吉原にては古くより、無銭遊興者に桶伏なる拘束を加えたということが諸書に見える。[13]

（十一）さらに藩法について類例を求むるならば、まず仙台藩において

質物令難渋に付各吟味日切等申付といへ共二ヶ月迄延引候はゝ牢舎可申付[14]

という原則が行われたというが、これその一例である。

中津藩法上にもその例存する。『惣町大帳[15]』所出の次の記録（文化三年）参着。

七月十三日　　塩町塩屋　嘉兵衛江

申渡覚

其方儀日田借用銀利足此節可相納処彼是難渋之願等申出不相納不届之至候依之手鎖申付者也

七月十三日

嘉兵衛悴善之助　好身塩屋覚右エ門

右両人慎被仰付候（下略）

七月廿日

一塩屋嘉兵衛手錠申付候処此節重き御法事ニ付手錠御免被仰付候右ニ付町預ヶニ被仰付候（下略）

岡山藩法上またその類例を見出すことが出来る。『岡山市史』に述べて

又町人の破産に就いては、概ね缺落を伴ふが故に、破産人に対する刑罰の如何を知ること甚だ難し、唯寛文十年橋本町島屋某多額の負債に苦しみ、遂にこれを償却する能はざりしかば、一旦牢獄に投じ、其の財産を闕所公費に附して債権者に配当したる後島屋某の出獄を許し、且つ「橋本町に預け置、日用ざるふりより上の事は仕ましく候。」若し日用ざるふり以上の職業に従事せば、其の蓄積したる財産を、再び闕所に処すべしと命ぜらる。又後年の処分例には、

追放に処せられたるものもありて、一定の成規を有せず。

借家人家賃不払の……場合は、借家人を乞食山東山及び妙林寺山に追放し、乞食の群に入らしむることゝせり。(16)

とあるものこれである。

さて、以上を以て、少なくとも幕府法上にては幕初より幕末に至るまで、債務違反の場合、一定人に拘禁を科するという原則が行われたということだけは、ともかくこれを知り得るであろう。

次に然らば、この種の拘禁は、当時の債務違反一般について見られるものであったか否か。

徳川時代の債権関係は、まず金公事債権、本公事債権、仲ヶ間事債権の三種に分類することが出来るのである。この中仲ヶ間事債権は当初から訴権を認められない一団の債権(17)であり、従ってこれには債務違反に原因する拘束という問題は存しないのである。(18)故に拘禁が債務違反一般について行われたか否かの問題は、金公事債権、本公事債権の両者について考究すれば足りるのである。

さて、金公事債権について見るに、前段に述べた通り、その債務違反に対して拘禁を科するということは、一般的原則であったのである。

次に然らば、本公事債権については如何。この点に関しては、適切充分なる資料に接することは出来ないが、家屋明渡債務、為替関係上の債務、奉公契約関係上の各種債務等本公事債権関係上の債務違反の場合、拘禁を科したことだけは前示諸例によって充分明瞭なのである。さて、この事実は、その他の本公事債権一般についてもなお拘禁制が行われたことを示すものではあるまいか。

果たして然りとすれば、徳川時代拘禁なる拘束は、債務違反一般に通じて行われた制度であったということになるのである。

さて、最後に、この種の責任（拘束）はその殆ど全てが債務履行の外に問われるもの、即ち債務に代当するものではないということは、それぞれの場合に述べた通りである。然らば如何なる意味を以てする拘束であったかというに、少なくとも債務履行を強制する手段として科する制裁であったと見られるのである。このことは、前示諸法例について充分窺い得られるところであろう。

（1）『新式目』の制定編纂年代は、中田博士によって、慶長八年以後慶長十七年以前の十ヶ年の間であると断定されたのである（同博士『法制史論集』第三巻六五三頁以下）。
ここに引用の条文は、善本たる中田博士所蔵本による（同上六九六頁所出）。なお『新式目』第二十四条に「一売買作法之事…惣別証文之上令二難渋一者従二公儀一証文糺其上百日之籠舎可二申付一事」（『徳川禁令考』第六帙二三頁）とあるが、これまた同種の制度ではなかったか。
（2）『日本財政経済史料』八、二四八頁。拙文「徳川時代に於ける雇傭法の研究」（三）（『国家学会雑誌』四一巻九号）一〇二頁以下参照。
（3）本款第一。
（4）拙文「徳川時代の特別民事訴訟法」（『国家学会雑誌』四二巻一一号、四三巻二号、七号、九号）参照。
（5）同上拙文（四）（同上誌四三巻九号）一〇二頁以下。
（6）本書第三編第十節〔本書二二七頁〕。
（7）『大阪市史』第四上、二六七頁。
（8）註（5）所引一〇一頁。なお同上（一）（『国家学会雑誌』四二巻一一号）一四八頁参照。
（9）『日本随筆大成』本、下五四八頁。なお著者神沢貞幹、寛政七年八十六歳にて歿。
（10）改造文庫本（以下同じ）一八頁〔岩波文庫版・二九頁〕。
（11）二一四頁〔同・三〇〇頁〕。
（12）九、五五一頁以下。
（13）宮武外骨『私刑類纂』九二頁以下。『明治大正大阪市史』七、一〇七四頁参照。
『瓊浦又綴』（文化二年蜀山人著―『新百家説林』本）六二七頁に「唐人負債ありて通事部屋の楼上に籠らる、是をカケ込唐人と云ふ、甚愧るなりとそ、乍去勘定は無勘定にて帰唐するなりと。」。
（14）高柳真三「仙台藩の質物奉公」（三）（『法学』二巻四号）五三頁所載による。
（15）中津市小幡記念図書館蔵。
（16）前者は大正九年版上、一八〇頁。なおこの記事は、当藩の『町手留帳新古条例集』によるものの如し。昭和十二年版第三、二三六三頁にも同旨文。
後者は昭和十二年版第三、二四〇八頁以下、而してこの制度は少なくとも享保十六年来行わる。
（17）前段註（4）所引拙文及び本書第四編。

金公事債権は利子附無担保の金銭債権の一団の債権、本公事債権は金公事債権及び仲ヶ間事債権を除くその他の債権全部である。

(18) 徳川法制上は、原則として債権者の私的拘束を許さない（第二章第一節）のであるから、訴権なきところには債務違反に基づく拘束はあり得ないのである。

第三款　能力責任

緒言

ここに能力責任とは、債務の履行が見られない場合の、一定人に対する、（一）法律上有効なる行為をなし得る能力の拘束（制限）、及び（二）法律上一般に認められたる一定資格の拘束（減損）の二者を指すのである。まず今日の行為能力の拘束及び権利能力の拘束に該るものである。

第一　行為能力責任

（一）まず初めに、少なくとも徳川前半期には、債務違反に基づく奉公契約能力制限制が行われた。

当時奉公契約締結の前提として、目見えをなし主人より食を給せられた後には、契約成立につき雇傭者側の選択のみが残るのであるが、この場合もし被傭者が自由の行動に出でたならば、即ち被傭者の債務違反があった時には、奉公人に対し、奉公構を科する即ち一定期間奉公契約締結の能力を喪失せしめるという原則(1)がそれである。

もっとも、この場合厳密にいえば未だ奉公契約が成立していないのであるから、被傭者の債務というものは存在しないかもしれない、しかしながら主人の意思決定を条件とせる一種の停止条件附債務が、被傭者について発生しているものとは解されよう。右私のいう被傭者の債務とは、この意味における債務である。

岡山藩法にいう

途中暇取候奉公人之儀先々へ構・候(2)

の場合は、いうまでもなく完全なる奉公債務の違反に原因する奉公構であるが、かくの如き制規は幕府法上には見当たらないようである。

さて、この奉公構なる拘束は債務の履行に代わるものであったか否か、この点については未だ考え得ない。

（二）特に破産の場合についてであるが、前掲の如く岡山藩にては、破産者をして「日用ざるふりより上の事」はなさしめないという原則(3)が行われたが、破産はいうまでもなく債務がそこに残存するのであるから、これはその残存債務不履行に原因する取引能力の制限と見られるのである。

然るに幕府においては、かくの如き取引能力制限制といえども、これを施行したことがなかったらしいのである。しかし、商人その他の営業者の組合団体、即ち仲間間の規約、所謂仲間法上には、債務違反に基づく取引能力制限制が見られるのである。もっとも、当時原則として仲間法は公認せられており、仲間法違反は一般法律違反と同一に視られたのであるから(4)、仲間法上の取引能力制限制は、また幕府法上の制度といっても差し支えはないのである。

これを要するに、幕府法においてはこの種の取引能力制限制は、一般的制規として行われたものではなくして、特殊団体内においてのみ行われたのである。

さて、以下仲間法上の類例を窺って見るに、まず江戸においては、宝永七年八月以降、人宿組合法が施行せられたが、それに

　若奉公人取逃致欠落候而主人より断有之候ハヽ、請人并組合之者共より給金ニ而も人代ニ而も主人相対之上差出し取逃之品ハ代金ニ積リ七日之内主人江相渡……附右償金にハ組合之請人共可致割合若割合金不差出者有之候ハヽ、組合之者共相談之上人宿為相止可申候云々(5)

とあるものその一例である。これは償金債務不履行に基づく人宿営業の制限である。

寛政七年の『新吉原定書』に見える

　自今揚代金不埒明向〇茶屋は其段名主江相届遊女屋仲間一統張紙差出客案内差留可申候云々(6)

大坂地方の

信用盛ンナル時ハ現金取引ヲ以テ商売人ノ一大恥辱トナス之レヲ以テ何商ノ取引トイヘトモ多クハ節季ニ於テ代金ノ受渡シヲナスヲ例トス去レドモ若シ其節季ニ於テ代金延滞シタルコトアラバ其時コソ信用地ニ墜チ取引ノ円滑ヲ缺グニ至ルナリ現ニ今日トイヘドモ昔ヨリノ習慣トシテ靱、雑喉場アタリニ獄門板（但シ今日ハ獄門札トナル）ナルモノアリテ其不払ヒノ人名ヲ書ヒテ張出シ置キ其払ヒノ了ハル迄ハ一切同商中ノ取引ヲナサヽル為メノ警メトナス(7)

仲間規約、また酒田米穀市場における

売買担保の制は一切存せす故に掛合せたる証拠金を処分する外会所は何等弁償の責を負ふことなく却て違約より生する損失は相手方の負担なりき然れとも仲買其住宅店舗を身許金に充て違約の際は会所之を売却し其代金を相手方に交付し且つ仲買株を褫奪するを慣例とせしものゝ如し(8)

また『日本商事慣例類集』に見える、東京油問屋の問答にいう

違約者にあるときは仲間一同取引をなさざる習慣なり(9)

という事例等、皆仲間法上の債務違反に原因する取引能力の制限であろう。以上はその一斑であるが、広く調査するならば、各種の仲間法中には、同種のものを見出すこと少なくないであろう。

この種の取引能力の制限は、債務履行に代わるや否や、これまた判然しないが、前掲大坂の慣例を伝うる文中に、「払ヒノ了ハル迄ハ一切同商中ノ取引ヲナサザル云々」と見えることから推測するに、この種の拘束は債務に代当するものではなかったらしいようである。

（1）拙文「徳川時代に於ける雇傭法の研究」（一）（『国家学会雑誌』四一巻七号）一一二頁。
（2）『岡山市史』上、一八九頁。
（3）前款第二の二。
（4）例えば寛保二年壬戌四月の「裁許破掟背其外御仕置者大概」と題する令条に「一商売仲間之於背法者過料」（『日本財政経済史料』三、一五五頁）とあるによって、仲間法の本質が知られる。
（5）『徳川禁令考』第五帙六〇九頁。なお人宿組合については前段註（1）所引拙文（三）（同上誌四一巻九号）九七頁以下参照。
（6）『燕石十種』三、四六八頁以下。

（7）『浪速叢書』九、五五七頁。
（8）佐野善作『取引所投機取引論』上、一〇七頁以下。
（9）六〇九頁。

第二　権利能力責任

債務違反に基づく一定人の権利能力拘束制を徴すべき法例は、私の知る限り存するもの稀少である。しかし、一般慣行としてのこの種制度を伝うるものは、必ずしも少なくない。以下一般慣行に成法上の原則を配して、この種制度の一斑を窺うことにする。

『勧農策』に

年貢（貢租）高掛り年々未進及び借銀嵩高にて得償ひ不ㇾ申者は其未進を村方へ割付相弁へ申候此村まとひに相成候者は一列の百姓より格を引き下げ(1)

たものであったと見えるが、伊勢国安濃郡地方における

官ヨリ大借アリテ村方一同ニテ弁償スル者ハ官へ届ケ其分散人ヲ沽却人ト唱へ村ノ辺隅ニ参床ノ小屋ヲ作リ与へ村中ノ日雇ヲ為サシメ決シテ耕作ヲ為サシメサル事ニテ宗門帳へモ沽却人ト記シ百姓並ノ取扱ヲ為サス後日身代持直ストキカ或ハ子孫ノ代ニ至リ多少ノ金ヲ出セハ官へ届ケ沽却人ノ名ヲ除キ同等ノ交際ヲ為ス(2)

という慣例は、正にその具体例の一つを伝うるものであろう。

さて、右は債務違反に基づく身分の引き下げという内容の拘束と見らるべきものであり、権利能力拘束の一例と考えられるのであるが、かくの如く「村まとひ」、「村方一同ニテ弁償」せざる場合といえども、なお権利能力的人格法益に拘束を加えた地方が少なくないらしい。『全国民事慣例類集』について見るも、その類例はかなり多いのである。即ち

公借ニテ分散スル者……分散人ハ雨中ニモ傘下駄ヲ用ルヲ許サヽル旧例ナリ。○伊賀国阿拝郡
分散セシ者ハソノ子孫三代位迄ハ人ノ長タル村役ニハ選任セザル風習ナリ。○尾張国愛知郡

村方ニテハ分散セシモノヲ賤視シ村寄合ノ席ニハ椽ニ上ルヲ許サヽル風習ナリ。○三河国額田郡

分散セシ者ハタトヒ其地ニ住スル事アリトモ公然ト他出スル事ヲ憚ル事ナリ。○遠江国佐野郡

（分散者）其家ニ住スルトモ門戸ヲ鎖シ謹慎シテ夜ニ非レバ他出セス家族ハ親類ヘ預置ク事ナリ。他日開運ノ日アルトモ其身一代ハ謙遜シテ町役等人ノ長タル職務ヲ為サヽルヲ例トス。○遠江国敷知郡

分散セシ者ハ再ヒ其地ヘ帰住スルヲ許サス若シ帰住スル事アリトモ其待遇穢多非人ノ下ニ置ク事ナリ。○駿河国安部郡、有渡郡

身代分散スル者……身代持直シノ上村方ヘ帰住スルトモ其弁納金ヲ返済セサル内ハ弁納人ト称シ村役場等ノ選挙ニ入ル事能ハス権利ノ劣ル者トスル事ナリ。故ニ分散セシ者ハ其近傍ノ川原ヘ小屋ヲ作リ日雇稼ヲ渡世トスル者多シ。○駿河国志太郡、益頭郡

村外ニ難渋町ト唱ル地アリテ小屋ヲ作リテ分散人ヲ住居セシメ身代持直ヲ待テ村入ヲ許ス其権利大ニ劣ル事ナリ。○近江国滋賀郡

古代ハ分散人タル者ハ羽織ヲ著セス傘ヲ用ヒサル習慣アリ。○近江国犬上郡

山間ノ僻村ニテハ分散セシ者ハ村内ニ住居スル事ヲ禁シ村外ニ小屋ヲ造ルニモ尋常ノ建方ヲ許サス掘立柱逆葺ト唱ヘ礎石ヲ用ヒス茅茨ヲ逆ニ葺ク例ナリ。○美濃国厚見郡各務郡方県郡

村方ニテ分散セシ者ハ雨中ニ傘ヲ用ルヲ許サス多少権利ノ劣ル事ナリ。○上野国邑楽郡

分散人ハ町村会議ノトキモ席ニ加ヘサル等多少権利ノ劣ル者トス。○越前国足羽郡

分散人ハ多ク他国ヘ出ル事ナレトモ其町内ニ住居スレハ大ニ権利ノ劣ル者トシ尋常ノ交際ヲ為サヽル事ナリ。○越前国敦賀郡

分散人ハ町村ノ交際上ニ於テ稍々権利ノ劣ル者トス。○佐渡国雑太郡

村方ニテハ分散人一代ハ羽織着用ヲ許サス天保時代前ハ元結ヲ用ヒテ結髪セシメサル習慣ナリ。○但馬国出石郡

分散人ハ町村ニテ賤視シ同等ノ交際ヲ為サヽル慣習ナリ。○讃岐国香川郡

分散人ハ大ニ権利ノ劣ル者トシテ其生涯ハ人ノ長タル職ニハ選任セラレサル事ナリ。○讃岐国那珂郡

分散人ハ大ニ権利ノ劣ル者ニテ一同集会ノ席ニ発言スル事能ハス。一町村ヨリ婚姻スル事ナク或ハ縁組セシ者モ離縁

シテ交際ヲ絶ツ事アルナリ。○豊前国企救郡

身代分散スル者ハ城下ノ水ハ飲マレヌト唱ヘ辺村ヘ蟄居シテ生活スル○対馬国下県郡(3)

等これである。

なおこれら諸例中、伊勢国安濃郡、駿河国志太郡、益頭郡、近江国滋賀郡、美濃国厚見郡、各務郡、方県郡、対馬国下県郡等のそれは、一面自由の拘束という性質もその間に存するであろうが(4)、それはともかく、これらに見える債務不完済に原因して一定人を特定地域に住居せしむるという慣例は、他地方についても、その類似のものを見出し得られる。例えば博多における身躰限者（分散者か法律上いうところの身躰限を受けし者かは不明なれど、債務完済者でないことは確か）を百間開と称する郊外新開地の一画内に住居せしめ、家運挽回を図らしめたる慣例(5)の如き、また大坂における

三郷借家請人ト云フモノアリ、三郷トハ仮令バ天満郷某郷々ト三郷ニ長屋アリテ、右ノ家ヲ残ラズ貸方ヘ没収セラレタル者ノミ住居ス、其世話人ヲ請負人ト云ヒ、甲某来レバ、直ニ請負人ノ手ニ付、三郷ノ内ニテ然ルベキ長屋ヲカリ、其日ヨリ商ヒデモ始メラルヽ也、親類懇意ナド世話シテ遂ニ家業ヲ起(6)

すことが出来るという、三郷長屋（救小屋）の制度などそれである。もっとも、少なくともこの二者は社会政策的制度であって、債務のために極貧となれる者の救済手段として設けられた如く見えるのであるが、しかしそれにしても、なおかくの如き特定区域に入ることは、一面その者にとってある程度の人格損減となるものであったのではあるまいか。なおそれが強制的であったか否かは判然しないのであるが、恐らく少なくとも強制的色彩の濃い制度ではなかったろうか。果たして然りとすれば、ここに挙ぐべき一例となるであろう。

さて、以上の如き分散に基づく一定人の権利能力拘束制は、少なくとも幕府成法上には存しないようであるが、かくの如く広く各地にこの種の慣例が行われているところからすると、幕府はこの種制度を禁止したことはなかったらしく、少なくとも黙認していたことは推察に難くない。幕府法の及ぶ地域にも、同様の制度が一般的に行われたか否かは、以上の諸例のみにてはこれを断定することは出来ないが、類似の慣例が一般的に行われたのではあるまいか。

次に、この種の権利能力拘束は債務の履行に代わるものであったか、この種の拘束を受くるもなお未済債務は残存する

のであったか否か。この点必ずしも明瞭でないが、前示諸例中に「多少ノ金ヲ出セハ官ヘ届ケ沽却人ノ名ヲ除キ同等ノ交際ヲ為ス」、あるいは「其弁納金ヲ返済セサル内ハ弁納人ト称シ村役場等ノ選挙ニ入ル事能ハス」と見えることよりするならば、この種拘束は債務の履行に代わるものではない、履行の外に問われる責任であったと推測し得られはしまいか。

先に述べたように、この種の権利能力拘束については、法例の上にはあまり現れていないように見受けられるが、身躰限処分の場合における権利能力拘束制は、多少の法例が存し、身躰限処分に基づき一定人を所謂同家人として他の家に属せしめ、独立の家名を継続維持することを許さないという成法上の原則があったことが知られるのである。この点につき、以下やや詳しく説述を試みてみよう。

寛政五年四月十三日の大坂における一書付に

一……借用銀買掛リ等…兎角不相済候ニ付無是悲○非の誤定之通身躰限リ可相渡旨申渡候事ニ候百姓町人共代々之家筋一己之不所存ヲ以及断絶候儀は父祖へ対し不孝不本意之至リ云々(7)

と見え、身躰限によって「家筋……断絶」するものであったとあるが、これは、大坂町奉行所管地方に行われたる公私文書案文書である『見馴草』(8)に

乍恐口上　一何村何兵衛身躰限取渡被　仰渡奉畏別罷越願人立会別紙附立帳之通質（?）方無申分取渡仕候依之先達而御下被為成下書附奉差上此段御断奉申上候以上右之通相渡候上者家号消ニ相成前名前別段替ニハ不及何れ成共家内不残慥成方江引取可申候若後日ニ取引在之者証文ニも誰同家と認候事印形ハ渡ス不《ママ》及引不足之方請人相手取書付此時差出候事

とあるにより、家号消して同家人となるという意味のものであったことが分明するのである。

『全国民事慣例類集』に載せたる、

公裁ニ因テ身代分散○身躰限の意味に用いたること確かスル者ハ其印判ヲ官ヘ収メ名寄帳ノ名前ヲ消ス之ヲ亡名ト称ス。親類ニ附籍シ十年ヲ過レハ復籍スル事ヲ得ルナリ。若シ身代持直シテ債主ヘ義務ヲ尽ス事アレハ年限中ニテモ復籍スル事ヲ得ルナリ(9)

という播磨国飾東郡地方の慣例、またこれ同家人制と同種のものである。

さて、この種の制度はその初め大坂町奉行所管内に行われたらしいが、後には江戸にても行われるようになったものらしく見え[10]、まず以て幕府法上の一般原則であったと推察できるのであるが、それはともかく、何が故にこの種制度をば債務違反に基づく人格法益の拘束制なりというか、次にこの点を述べねばならぬ。

まず、身躰限は対財産強制執行であるが、恐らく殆ど全ての場合身躰限処分は債務完済不能の場合に行われるもので、分散の場合と同様に、身躰限処分には債務の残存が伴うを、少なくとも常態としたものであろうと思われる。而して身躰限処分の場合に、一定人を同家人となすは、債務の残存のために即ち債務違反を原因とするものであったと解して、差し支えないように思われるのである。

次に、当時の制によると、独立の家名を保持し得ない同家人は、彼が同家人たる間に負担した債務（金銀出入）につき、訴えられることがないという制度であった[11]が、この方面から見ると、この同家人編入ということは貧窮者保護の役割を果たすものであり、従って時に債務を逃れるために進んで同家人となることすら見受けられるのである[12]が、しかし、当時としても一般には、独立の家名を樹て得られないということは、一の人格減損であり、権利能力の拘束であったと見做すべきであろう。

要するに以上を以てする限り、身躰限処分の場合における同家人編入制は、債務違反に基づく権利能力拘束制の一例ということになるのである。

最後にまたここで、かくの如き同家人編入制は、債務の履行に代わるものであったか否かを考えて見ねばならぬ。前示播磨国飾東郡の慣例を伝うる文に「若シ身代持直シテ債主へ義務ヲ尽ス事アレハ年限中ニテモ復籍スル事ヲ得ルナリ。」と見え、さらに天明元年の令条に

　同家人江対し候金銀出入は不㆓取上㆒候、併身上持罷在候節之借金銀売掛等ニ候はゝ、当時同家ニ相成居候共取上済方可㆓申付㆒候云々[13]

との文字が存するところからして、まずこの同家人編入ということは、債務に代当するものでないと考えていいように思われるのである。

（1）『日本経済大典』本、六七七頁。
（2）『全国民事慣例類集』三二八頁以下。
（3）三二七乃至三三二頁。
（4）前款第二の一註（7）参照。
（5）博多永島芳郎氏談。
（6）『東湖随筆』（『古事類苑』政治部四、六五三頁）。なお『大阪市史』四下、一三〇一頁、一五九六頁参照。
（7）『大阪市史』四上、一五五頁。
（8）古写本、河州地方にて作成せられたるものの如し。
（9）三三一頁。
（10）拙文「徳川時代の特別民事訴訟法」（二）（『国家学会雑誌』四三巻二号）一三八頁以下。
（11）同上。
（12）『大阪市史』四上、一五五五頁所出寛政五年四月十三日の書付、同上書三、九一三頁参照。
（13）前々註所引所載。

かくの如く身躰限によって家筋断絶とか家号消しとかあるいは亡名という、換言すれば財産の消滅によって家が消滅するという概念は、当時の契約証文面等にも散見するところである。ここにその一二の類例を掲げておくならば、

覚
建家壱軒但四壁囲并井戸馬小屋
右者……私儀年々上納不納指畳及潰候ニ付右之品々此度代銀四百目払申候云々
明和二酉十一月
（以下略）

次なるは明治初期のものであるが、幕府の慣例を伝うるものたるこというまでもない。

借用金年賦証文之事
（中略）右…済方不行届別段ノ御恩借深ク相弁乍居皆済仕候得ハ一家相続ニ相拘無余義私方乏敷モ永続出来候様手段被成下度云々
明治六年三月
（以下略）

（前例は『日向小田家記録』一所載による、後例は『大審院民事判決録』（自明治十一年十一月至明治十一年十二月）に収むる第二百拾三号「預ヶ金滝滞上告ノ判文」中引用）

第四款　その他の身的責任

徳川時代における、債務違反に基づく法律上の身的責任は、以上の生命責任、身体及び自由責任、能力責任にてその大半を尽くすのであるが、未だその全部ではない。なお附加すべきものが存するのである。しかし、それらは以上の各類に分属せしめることが、その性質上やや不適当と思われるので、ここに別款を設け別個の類別をなしたのである。

さて、まず第一に挙ぐべきは板倉氏『新式目』第三十六条にいう

職人故障之子細ニテ誂物日限令遅々……十ヶ月迄令延引者且渡之銀一倍可取返其上籠舎申付始末聞届相当之罪科可申付事[1]

の場合である。これは債務不履行に原因して罪科に処するという制度であるが、この罪科に処するということは人格法益の一部褫奪であるから、一の身的責任たることというまでもない。

しかし「相当之罪科」というだけでは、その内容不明確であり、従って前述の三種別のいずれに編入すべきか決定し得ざるものなのである。これを以て、その他の責任の一例とした所以はここにあるのである。

爾余の法条にも、債務違反を原因として、一種の刑罰を一定人に科するという原則が見られる。それらもまた刑罰であるが故に一の人格法益の褫奪であるが、前述の類例中の生命責任ではないことというまでもなく、また身体責任、自由責任ともなし得ず、あるいはまた能力責任とも見られないものであるが故に本款に編入した訳である。

さて、以下関係法例についてその内容を窺って見よう。

『公事方御定書』以降は、奉公契約の請人は、欠落奉公人尋出義務違反の場合は過料に、義務違反数度に及ぶ場合は曲事にそれぞれ処せられる定めであったが[2]、これがその一つである。もっとも、過料は実質において財産責任的性質も併有する訳であるが、当時においても過料は刑罰の一種であるが故に、身的責任の中に属すべきものであろう。

さらに宝暦九卯年四月十日の触書に

借金銀返済相滞……向後奉行所ニ而厳敷取扱、其上ニも不埒之輩有之候ハヽ、武士方は奉行所より老中へ申達候筈ニ

候間、其節可二吟味一候条、以来急度可レ被二相心得一候条、尤寺社在町方之者は、奉行所ニ而急度咎可二申付一候[3]

また天保十三年の書付に

（損料貸の品物）質入等致し候ハ、右品物早々為相済候様申付候上不相済候節ハ吟味之上相当之咎可申付候[4]

また、文化三寅年の申合書に

一巳年御渡之御書取之内切金三ヶ度も打続不足いたし聊等閑にも取計候類其頭支配同役同列一類之内江申達或ハ家老重キ役儀之もの等呼出叱り之上申付候儀名前書付を以て伺候ハ畢竟取計迄之事ニ而御咎等申付候とハ訳違候間一座より申上候ニ不及掛リ一名を以相伺可申事[5]

とある、武士に対するこの種の叱り制等その類例である。もっとも、この武士叱りは「畢竟取計迄之事ニ而御咎等申付候とハ訳違」うものであると見えることよりして、当時においては刑罰と観念しなかったらしいのであるが、叱りそのものの本質から、広い意味の刑罰の一種と見て差し支えないと思うのである。

なおここに『公事方御定書』上

寛保四年極 一諸商物代金請取其品不渡外江ニ重売いたし又ハ取次可遣品質に置并売払或金銀横取いたし候もの金子ハ拾両より以下雑物ハ代金積拾両位より以上ハ死罪金子ハ拾両より以下雑物ハ代金ニ積拾両位より以下ハ入墨敲但先入牢申付代金又ハ商物ニ而成とも相済候におゐてハ拾両以上ハ江戸払拾両以下ハ所払[6]

なる原則があるが、これまた同種の原則と見られようかと思うのである。

蓋し、これは右の如き不法行為によって他人に損害を加えた場合、商物または代金を以てその損失を塡補するならば、その不法行為は元来死罪または入墨敲に該当するものであるが、江戸払または所払に軽減するという原則であるから、甚だ形式的な論法ではあるが、死罪または入墨敲から江戸払または所払を控除した残りが、賠償債務の履行に該るものであり、従って反対に、この種の債務不履行には、この控除した残りが科せられるということになると考えられるからである。

序でに、藩法上の類例を挙ぐるならば、岡山藩の寛文九年九月六日の触状に見える

買がかり埒明不申よこにね候はは、遂吟味其者闕所いたし、先方へ済させ、其うへにて曲事に可被仰付候[7]

なる原則の如きその一例である。

さて、右の如き債務不履行に原因する罪科、過料、曲事、咎、叱り等は債務の履行に代わるものであったか否か。前掲の通り、武士の叱りの場合については「叱り之上申付」とあることから、まず債務に代当するものでなかったこと分明なのであるが、その他の場合については明証がない。しかし、この武士のそれを以て推考するに、これまた債務に代わるものでなく、即ちこの種の拘束は債務を消滅せしめないのではなかったろうか。(8)

(1) 中田薫『法制史論集』第三巻六九六頁所掲による。
(2) 拙文「徳川時代に於ける雇傭法の研究」(三)(『国家学会雑誌』四一巻九号)一〇三頁。
(3)『古事類苑』法律部三、五一九頁。
(4)『徳川禁令考』後聚第二帙三三九頁。なお損料貸については拙文「徳川時代の特別民事訴訟法」(一)(『国家学会雑誌』四二巻一一号)参照。
(5)『徳川禁令考』後聚第二帙三九八頁。なお『世事見聞録』四の巻一四〇頁〔岩波文庫版・一九七頁〕「盲人の事」の条に
陪臣は前にも云ふごとく右体之事留守居役・目付役・別て家老宅抔の沙汰に及ぶ時は恥辱は勿論之事、殊更盲人の官金は格別なる物と世間一同心得たる事にて或は遠慮差控又は家の風に寄ては永の暇ともなり、云々
とある参着。
(6) 前註前段所引五七一頁。
(7)『岡山市史』上、一七八頁。
(8) 就中『新式目』の条項については、本項第二款第二の二参照。

第二項　契約上の身的責任

緒言

契約上の身的責任また、法律上のそれと略々同様の類別に従うことが出来る。しかし、生命を債権の担保に供する契約

に至っては、その存否を考うべき資料に接し得られない。[1] 恐らくこの種の契約は行われなかったのであろう。

（1）ドイツ中世には生命の質入が行われたというが、徳川時代にはかくの如き類例を見出し得ないのである。ただ、巷間約束をなす場合に、「生命にかけて」とか、「首にかけて」と誓約せるは、生命の質入に類する概念というべきか。

第一款　身体及び自由責任

緒言

徳川時代、債務不履行の場合、一定の人の身体または自由に対しある種の拘束を加えるという契約の典型は、人質、人書入すなわち人身を担保に供する場合である。故に以下には、人質または人書入の場合における拘束如何を中心に、契約上の身体及び自由責任に関する当時の原則を窺って見よう。

第一　人質の場合

徳川時代「債務者が不動産を以て自己の債務を担保したと同様に、全く同一の形式を以て自己の子息や娘を人質に差出して債務を担保した事例は、慶長年代には珍しい事ではなかったのである」[1]。即ち人質契約は、少なくとも徳川初期には相当広く行われたらしいのである。

而してその形式からすると、この人質は年季明流文言附のもの、年季明請戻文言附のもの、金子有合次第請戻文言附のものの三種に分類し得られるのである。[2] ところで、就中流文言の場合は、年季明後には当然質人は債権者の譜代となるものであるが、その他の文言の場合は、請戻なき間は、質人はそのまま債権者の下に拘束せられていたものであろう。

要するに、契約によって人身が担保に供せられたる場合、債務違反に基づく担保人身の拘束は、あるいは債権者の譜代となり、あるいは履行のあるまで債権者の下に拘留せられるという内容のものであったのである。而して、前の場合は身体拘束であり人身そのものの拘束であり、後の場合は自由拘束であったであろう。なおこの自由拘束は、さらに詳細にいうならば、被拘束人の労働を内容とする自由拘束であったであろう。

この種の拘束は債務の履行に代わるか否か。譜代流となる場合は、恐らく債務の履行に代わるものであろうが、譜代とならざる単なる拘留の場合は、これを以て債務の履行を待つという関係であるから、債務履行の外に問われる責任であったと考えられる。

なお人身質入は、前述の通り徳川初期の慣例であったのであるが[3]、その後といえどもなおこの慣例の骨子は残存したのである。

徳川時代、人身売買は禁止せられていたが、その年季売に至っては何ら禁止されず、少なくとも明暦年代頃までこの種の慣行を見ることが出来るのである。而してこの人身年季売は、人質の異名同物と見らるべき性質のものであるが故に、実際においては、人質は少なくとも明暦頃まで行われたということになるのである。

次いで、さらにこの人身年季売は、元禄以降はその形式を改めて、「他人の人格に干渉し其人格的法益を処分する人法的支配（Personenrechtliche Herrschaft）を雇主の手に委譲」するという内容の各種の奉公契約（本金返奉公契約、一部居消本金返奉公契約、質物奉公契約（無給）、有給質物奉公契約、身代金全部居消年切奉公）、中田博士の所謂身売的あるいは身代金年季奉公契約の形で存続したのである。故に人質の骨子は、後世までなお存続したのである[4]。

さて、以上の中人身年季売においては、買戻即ち債務弁済のあるまで、その人身を拘留（債務に充てる拘束としてではなく）したものであろうし、また後の身売的年季奉公契約においても、同様の人身拘束が行われたのではあるまいか。ただ居消的内容の契約の場合は、奉公人拘束は債務に充当されるものであったのではあるまいか。

これを要するに、徳川初期の如く身体そのものの拘束は見られなくなったが、人質の骨子を伝うる人身年季売及び身売的年季奉公にあっては、なお少なくとも人身の自由拘束制は残存したのである。

最後に考えて見なければならないのは、この人質（質物奉公までも含めて）関係において、債務不履行の場合拘束されるものは、質入れされた人身のみであったか否か、換言すれば、この人質はまた当時の財産質入の場合の如くに、物的責任的本質のものであったか否かの問題である。

この点については、今明確なる一般原則を知り得ないのであるが、少なくとも寛政頃まで行われた、次の如き仙台藩の質物奉公契約に関する原則からするならば、幕府法上にても、人質の場合また物的責任的本質でなかったのではあるまいか。

仙台藩法上の原則とは、債権者は質物たる奉公人について債権の満足を得られるのみならず、一般的に債務者に対し本来債務の請求が出来るというもの[5]これであるが、これは正しく、質物奉公関係が物的責任的関係を発生せしむるものでないことを示すものである。而してかくの如き制度は、「質物としての奉公人の債権担保能力が、動産、不動産のそれに比し、甚だ薄弱であり不確実であったことに基づく[6]」ものであると解せられるのである。

ところで、かくの如き人質の担保能力薄弱ということは、仙台藩のそれのみに限る現象ではなく、一般人質の通有性と考えて差し支えないのであるが故に、幕府法上の人質関係にあっても、仙台藩と同様に、人質の本質から当然に、物的責任的本質はこれを見ることが出来なかったのではなかろうか、との推測が出て来る訳なのである。

（1）中田薫『法制史論集』第三巻三三一頁。
（2）同上三三二頁。
（3）中田博士のいわれる通り（前々註）、人質の類例は慶長頃に多いのであるが、地方によっては寛永頃なおその類例が存する。即ち、例えば紀州熊野地方の寛永拾七年の人質証文に
（前略）ふさた仕十月すき候は三人のしち物永代ニ引渡可申候云々
とあるなど典型的な人質証文であろう。この証文は『内外研究』八巻一号において、児玉洋一氏が紹介されしものである。
（4）以上は前段註（1）所引三五三頁。なお同上三五六頁以下参照。
（5）高柳真三「仙台藩の質物奉公」、特にその（三）（『法学』二巻四号）五六頁以下。
（6）同上五九頁。

第二　人書入の場合

人書入即ち人身の無占有質は、徳川初期以来後世まで、かなり一般的に行われているのである。[1]しかし財物書入に対する当時の一般原則によれば、前述の如く、書入物に対する拘束は法律上強制力ある拘束ではなかったのであるが[2]故に、恐らく人書入にあっても同一原則の支配を受けたものと考えられるので、従って人書入の場合には、法律上の責任如何の問題は生じないのである。蓋し、当時にあっても私的拘束は原則として許容されなかったのであるから。[3]

（1）中田薫『法制史論集』第三巻三五五頁。
（2）本章第二節第二項。
（3）第二章第一節第一項。

右の如く、人書入には強制力ある拘束は加えられないと考えるのであるが、当事者間においては、財物書入の場合と同様に、債務を弁済すること能わざりし場合における書入人身の運命について、特約をなすのが通例であった。而してその特約には、次の如きものが挙げられるのである。即ち（一）書入人身そのものを弁済に代えて債権者に引き渡す約定、（二）債務者がこれを売却してその代償を以て債務に充当する約定、（三）請人（証人）が目的物を弁済に代えて債権者に引き渡す約定、（四）請人の手にてこれを換価して債務の支払に充てる約定、（五）目的物を債権者に引き渡しその収益を以て債務を消却せしむる約定等がそれである（中田薫『法制史論集』第三巻四一八頁以下に詳し）。

以上は、その性質を概観する限り（詳細には中田博士文前々註所引参着）、人身の全部的書入であるが、人身の一部的あるいは自由の書入と見らるべき例も存するのである。

即ちまず藤浦三周子の『市場の風俗』に

江戸時代には借金を返さなければ人中で三つ殴ってもいいと云ったものだ云々

と見える（宮武外骨『私刑類纂』六三頁所引による）がその一つで、これは身体の一部的書入といわれるであろう。なおこれは人中云々ということからは、後説の栄誉責任的元素も含むであろう。

次は、徳川初期の奉公人請状に見える

若私不届之義申上候はゝ、右奉公人同様私を仕置に可ㇾ被ㇾ成候、請に罷立候上者、奉公人同前に被㆓仰付㆒候共、少も御恨に奉ㇾ存間敷候

なる契約文言である（拙文「徳川時代に於ける雇傭法の研究」（三）（『国家学会雑誌』四一巻九号）一〇八頁所載）。この「仕置」とは如

何なる内容か判然しないのであるが、恐らくは、人身の一部に対するある種の拘束あるいは自由の拘束であったであろうと想像せられるので、この契約はまた人身の一部的あるいは自由の書入であったと考えるのである。

第三に、当時引負奉公人に住居を構えた即ち居住の自由を制限したことがあったらしいが（高柳真三「徳川時代の身元保証」（『法律時報』三巻五号）一三頁以下）、これは契約責任であったか、然りとすればこれまた自由の書入の一例といえるであろう。

第二款　能力責任

当時、債務の履行をなさざる場合は、一定人の能力に拘束を加えるという特約が行われた。ここにいう契約上の能力責任とは、これをいうのである。

徳川後半期の奉公請状案文に

（前略）万一途中より御暇被下候ハヽ、貴殿方ニ而習覚候商売御差構被成候段慥ニ致二承知一候、然ル上ハ御同商売ハ不レ及レ申似寄之商売江も奉公為レ致申間敷云々[1]

とか、また明治初期の奉公請状案文に

（前略）此方ヨリ暇頼申間敷候、万一中途ヨリ暇被下候ハハ、貴殿方ニ而習覚候商売御差構相成候段、慥ニ是又致承知候、然ル上者御同商売ハ不及申、似寄ノ商売ヘモ奉公為致申間敷事云々[2]

文政六年八月十六日附の「入置申一札之事」なる契約証書の一節に

拙者不身持等之義有之、返済相滞節ハ、御取引之義御断被成下候共、其節一言之申分無之、御恨申間敷候、云々[3]

また元禄十六年の役者請状に

（前略）役奉公ニ罷出申所実正也給金拾三両ニ相定此内手附金三両弐分只今慥請取申候残テ九両弐分ハ惣役者払並請取可申候右相定申候内脇芝居江罷出申か又ハ不奉公仕申か何様之義出来仕芝居相勤申義難成候ハヽ右請取申金子相返シ其上御当地之義ハ不及申京大坂芝居迄役者之儀何ヶ年之間も御構可被成候其時一言之義申間敷候云々[4]

などと見えるが、これらによって、当時契約不履行ありし場合、債務者を奉公構、商売構、役者営業構に処する、即ち奉公能力、営業能力に制限を加えるということを契約したものであったことが知られるのである。これ債務違反に基づく、契約上の行為能力制限ということが出来るであろう。

次に、権利能力を制限せる場合と見らるる契約文書を掲げて見よう。

仕ル一札之事

一私義御年貢米指支払出得不仕無拠此度村御役人中様へ申出候処御受合被成御評定之上邨惣高割ニ御割符被遣御済被下恐念奉存候然上者袴上下木履傘紙緒草履相用不申村方出会之時分末座ニ居可申候右御割符被下候銀札立用仕候ハヽ此証文御戻被下村並御百姓ニ御戻可被下候為後日一札仕指上置申候以上

大田村　久米之介　印
同断所　惣右衛門　印

文政八年酉十二月

右之通相違無御座候以上

御役人中様
惣御百姓中(5)

この証文は、権利能力的人格法益の買戻附売渡状の如くにも見えるが、権利能力的人格法益を質入したものと見るべきではあるまいか。それはともかくこれは契約上の権利能力制限の一例となるであろう。ただ、この文書の行われた地方に、前記の如き村代償の場合当然に債務者の人格法益に制限を加えるという制度(6)が行われたとするならば、この文書は単にその関係を念のため表現したに止まるものとなるであろう。今明証はないのであるが、しばらく契約文書と解しておく。

次なるは明治初期のものであるが、少なくとも徳川末の慣例を窺い得られるものとして掲ぐる。

金子拝借証文之事

一金四百両　但（中略）

右者今般長崎山田彦蔵江材木売附相談相整手附金受取候得共右就用向兎角急埒《?》不諸費相立此節元木買入代金引足不申

甚難渋差迫候勿論是迄多分之御恩借金茂有之処実以奉願兼候得共別格之御憐情ヲ以前書之金辻御貸渡被下難有慥受取
拝借仕候処相違無御座候然上者来ル九月限右材木山田彦蔵江於若津相渡同人より残金請取聊無遅滞急度返納可仕候
万一返納方不埒之義有之候節者生涯絶交被成候而も申分無御座候依之為後証金子拝借証文奉差上処如件

明治五壬申七月

金子借用主　千原勝太郎　印
右同断　伊藤栄吉　印
証　人　橋本小市(7)

これは一の権利能力書入証書であるであろう。

以上要するに、当時契約を以て、債務違反の場合、一定人の権利能力を拘束するという慣行が存したことが知られるのである。

さて、上述せるところは文政八年の証文の例の外は、全て権利能力質入にあらずしてその書入であるが故に、この種の契約上の能力拘束は、概して法律上の強制力を伴うものではなかったのである。一般慣行としても、能力質入は広くは行われなかったのではあるまいか。(8)

（1）拙文「徳川時代に於ける雇傭法の研究」（一）（『国家学会雑誌』四一巻七号）一二七頁所載。
（2）『明治大正大阪市史』六、一五四頁所載。
（3）山川隆平「大阪江戸間の商取引に就いての一資料」（『経済史研究』一四巻二号）所載。
（4）「寸錦雑綴」（『日本随筆大成』本）一五八頁所載。
（5）九州大学法制史研究室蔵。
（6）前項第三款第二。
（7）九州大学蔵『千原家文書』中の一葉。
（8）西鶴の『織留本朝町人鑑』五の「三具足甲も質種」の段に

昔日立花の家より鳶尾の前置を金子百両の質に入……質にあるうちは花さしに鳶尾をつかはせず云々

とか、また

連歌の花の本より露といふ一字を黄金弐十枚に置（かせ）……連歌師に露といふ事をいたさせ（ない）云々

あるいは「萍花漫筆」（『日本随筆大成』本）三四八頁に

京町壱町目金屋三右衛門の遊女に雲井といへるは……俳諧を好て素外の弟子となり……楷書をよくせり。ある人是を聞て客となり来りて云けるは女の四角なる文字を書事高慢に見へて心にくきものなり。われ今よりして御身が楷書を質物に取べし。此質をうけざるうちは角なる文字を書べからずとて金子百両を与へて証文をとりたり。云々

等は権利能力の質入であろう。

第三款　栄誉責任

既に中田博士の説かれる如く、少なくとも徳川前半期においては自己の栄誉を以て債務の担保に供するという特約が行われたと考えられるのであるが(1)、これ栄誉の書入であるが故に、また契約上の身的責任の一例となるのである。しかし、これまた書入であるが故に、法律上強制力ある拘束ではないのである(2)。

（1）中田薫『法制史論集』第三巻二九五頁以下に詳し。栄誉書入の実例としては、『摂陽落穂集』に万治三年の例を出すこと、山崎佐『法曹瑣談』一五四頁にて指摘、全文転載。中田博士のいわれる如く（同上三〇七頁以下）、法外の催促を特約することがあったが、それは栄誉の質入と同様の思想であったのである。

なお『歴史地理』六六巻五号所載「駿府床場考」八一頁に、髪結職人の弟子入起請文案文を収録しているが文中

一、縦令如何様之儀御座候共辛抱可仕万一辛抱出来不申候時は御笑被下度其節手向ひ口答致間敷候事

なる文言が見えるが、これまた同種のものであろう。

（2）前款参照。

なお余白を借りて掲げておきたいものに、次の如きものがある。それは契約上の身的責任に参照すべき記事と考えられるところの、彼の西鶴の『織留本朝町人鑑』五の「三具足甲も質種」の段の

貧ぼう公家あって質物にことをかゝれ。柿本人麿より此かたは我なりと自慢せられし髭を一貫目に置れけるに是は半年づゝのけいや

く。切が延ると剃刀持って請取に来云々

また

遊女手づまりし時誓紙を質に置くことおかしけれ。……此誓紙恋にはあらず。女郎の身のうへすたる所をその方さまに見付られ。然も内証にて年々御合力うけ申候御恩に。世間の目をしのび念比いたし候此心ざしかはり申においては。諸神の御ばちにて五分取の女郎におろされ申べしと。ひとつも根のない事を書かせ血判までおさせて。天神から十五女郎までに金子二歩づゝ借ける……済まさぬ時は其女郎と我等間夫をいたすと。くだんの誓紙人に見せられては身のすたる事を合点して。約束のごとく。埒を明（ける）

等である。

これらの担保関係は、前段の各款中のいずれに編入すべきか、にわかに判定は出来ないと思うが、前者はドイツ中世の四肢の質入に類するか、また後者は栄誉の質入的性質のものというべきか。

また「仮名世説」（『帝国文庫』本、三七九頁所出）の次の一節参着。

肥州に水足平之允といへるありき。即ち徂徠文集に所謂西肥の水秀才是なり。十六歳にて。徂徠先生へ書簡をよせて経義を問ふ。誠に奇童なり。ある時肥州に帰る人あり。徂徠翁于鱗の記を出していはく。汝これを携へ帰て秀才に示し。訓点句読を付させよ。もし立どころに事をなさば其賞としてかた耳をそぎて秀才に与えんとぞ。云々

第四款　違約罰契約

ここに附加して考究すべきものに、当時の違約罰契約制度がある。

当時においても、契約違反の場合、金銭を提供するかあるいは一定の利益を放棄することを約する場合がある。ところで、この種の契約は債務の履行に代わるものとして、あるいは契約違反によって生ぜし損害の賠償の意味を以て、締結せられる場合もあるのであるが、(1) 必ずしもそれのみには止まらず、契約違反に対する制裁という意味合いを以て、即ち本来債務または損害賠償債務履行とは別個に、金銭の提供、利益の放棄を約するものと見らるゝ場合があるのであるが、この後の場合は今日の違約罰契約に該るものであろう。

さて、この違約罰契約は、契約違反の場合金銭の提供、一定利益の放棄を約するに止まるものではあるが、罰的性質のものという点から見るならば、人格法益の侵奪拘束を契約するものと見なければなるまい。然りとすれば、違約罰契約に

よって、ある種の契約上の身的責任が発生することになるであろう。

かくの如き見地から、ここに債務違反に基づく契約上の身的責任の一款として、違約罰契約を少しく考察しておくことにしたのである。

さて、まず初めに、当時の成法上違約罰契約に関する規律が存したか否か、この点を見ておこう。

幕府成法上には、違約罰契約に関する原則的規定を見出し得ないようである。さればとて、この種の契約を禁止せる跡も見られないので、恐らく一般に許容せられていたものであろう。

しかしただ一つ、債務不履行の場合、年賦弁済の利益を放棄せしめるという内容の契約（これは違約罰契約と見て差支えはないであろう）は、少なくとも裁判上認めないという原則が文政三年以降行われたのである。

即ち家蔵『目安秘書』の「六十八貸金目安糺方之義ニ付留役申合」条々中に

一年賦金壱ヶ年滞候ハ、期月不至分ニ而も返済可致旨之文言有之候証文取計之事年賦金出入之内証文ニ壱ヶ年ニ而も滞候ハ、期月不至分とも元金ニ而返済可致旨之文言有之候故を以元金ニ而相懸リ候類之有候得共右ニ而者一旦年賦ニ致候詮無之殊ニ先例も有之候間年賦滞候分計取上期月不至分は目安為相除候積ニ付已来区々ニ不相成様可致旨石川主水正殿被仰聞候事

文政三辰年正月

とあるによってこれを知るのである。(2)

これを要するに、年賦弁済の利益を放棄するというが如き内容でない限り、他の如何なる内容の違約罰契約といえども、裁判上においてもなおそれは有効であったというのが、当時の原則であったと考えられるのである。

されば、家質証文面に

（前略）勿論期日不来候共地代店賃相滞候ハ、何時成共家屋敷貴殿江為引渡可申候云々(3)


とあるが如き、なお裁判上有効であったものと解せられるのである。

なお広く捜索するならば、各様の違約罰契約を見出し得られるであろうが、当時においてもこの種契約の典型は、金銭

の提供を約する場合即ち違約金契約であったらしい。それは、『日本商事慣例類集』第三編下巻第四章「違約金」の条の記載について見るも、充分了解し得られるところであろう。

次に、違約金契約の実例と思しきものを列挙して見ることにしよう。まず、慶長十七年九月廿四日附の「借用申江戸小判之事」なる証文に

合弐両分也、但、此利分銀子ニ算用仕、壱月に付弐分くい也、但、来年七月かきりニ本利ともニへんべん可申候、若ふさた候ハヽ、利分壱ばいにて、へんべん可申候物也(4)

とあるが、これは損害賠償の予定とも考えられようが、違約罰的意味の契約と解されはしまいか。

以下に掲ぐる如き証文面の契約の如きに至っては、まず以て違約罰契約と、あるいは少なくとも違約罰的元素を多分に蔵する契約と解すべきものであろう。

宝永五年の「娘年季売証文」（甲州所出）に

（前略）自然おつど《○越度》ニおいては五わりのそいかね《○添金》ニ而相済可申候云々(5)

また元禄十五年の「子息年季証文」に

（前略）若又地方より御隙申候者本金四両ニ又金四両加金子八両指上御隙可申請候云々(6)

岩代国の天保二年の「質物奉公人差置申証文の事」に

（前略）年季之内手前より身請相願候ハヽ、元金壱両ニ壱歩宛増金元金へ相添身請可仕候逃一倍病死半金云々(7)

筑前国の寛政七年の「私質物奉公仕銭借用証文之事」に

（前略）一年記之内自由ニ暇申受候ハヽ、元一倍相立暇可申受候云々(8)

この証文は、既に中田博士によって紹介されたのであるが、これに類する筑前地方のものかなり多く私の手元に存するので、一二掲げて見よう。

「文化十三年子御年貢差出申候ニ付拙者悴熊吉年季奉公ニ召置給銭請取申候証文之事」に

（前略）若又年季之内此方ヨリ隙取申候節ハ元銭三百目ニ年々三割之利分加江元利相揃相立申候而隙取可候云々(9)

「文政三年御拝借上納指支申候ニ付拙者弟亀吉貴殿方へ質奉公ニ召置借用仕証文之事」に
（前略）尤右之通八ヶ年無滞相勤申候ハ、元銭之内五拾目相立隙取可申候年季之内逃走リ不宜筋仕候ハハ元銭一倍相立暇申可請候云々(10)

（1）『日本商事慣例類集』第三篇下巻第四章参照。
（2）明治時代に入るとこの種の契約は法律上何等の制限も受けなくなるらしい。それは、明治初年の「金貸附入札講規則」（九州大学法制史研究室蔵『福岡県文書』中に収む）、及び『明治大正大阪市史』六、一五一頁所出明治三年布令等に、この種契約案文を載せたることによってこれを知り得る。
（3）『徳川禁令考』後聚第二帙五六一頁所載。書入証書面にも「利銭不足致候ハ年限之内たり共右書入永代ニ御取可被成候」（九州大学経済史研究室蔵『古野家文書』中の文政三年十二月の「平次郎書入証文之事」の一節）。
（4）『大日本史料』一二編の三〇、五〇九頁所載。
（5）中田薫『法制史論集』第三巻三二七頁所載。
（6）同上三三六頁所載。
（7）同上三四〇頁所載。
（8）同上三六八頁所載。
（9）九州大学経済史研究室蔵『福岡県糸島郡前原町西原家文書』の一葉。
（10）同上。
　なお『御当家令条』廿九巻所収の元和五年未十二月廿三日の法令に「欠落之者請人は右申定候切米之一倍請人方より主人江可出之」と見えるが、これを以てするときは、ここに掲げたような元銭一倍の契約は、当事者の契約を待って初めて発生する関係ではなくして、法律上当然の関係であったかにも見えるが、上掲の実例は全て藩内のものであり、この令条は幕府法であるが故に、本文の如く解した訳である。

附説

本項を終わるに当たって、徳川時代人格法益の差押質が行われたか否か、この問題をここで見ておきたいと思う。

既に中田博士の説かれる如く、「所謂人身の差押質が徳川時代如何なる場合に行はれて居たか、その詳細は不明であるが、徳川初期の史料に現はれて居る所のものは、地頭（知行者）が年貢未進百姓の家族を差押へて人質となす場合である」。而して「此種差押人質の運命は詳でないが、……地方に依て（は）或年限迄に親族其他がこれを請戻すにあらずんば、質流（譜代）となつたものゝ如く思はれる」のである。しかし、かくの如き「人質差押が私人間の取引に就いても債権者の為めに、法律上或は特約を以て許容されて居たか否やも不明である」のである。[1] 人身のみに止まらず、その他の人格法益の差押質についても、その存否を徴すべき材料が見当たらないのである。

一方前述の通り、徳川時代には財物の差押質すら一般的には行われなかったのであるが[2]故に、人格法益の差押質の如きは全然行われなかったものと推定して、大過なきものと思うのである。

（1）中田薫『法制史論集』第三巻三三〇頁以下。
（2）本章第一節附説（二）の註（2）。

第四節　財産責任、財物責任及び身的責任の相互関係

以上、徳川時代における債務違反に基づく人または物件に対する拘束を、財産、財物、身的の三種に類別してそれぞれの内容を考究したのであるが、さて、この三種責任の相互関係は如何なるものであったか。如何なる順序を以て、この三種責任は問われるものであったか。

もっとも、この問題は以上の所説を綜合するならば自ずから判然するところであって、今特別の記述を要する事項ではないであろう。ただしかし、前段における説述は断片的であるので、ここにこれを纏めて理解しておくことにしよう。

当時の財物責任即ち財物占有質は、債務の代償物が債権者の手中に存するものであるこというまでもなく、しかも物的責任であるが故に、占有質が設定せられた場合は、常に他種の責任の問われることはないのである。身的即ち人格法益占

有質については、物的責任的性質を認め難いようであるから、同じ占有質であってもこれは別である。

次に、身的拘束には履行に代わるものあり履行の外に問われるものありであったが、前者にあってはこれまた他種責任の問われる余地がなかった訳である。

従って履行の外に問われる身的拘束は、財産責任と併び問われるものであったのである。

結局財産責任に至っては、物的責任及び履行に代わる身的責任の存せざる場合、単独にあるいは履行に代わらざる身的拘束と共に問われるものであった訳である。

第二章　責任の実現

緒言

上述の如き内容の民事責任即ち一定の人または物件に対する拘束は、如何にして実現されるか。即ち（一）私人によって行われるか、あるいは官憲によって行われるか（責任執行の主体）。（二）如何なる方法を以て行われるか（責任執行の方法）。この二点に関する考究を、本章はその目的とするものである。

第一節　責任執行の主体

第一項　官憲的執行

当時における民事責任執行の主体は私人か官憲か。結論を前以ていうならば、この時代においても、執行主体は官憲たることを即ち官憲的執行を以てその原則としたのである。以下これを論証するであろう。

（一）さて、まず初めに、徳川時代民事責任の私的執行を認める場合があったか否かを探って見よう。

徳川初期の法典、板倉氏『新式目』第四十四条は、耕作主は自己の作物に損害を加えた他人の牛馬その他の家畜を差し押さえて、その所有者より損害賠償を請求する権利を有するという、所謂加害家畜に関する原則であるが[1]、これいうまでもなく私的執行を認めた原則である。

次に、徳川時代の雇傭法上、奉公人の過怠あるいは不誠実（これは奉公人の忠勤義務違反である）に対する主人の懲戒権実行が許されていたが[2]、これまた私的執行許容の一例であろう。この主人の懲戒権は義務違反に対する拘束であり、しかもその実行は主人自らなすものであるが故に、私的実行の一例と見做した訳である。

さらに、敵討の場合が同様の類例として挙げられるかと思うのである。当時敵討を特許することがあったが[3]、この場合に損害賠償債務がまた被討者に発生し、これが敵討によって実現されるという見方は許されまいか。もし、敵討の意義にこの種の債務執行の意味も包含されているとしたならば、これまた私的執行を認めた一場合となし得まいかと考えたがためである。

私の知る限り、幕府法上私的執行を認める場合は、以上の三者に止まるが、藩法上の類例と考えられるものがあるのでここに挙げておくことにしよう。

萩毛利藩法を伝える『郡中御書付』の中の〔「明和八年改」の条に

一於在々牛馬売買又ハ負銀を定替相候時代銀不相済半分三ケ一も残置牛馬引渡追而可相調由日切等申談証文取置候処日切ニ至リ代銀不埒之時分村引と号し夜中忍ひ入牛馬引帰候尤其節其厩江何村ノ何左エ門カ様之趣ニ而引帰候段張紙ニ書付置申之由候へとも甚不謂儀候条自今佐様之義於有之者盗人之沙汰被仰付候間買主不埒候ハヽ畔頭江可申達候[4]

と見えるが、これは少なくとも明和八年まで、所謂村引なる私的執行が、少なくとも黙認せられていたことを示すものではあるまいか。然りとすれば、これ藩法上の私的執行制の一例ということが出来るであろう。

さて、右の幕府法上の私的執行制について考うるに、第一の『新式目』の制規は徳川時代初期にのみ行われた原則であったらしく、次の二例は特殊な法律関係上のものであるのであるから、以上の類例を以てする限り、当時なお私的執行」*を認める原則は存在したがそれは例外的であり、通常の債務関係一般については、私的執行を認める場合は、まず以て存在しなかったということが出来るのである[5]。

（二）これに反して、私的執行禁止の旨を表現せる資料は、二三に止まらないのである。まず、当時の裁判物語の中にこれを見出すことが出来る。即ち『板倉政要』、『本朝藤陰比事』、『当時珍説要秘録』等に収録されている、店賃滞納者の大工道具、車力等を差し押さえた家主を不法とし、しかも損害の賠償すら命じた判決これである。(6)

次に法例上の類例を列挙するならば、まず享保四亥年八月の「諸奉公人出入之儀ニ付武士方江被仰渡候御書付」に

（前略）奉公人給金借金等之儀ニ付請人又ハ家主五人組抔を屋敷方江留置済方申付候事堅無之候請人滞於有之ハ其主人より奉行所江断次第不埒有之候ハ、吟味之上急度可申付候云々(7)

と見えるが、これいうまでもなく私人の拘束実行を禁止せる令条であろう。

享保前後の法令に

一当分之借金証文日限延引候処金主貸付金之代リニ無相対建家を卒爾に於取壊は不届付金主より元之如く造作致させ可返之一建家を証文ニ書入金子借用候処返済遅滞すといへとも理不尽に右建家を取壊破ニ於ハ仕方不埒ニ付如元造作致させ返すへし一建家売上証文ニ而金子借用致候処約束之日限過候得共金子も不差戻右之建家をも不相渡とて金主方より取壊候儀抔金主不埒ニ付如元造作為致候上金主江建家を可相渡一新規之建家造作を受合候職人金子相滞候由ニ而右建家を壊破取ニ於ハ如元造作為致其上金子済方申付例

なる原則が見えるが、これは他人の家屋を自己の債権実現のためにしろ、自力を以て毀損せしものは不法であり、現状回復の義務を負わねばならないという制規であるが故に、これまた私的執行禁止令であるのである。(8)

次に、嘉永七年九月二日落着の秣場出入に関する書付によって、

一相手方之儀訴訟方之もの共と及争論候節加殿村利右衛門外弐人を差押村方江引連参郷蔵江入置候段不埒ニ付善兵衛弥右衛門又左衛門五郎三左衛門与惣右衛門者過料銭三貫文ツヽ被仰付其外之もの共者一同急度御叱リ被置候(9)

なる申渡があったことを知り得るが、これまた私的執行禁止の具体例であるであろう。

なお例えば享保十四年の書付に

金銀出入之儀於二奉行所一不二取上一段、去る亥年相触候得共、近来金銀通用相滞候由相聞候に付、当正月より如二前々一
取上裁許可レ仕候旨云々(10)

と、あるいはまた弘化二年遊女揚代金出入に関する書付中に、遊女揚代金を受理裁判しないで

不二行届一損金〇遊女屋が而已いたし候様にては自然渡世向衰微いたし遊女御免之詮も無レ之候云々(11)

など、即ち不受理によって債権者損金あるいは金銀通用停滞などといっているのであるが、それは結局、私的執行が適法に行い得られざりしためであろう。故にこの二例の如き、私的執行を禁止せることの少なくとも傍証とはなるであろう。

以上が、私の知る私的執行禁止を表現せる法令の主なるものであるが、さらにここに附加して考うべきは、当時私的執行はさておき、法外なる督促もまたこれを禁ずるという原則が存在したことである。

当時法外なる督促を許さずという以上、まして私的執行を許さざりしは当然であったということになるであろうから、法外督促禁止制を見ることは、当時の執行の原則を考うるに逸すべからざることであるであろう。かくの如き見地から、ここに法外督促禁止制の大体を窺って見ることにしたのである。

少なくとも正徳頃から(12)、債務違反の場合法外な催促、苛酷なる督促をなす一般風潮が起こり、漸くこれが対策を講ずる必要を感ぜしめるような世態となって来たのである。しかしその初めにおいては、未だ為政当局も進んでこれが取締をなすに至らず、なお当然事としてこれを看過する態度を持していたのである。

即ち享保九年甲辰九月

一借金筋に而、武家方へ為二催促一町人罷越、少々宛金子相渡候処承引無レ之、後家妻子を差出し供を割、理不尽成体致し、駕籠馬に付門玄関へ相詰、慮外致し候もの、理非は追而吟味有レ之候得共仕形不届に付、右慮外いたし候当人は、男女之差別なく手鎖、無宿体之者は牢舎　右之通自今可二申付一候哉、総而借金筋致二催促一候者、尤之事に候得共、右体之仕形之者は、書面之通申付可レ然奉レ存候云々

なる伺書が下司より提出されしに対し、松平左近将監の指令は、なお未だ

畢竟借方致方悪敷候故之義に候、借し候者は左様にも不レ致候はゝ、金高とれ申間敷候、此分は相咎め候に不レ及、

其分に指置可㆑申云々[13]

であったのである。

しかし法外督促の風いよいよ募り、遂にその放置を許さざる情勢に立ち至ったために、右指令後間もなく即ち享保十四年十二月

借金銀・売掛け金相滞候とて、所々武士方門前へ近頃町人小はた札を立致㆓催促㆒候体、法外成る致方不届に候、向後右体之儀致間敷候、若相背候者有㆑之候ば、当人は急度過怠申付、家主、五人組迄越度可㆓申付㆒候間此旨可㆓相守㆒候[14]

との制令が出されるに至ったのである。

もっとも、これより以前正徳二年壬辰九月に

一、返金延引之方へ座頭共相詰させ、不作法之仕方相聞候、向後は本人壱人参候て、ひそかに対談申候而公儀へ出不㆑申様可㆑仕事附座頭共詰させ、不作法成仕方有㆑之時は、御歩行目付通り被㆑懸候はゝ、早々捕可㆑被㆑申候事[15]

なる座頭の居催促禁止令は出ているが、なおその後、前掲松平左近将監の指令の如きが介在するのであるから、まず右の享保十四年の制令を以て、初めて法外催促禁止の一般原則が確立されるに至ったものと見るべきであろう。

なおこの法外催促禁令はその後も屢々繰り返されている。例えば明和二年乙酉十二月の触書[16]、寛政五年十二月三日の指令[17]、天明七年二月の書付[18]、弘化四年八月の法令[19]等、皆同様の制令である。

これを要するに、享保時代から法外督促は法律上禁止せられたのである。

(1) 中田薫『法制史論集』第三巻六五三頁以下。
(2) 拙文「徳川時代に於ける雇傭法の研究」(二)(『国家学会雑誌』四一巻八号)一二七頁以下。
(3) 平出鏗二郎『敵討』等参照。
(4) 山口県立図書館蔵、四、三〇枚。
(5) 中田薫『法制史論集』第二巻八五三頁参照。
当時実際においては、私人が執行すること勿論あったであろう。西鶴の『世間胸算用』二の「四門柱も皆かりの世」の段に

（前略）此銀済ぬうちは内普請なされた材木はこちらのものさらば取て帰らんと門口の柱から大槌にて打はづせば亭主かけ出で堪忍ならぬといふ是々そなたの虎落今時は古し当流が合点まいらぬそうな此柱はづして取が当世のかけの乞やうとすこしもおどろくけしきなければ云々

また『世事見聞録』五の巻「諸町人中辺以下之事」（二〇八頁〔岩波文庫版・三〇〇頁〕）の条に

若滞りたる時は或は家蔵を取立、又は家財・雑具・衣類・鍋・釜抔押取にいたし、又妻娘等を売らせても取る。猶届ざる時は公辺へ訴るなり。

等と見えるが、かくの如き記事を待つまでもなかろう。

（6）『板倉政要』巻六「宿賃公事之事」の条、『本朝藤陰比事』（『近世文芸叢書』小説第五所収本）巻一、八六〇頁「質物は当の違ふ槌右衛門」の段、『当時珍説要秘録』（『百万塔』本）巻五「土屋越前守公事裁許之事」の条。
なお拙文「徳川時代の特別民事訴訟法」（四）（『国家学会雑誌』四三巻九号）一〇九頁参照。

（7）『徳川禁令考』後聚第一帙三六七頁。

（8）本書第五編第四節〔本書三〇一頁以下〕。

（9）前段註（7）所引六二一頁以下。

（10）『日本財政経済史料』三、一〇六九頁。
なお吉宗へ上れる『山下幸内上書』に

金子の公事御取上無二御座一候上は、曽て返済金は不レ仕、依レ之新規貸金仕候もの無二御座一候、日本の宝すくみとなり、困窮の種となり候（『日本経済大典』本、二七六頁）

とある参照。

（11）同上六、九四四頁。なおこれについては本書第四編。

（12）次段掲出の法例からの推測。

（13）『日本財政経済史料』六、九四〇頁。

（14）同上三、一〇六九頁。なお白川楽翁の作と称せられる『庶有篇』（『日本経済大典』本）四三三頁に「大抵享保の季、元文年中までは居催促すべからずとの御触ありし事あり」というはこの法令を指すものであろう。

（15）同上一〇五八頁。

（16）同上一〇五九頁。

（17）『三奉行問答』二二一号記事。

（18）同上一三八号記事。

（19）『徳川禁令考』後聚第二帙三六九頁。

なお美濃大垣藩の『座右秘鑑』（『近世地方経済史料』七所収本）六一六頁所出の文政十二年十月七日の郡奉行の書付また同種のものである。

序でを以て、当時の法外催促の実情を、当時の述作物を通して窺っておくことにしよう。

吉宗に上がった『山下幸内上書』（前段註（10））二七六頁に

当時大名方の借り金京大坂は不レ及レ申、江戸の町人共の買懸り等迄、先年切金に成り候をも曽て不レ違輩多く、古には無二御座一候大名の門に、妻子をつれたる町人共付しとひ、或は駕籠馬の尾に取付願ひかなしみ候といへども、其恥をも曽て恥とせず云々

天明元年版の『福寿経綸録』（『日本経済大典』本）七〇四頁に

三都を始め他邦金主は、御返済の不埒なるを……或は盲目を雇ひ、屋敷へ催促に遣し、御内玄関へ来り、何日迄も御返済無レ之内は、此処を不レ退と昼寝などし、或は坊主の来りて鉦を打たる事も有レ之、誠に御外聞に欠たる事供にして有し由。

などと見えることから、禁令出てもなおその風の熄まなかったことが知られるのである。前掲の如く明和後もこの禁止令が繰り返されたことは、この記述を裏付けるものであろう。

然るに前掲楽翁の『庶有篇』四三二頁になると

近年に至りては居催促といふ事をきかず、余幼年の頃には居催促に雇はれてゆく事を業にして渡世するもの田舎には多くありしなり、其頃には此居催促を雇ひて償を責る貸者をば人柄のよからぬことをなすといひて傍らより賤しみしことにてありしなり云々

といって、楽翁時代既に法外催促の風習終熄せるかの如く見えるのである。しかしこれは楽翁の認識不足というべく、前述の如く幕末までその禁令が繰り返されていたこと、及び次の如き記事が見えることより、なお一般に行われた風習であったことが分明するのである。

文化十三年代の作といわれる『世事見聞録』一の巻「武士の事」（二五頁〔岩波文庫版・三八頁〕）の条に

当時の貸借は……高利を貪り、若元利の返済方違ふ時は、強催促、居催促、途中催促など、悪口雑言に及び、云々

同上三の巻「寺社人の事」（一〇四頁〔同・一四七頁〕）に

（寺社人等）右の返納金、利足納抔滞り、又は期月日限後れ抔したる時は、大に怒り利屈に募り、其相手武士ならば無礼を振廻荒言を張り恥辱を与へ、町人百姓なれば悪口雑言に及び、叱り罵り、或は町役人、村役人に預け抔して騒動を入て、責取るなり。誠に修羅とやいはん、有財餓鬼とやいはん。若又自力にて責取難き時は公辺の訴へに及び、云々

同上四の巻「盲人の事」（三九頁〔同・一九六頁〕）の条に、盲人の催促振りを述べて

貸金の滞りたる時、先武士ならば玄関の真中へ上り声高に口上を述、居催促・強催促など云て外聞外見を不構、又町家ならばいかにも近所合壁へ聞るやうに悪口を並べ罵るなり。

また座頭の督促振りについては、安永八年版の『古朽木』（『百万塔』本）「第七回奇妙院頓智の祈禱の事」の条に見える夢物語に託せる珍文『楓軒偶記』（『日本随筆大成』本）三四頁等参照。

なお明治初頭の法外催促については、『近世世相全史』I、二五四頁、『明治初年の世相』二三五頁等参着。

＊原文では欠落しているが、論旨・文意を勘案した上で、監修者の責任において初出論文より〔　〕部分を補った。

第二項　私的差押契約

前述の如く、当時においても責任の私的執行は原則としてこれを許容しなかったのであるが、しかし一方、少なくとも財物に関して私的差押を契約せる事例がかなり多く見受けられるので、ここにこの種の契約は右の原則に照らして当然無効なものであったか、あるいはまたこの種の契約は有効にして契約に基づく私的執行は適法であったのであるか、という疑問が生じて来るのである。

この点に関する詳論は、本書第二編において試みることにするが、当時私的執行契約また有効であり、何ら法律上制限を受くるところがなかったものと一応推定せられるのである。

第二節　責任執行の方法

緒言

責任実現の方法については、既に前章において述べたところが多いのであるが、改めてここに整理して考察しておくことにしたい。

第一項　財産責任の場合

財産責任の執行即ち身躰限の内容は、財産を売却しその価格を債務の弁済に充当するのである。なおこれは天保十四年後の原則で、それ以前においては財産そのものを債権額に応じて債権者に帰属せしめる場合もあったのである。但し、別小作滞の場合には、例外として差押収益質の形で財産の拘束をなしたのである（第一章第一節）。

かくの如きが徳川幕府法上の財産責任実現方法に関する原則であったのであるが、その運用に当たっては享保六年の書付に

身躰限と有之上ハ地借リ之もの家作諸道具共に取上可申候併奉公人請人抔ニ而候得ハ奉公人壱人之給金分家作諸道具取上候而ハ弐両歟三両之給金ニ而候半間家作取上ルも不及諸道具ニ而給金之分ハ事済可申候云々[1]

と見えるように、少なくとも少額債務の如きにあっては、まず諸道具などより次第に家作その他の主要財産へというような順序で拘束が加えられたらしいのである。

この運用精神は、必ずしも少額債務執行の場合にのみ見られるとは限らない。当時最重要の財産であった村方田畑の如きまた、多くの場合出来得る限り執行を避け、他の財物不足なる場合最後の手段として、これを執行客体とするというのが当時における通常の取り計らい振りであったらしいのである。

例えば天保十三年の書付の附札に

尤在方之もの等猥ニ身躰限申付候儀ハ不容易儀ニ付云々[2]

またこれは官貸の場合に関するものではあるが、寛政十年の根岸肥前守の附札に

御書面貸付返納滞候儀格別不届之次第も在之候者建家田地等欠所申付候義も在之候得共身上不如意ニ相成無拠返納難成事ニ候ハヽ、御領分百姓を潰し候得者人別も相減不容易義ニ付田畑御取上村惣作リニ御申付年々之作徳米を以御取立返納納切候ハヽ、右田地返可被遣様之御取計方も可在之哉ニ候得共是共右返納中は地所ニ離候義故年賦抔ニ御申付御取立之勘弁之可在《ママ》有事ニ存候証人之田畑等迄御取上之筋ニは有之間敷ニ存候[3]

等見えるが、これこの間の消息を窺うに足るものであろう。なお前述の別小作滞の場合における田畑強制管理法（第一章第一節第二項）は、かくの如き精神の制度化されたものであるであろう。

ここに

御抱田地私下作仕余分之御年貢味進仕候ニ付庄屋甚介方へ御届被成庄屋組頭中詮議之上奉公相勤候様申付御座候ニ付

当年より私奉公ニ参り借銀指引仕ル証文

一米九俵壱斗弐升ハ

代三百六匁六分

内

弐百弐拾目ハ（末子ノ年弐拾五日勤借銀ニ御立被下候分

〆テ八拾六匁六分

一銭拾七匁五分ハ亥ノ十二月廿七日借用仕ル分

〆百四匁壱分　利分弐割付子ノ暮立銀右之通り御指引仕上処相違之儀無御座候然ル上ハ子ノ年御奉公仕入念相勤可申上ハ万一不勤仕申候ハヽ村役人中より急度相しらへ候上相弁可申上候為後日請合判形仕置候不埒仕候儀御座候節は此証文ヲ以御申出可被成候仍而証文仕上ル処如件

三雲村皮多　孫六　花押

請人　清六　花押

同　藤次　花押

享和三年亥ノ十二月

庄屋　甚介

組頭　喜介

井原村　源七様

なる文書（家蔵、福岡県糸島郡井原村三苫家旧蔵文書）があるが、この文書は当時の通例の契約文書に比較して、少なからずその趣を異にしていると思われる。庄屋、組頭奥書加判文書の変形としても、なお少しく一般例と異なるところがある。この証文は如何なる内容性質のものであるか、その理解は必ずしも容易ではないようであるが、少なくとも当時における村役人の民事責任執行振り（当時身躰限の執行機関は債務者所属の町村役人である。もっとも町村役人が執行機関を構成するのは、裁判所より身躰限申渡の旨の通告があった場合であるが、[4] この証文の場合また同様と考えて）を窺うに足るものではあるまいか。即ちこの証文は、村役人の命による債務弁済のための奉公契約状であり、村役人が債務者の財産執行に代えてその奉公を命じたものであることを示すものではあるまいか。而してそれは、田畑執行を回避するための手段として、採られた処置であったのではあるまいか。果たして然りとすれば、福岡藩に行われた文書であるが、ここに参着すべきものであるであろう。しかし勿論考究の余地は充分残されている、後考を俟つ。

さて、次に私的差押契約によってもある種の財産責任が発生するが、この場合の実現方法は、前述の通り当時の私的差押が Auspfändung であるとする（本章第一節第二項）ならば、差押財物そのものが債権額に応じて差押者に帰属した訳である。

（1）『徳川禁令考』後聚第二帙一八七頁。
（2）同上三三〇頁。
（3）『東論語林』十一。
（4）拙文「徳川時代の特別民事訴訟法」（四）（『国家学会雑誌』四三巻九号）一〇六頁以下。

第二項　財物責任の場合

徳川時代財物責任の発生するのは占有質の場合であるが、而してそれは帰属質であったのである（第一章第二節）が、なおそれは裁判所の命令によって実現されることを原則としたのである。[1]

（1）中田薫『法制史論集』第二巻五四〇頁。

第三項　身的責任の場合

身的責任は上述の如く各種各様であったのであるが、その実現方法また、その本質上それぞれの責任によって相異なるところがある。その内容は第一章第三節の叙述を参着することによって充分窺い得られるので、今改めて記述の要を見ないであろう（第一章第三節）。

第三章　責任の発生

緒言

一定の人に対し一定の給付をなすべき関係、即ち債務関係においてその給付がなされざる場合に、一定の対象に対して加えられる一定の拘束、私の本編に所謂民事責任について、前段までの第一章、第二章は、その範囲及びその実現を考究したのであるが、以上の如くにして実現される以上の如き民事責任は、如何にして発生するか、発生原因如何（厳格には責任即ち拘束は債務違反があって初めて加えられるのであるが故に、債務違反によって責任が発生するということになるであろうが、ここにいう責任の発生とは、債務違反を条件として拘束を加えらるべき関係あるいは素地の成立という意味である）。この問題をば、本章は考究目的とするものである。

民事責任は債務関係の担保であること前述（序説）によって明らかであるが、然らば債務の成立と同時に責任また、その間何ら特別の法律事実の介在を要せずして直ちに発生するものであったか、あるいは特別な法律事実を前提として発生するものであったか。もし後者とするならば、その法律事実は如何なるものであったか。要するところ、かくの如き点を究明することによって本章の目的は達せられるであろう。

さて、第一章の考究によって、徳川責任法上責任対象が当事者（債権者、責任者―被拘束財産、財物の所有者及び被拘束人格法益の保有者）の契約によって、即ち意思に基づいて、一応個々特定されている場合（財物責任―質入、身的責任中の人格法益質入の場合）と、然らざる場合との、二種別があることを知り得るのであるが、今この両者について、責任の発生の問題を考えて見るに、後の場合については、にわかにその結論を見出し得ないが、少なくとも前の場合においては質入という特別な法律事実を根拠として、個々特定の財物及び身的責任が発生するものであったことは、特別の考究を要せずして明らかである。

次に、本源の債務者以外の者が責任者となる場合があるがその一つである、当事者（債権者、債務者以外の第三者）の契約によってこの種の関係が成立する場合、即ち保証の場合においては、保証契約という特別な法律事実の存在が、第三者の責任発生の前提となるものであることこれまた明らかな事実である。

以上要するところ、民事責任発生に際して、質入、保証の如きその発生原因たること明瞭なる特別な法律事実の存在する場合と、かくの如きものの存在しない場合とがあるのである。

一方質入または保証の如き法律事実の存在しない場合の民事責任は、その発生原因を最小限度給付契約あるいは不法行為または法律に求め得ると考えらるるので、以下には質入契約、保証契約、給付契約、不法行為、法律上の責任の五節に分かって、責任発生問題考究の歩を進めることにする。

なおここに述べておかねばならぬことは、契約証書作成のことである。

当時においても、契約関係には契約証書が通例伴うものであるが、この証書は原則として契約成立の要件ではないにしても、出訴条件ではあったのである。

ところで、責任は拘束であり、拘束は当時前述（第二章第一節）の如く官憲によって行われることを原則としたのであるから、もし出訴するも受理されざる場合は、如何に他の条件を備うるとも責任の実現は不可能であって、結局訴権行使不可能のところには責任は存しないということになるのである。

故にもし契約関係にして証書を伴わざる場合には、責任が存在しないといわねばならないのである。従って証書の作成ということは、少なくとも契約関係上の責任発生については、その一原因たるものということになるのである。具体的には質入契約、保証契約、給付契約にあっては、それぞれの責任発生原因の上に、さらに三者に通じて証書の作成ということが、責任発生の原因として付け加わることになるのである。

契約関係における証書の本質については、後段本章第三節附説の条において述べるところがある、参照せらるべし。

第一節　質入契約

特定の財物または人格法益をば債権の担保として指定し、これを債権者に占有せしむる契約たる質入契約によって、当該財物または人格法益に対する拘束が発生することは、前にもいう通りいうまでもない。

なおこの質入契約は、それによって担保せられる債権の発生存続と如何なる関係にあったか、これを考えて見るに、質入契約は本源債務関係の成立存続とは何らの交渉関係もないのである。

即ち当時においても、質契約を伴わざる債務関係が成立し存続したこと（当時の特別民事訴訟ともいうべき金公事における専属客体が、原則として無担保の金銭債権即ち素金、素銀であったことなど[1]、これを証明して余りあるものであろう）、及び質契約によって債務関係の本質が何ら影響せられる跡が見られないことを考えるならば、充分明瞭なる事実であるのである。

さらに質関係の内容は、債務違反の場合に、履行に代えて質物の所有権を債権者に帰属せしめるものであり、これ以上何らその間に特別な債務関係などの発生が見られないものであったのである。

これを要するに、質入契約は本源債務関係の成立存続に関係のないものであり、ただ債務違反の場合の責任対象を、前以て特定することを目的とし、且つそれだけの効果しか発生せざる法律事実であったのである。即ちいうならば、質入契約は責任設定行為であったのである。

さて以上は、換言すれば、質入契約は特定対象に対する責任の発生原因であったというのであるが、この意味はなお少しく検討を要するのである。

特定対象に対する責任は、常に質入契約によって発生するものであったかという問題が出て来るのである。ところでこれは場合を分けて考察することを要する（人格法益質入の場合についても同様の問題がある訳であるが、この方面については、上述の如く必ずしも確然たる制度を認識できないので、以下は財物質入の場合を以て考察することにする）。その場合とは、質入の客体が債務者の所有物である場合と、然らざる場合(2)である。

質入の客体が債務者の所有物である場合は、当該財物には前述の如く債務者には財産責任が問われるのである（第一章第一節）から、質入を待たずして当然責任が発生している訳なのである。故にかくの如き質入は、責任対象を特定の対象に限定するという意味のものでしかなく（他の債権者に優先するという効果もあるが、これはここでは問題ではない）、質入を以て初めて特定対象の責任そのものが発生するのではない。

これに反し、質入の客体が債務者以外の者の所有物である場合には、質入によって、初めてその対象に対する責任が発生するのである。

故に厳密には、質入契約が責任発生の原因なりとは、債務者以外の者の所有物を質入する場合についてのみいわれることになるのである。されば債務者所有物の質入行為は、責任対象限定行為としての責任行為であったということになるのである(3)。

（1）拙文「徳川時代の特別民事訴訟法」（『国家学会雑誌』四二巻一一号以下）参照。素金、素銀の語の出典は、例えば『近世風俗志』に「質せずして金を貸し借るをすがねと云ふ素金、素銀」。

（2）当時、他人の所有物を自己の債務の担保のために質入することは許容せられていたのである。この点については、次註所引参照特に中田薫『徳川時代の文学に見えたる私法』「動産質」の条における養子質、借物質参着。なおその実例も乏しくない。既に掲げたところもあり（第一章第二節第一項第一款所掲証文）、また次の如き（九州大学経済史研究室蔵『福岡県鞍手郡四郎丸村古野家文書』の一葉）それであろう。

借用仕米之事

一元米拾表（俵の誤字）

右之米借用仕候処相違無御座候然上は清蔵抱高之内八石儀介抱高之内壱石都合九石貴殿方へ相渡置候右元米相立候節ハ御返シ可被下候為後日証文如件

明和三年戌十二月　　古野信助

四郎丸村庄屋惣五殿

（3）質関係の内容については、既に述べたところもある（第一章第二節第一項、第三節第二項）が、中田薫『法制史論集』第二巻五二三頁以下。同博士『徳川時代の文学に見えたる私法』、小早川欣吾『日本担保法史序説』等参照。

第二節　保証契約

一定人が他人の債務を担保する関係の設定行為たる保証契約が、担保者即ち保証人（当時普通に請人という）の責任発生の原因であること、また前述の通りいうまでもない。保証契約なくして請人は存在しないのである[1]。次に然らば、保証契約は本源債務関係に対して如何なる関係交渉があるか。

当時の保証人には、借金の請人、追奪担保の請人、奉公の請人、書入の請人、質置の請人、地借、店借の請人、家守の請人[2]等各種あったが、これらの中で少なくとも奉公の請人、質置（質屋営業者を当事者の一方とする動産質）の請人、店借、地借の請人は常に奉公契約、質契約、借家、借地契約に附随せしむることを必要とし、もしこれを欠く場合は、少なくともこれら契約の訴権が認められなかったと考えられるのであるが[3]、この点よりする時は、これら三種の保証契約は本源債務の責任発生原因でもあったということになるのである。その他の契約については、保証契約随伴を法律上要請していないのであるから、それらの保証契約は、保証人の責任の発生原因たるに止まるものであったのである。

さて、それはともかくとして、保証契約は責任発生の原因であるのであるが、さらに進んでこの種の法律事実は、質入契約の如くに、ただ単に責任のみを発生せしむるものであったか、あるいは然らずしてなお他の関係を発生せしむるものであったか、この問題を考えて見なければならぬ。

まず、保証人は債務の履行が見られない場合にのみ責任を問われるものとするならば、保証契約は所謂責任行為なりといわねばならないが、徳川保証法の原則は、保証人の責任は第二次的に債務者に次いで問われるのではあるが、債権者は債務者、請人の両者を同時に訴え、裁判所は両人に対して同時に弁済を命ずるというのであるから、保証人もまた債権者より請求せられる自己独自の債務を負うものであったのである（本源債務の内容と保証人の債務の内容との異同は次章）。結局保証契約は、債務関係をも発生せしむるものであったということになるのである。

以上要するに、保証契約は責任発生の原因であり、且つ債務関係発生の原因であったのである。換言すれば、保証契約は責任行為であり、且つ債務行為であったのである。

（1）徳川保証法一般については、中田薫『法制史論集』第三巻一一八頁以下。なお拙文「徳川時代に於ける雇傭法の研究」（三）（『国家学会雑誌』四一巻九号）、及び同上『法制史論集』第三巻三八一頁以下等参照。

（2）前註前段所引。なお徳川時代の追奪担保一般については、中田薫『法制史論集』第三巻一一〇頁以下。

（3）奉公請人の場合については、前々註所引拙文（一）（『国家学会雑誌』四一巻七号）一二一頁以下、質置の請人の場合については、前々註前段所引中田博士文一六三頁並びに小早川欣吾『日本担保法史序説』四五九頁以下、店借の請人の場合については、中田博士『徳川時代の文学に見えたる私法』「家借」の条等参照。

なお店借、地借の請人の場合に関する関係法令を例示すれば、正徳元年辛卯十月の「長崎御触」（『日本財政経済史料』八、二六四頁）に

一、請人無之者に家を売并宿借べからざる事

天和三年亥九月の「覚」（同上四、一二一二頁）に

一、町中店借し候者弥店請人に念を入取置可ㇾ申候……出居衆差置候共請人取ㇾ之慥成もの置可ㇾ申候

安永八年己亥八月の書付（同上一二一三頁）に

都而町々地借店借之者差置候節は家主相糺地請人店請人取置候事に候得共糺方等閑成も相聞候

『続地方落穂集』（『日本経済大典』本）巻二「村々庄屋組頭連判手形案文」（四〇頁）に

一借地或者店借のもの置候はゝ其出所を念入相改慥成様子候はゝ庄屋長百姓五人組中へ申達請人を取差置可ㇾ申

との百姓への申渡条目が見える。

第三節　給付契約

緒言

徳川時代においても、債務関係出現の典型的原因たる給付契約また、勿論当事者の意思の合致を基底として発生するものであったのであるが、しかしなおこの外に、請人の設置、私的執行の契約、公正、起請、手附その他の物の交付、拍手等の各種行為が附随するのである（これら各種行為が全部揃って、常に給付契約一般に附随するというのではないが）。

ところで、給付契約上の責任の発生を考える場合、もしこの場合の責任にあっても、特別なる法律事実を原因として発生するものとするならば、その原因たる法律事実は、あるいは右の意思の合致に随伴する各種行為にあらざるやと、まず想像したくなるであろう。

果たしてこれら各種行為は責任発生の原因であったか。これらの行為を伴わず、ただ給付意思の合致のみにては責任は発生せざりしや。もし然りとすれば、給付契約（給付意思の合致）は責任行為の性質を有せざるものとなるであろう。もし然らずとせば、給付契約（給付意思の合致）は責任行為でもあったということになるであろう。

この問題は、右の各種の行為のそれぞれについて、それが責任行為たるや否やを検討することによって、自ずから解明せられるであろう。

さて、私の考究の結果は、これら諸行為の中請人の設置はある特殊契約において、責任発生原因となるものであり、公正またある場合に責任発生の原因となるのであるが、その他は原則として責任行為たる本質を有せざるものであり、契約成立と同時に責任が発生するものであったという結論に到達するのである。即ち給付契約は、原則として債務行為であり、且つ責任行為であったというのである。以下これを論証するであろう。

第一項　請人の設置

当時給付契約に請人を設置することは、広く一般的に見られるところであるが、原則としてこのことは給付契約上の責任発生の原因とはならないのである。ただ奉公契約、借地、借家契約、質屋営業者を当事者の一方とする動産質契約の三者にあっては、請人の設置が前述の通り責任発生の原因であったのである（本章第二節）。

第二項　私的執行契約

徳川時代、一般的ではないにしてもかなり広く私的執行契約の慣行が行われた（第二章第一節第二項、本書第二編）が、この種契約は拘束執行を約するものであるが故に、一応責任行為たるかの観を呈する。しかし前述の如く、債務違反に基づく財産責任は一般的に常に問われるのであるが故に、この種の契約を待たずして財物に対する責任は発生しているのである（第一章第一節）。されば、私的執行契約は責任発生の原因ではなくして、ただ責任実現方法を、私的執行になすということを約するものに過ぎないのである。

これを要するに、私的執行契約は責任行為ではなかったということになるのである。

第三項　公正

徳川時代においては、契約証書に対する町村役人等の署名、捺印、奥書、裏書等の方法で契約を公正する場合が多いのであるが、この種の公正は責任発生に何らか関係あるものであったか否か。

不動産質入証書の名主加判は、既に中田博士のいわれる通り、出訴条件であるが故に、責任発生の原因少なくともその一分子であったのである。(1)

家屋敷売買においても、同様の原則が行われたのである。即ち例えば明暦二申年五月の「家屋敷之儀五人組見届候上名主五人組之加判を以売買可致事」の条に

（前略）名主五人組候とて其五人組穿鑿も不仕家屋敷買取以後に出入罷成ハさハき申付間敷事云々[2]

とあるが如くである。また元文三戌午年六月八日の触に

於町中家売買之節売主買主相対迄ニ而、手附銀等相渡シ置、張切之節彼是難渋致候族も在之様ニ相聞へ候、向後手附銀相渡候節ハ、年寄五人組加判証文ヲ以、右銀相渡候様ニ可致事、右之通三郷町中可相触候、以上[3]

とある参照。もっとも大坂方のそれについては、既に中田博士が『徳川時代の文学に見えたる私法』「売買」の条において述べておられる。

次に、右の不動産質入、家屋敷売買以外の一般契約関係の場合の公正の本質如何というに、最も厳制を以て規律された奉公請状の如きにあっても、その多くはこの公正を伴うが、実例は必ずしも常にこれを伴うものでなく、また公正を以て出訴の条件となせる法例も見当たらないのであるが故に[4]、一般契約関係の公正は、少なくとも契約に適法性を付与するものではあったであろうが[5]、責任の発生に繋がるものではなかったらしいのである。公正は、責任発生の原因たらざることを本則としたといい得るのである。

さて、契約証書に対する公正の実例は、今さらここに例示する必要のない程、今日までに紹介せられた各種契約証文について、また本編他条にもこれを見ることが出来るのであるが、以下新証文紹介の意味を兼ねて、四五の実例を掲出しておきたいと思う。

まず最初に、人身売渡証文における裏書例を出すと

私下人永代ニ売渡申男書物之事

一私下人歳弐拾七ニ罷成九蔵与申者代銀三百目当村長右ヱ門肝煎ヲ以永代子々孫々ニ至迄売却申処実正ニ候右は第一御公義様御年貢方ニ行当リ右三百目之銀子慥ニ請取御年貢御上納申処明白也然上は後々末代ニ至請可申抔与一言申間敷候先々ニをゐて此九蔵不男女寄紛数々出来申候共売切渡シ申上は其方普代ニ御使可被成候此上天下一道ニ御国之新敷如何様之御法度立替リ申共此九蔵ニ付而は毛頭違乱申間敷候万一何方より如何様之六ヶ敷儀出来申候共私又者加判人罷出申わけ仕可申候少シニ而茂六ヶ敷義懸申間敷候依而為後日証文如件

正保四年

亥ノ二月十一日

足代村売主　喜五右衛門印　花押

同村五人与　九郎左衛門印

同　長　兵　衛印

同　二郎左衛門印

同　安右衛門　印

同　太郎左衛門印

同村口入　長右衛門　印

麻植郡之内学村

三郎左衛門殿

（裏書）

表書之通拙者慥ニ存候間違乱有間敷候為後日如件

麻植郡三好郡足代村庄屋

亥二月十一日　孫兵衛　花押

麻植郡学村ニ而三郎左衛門方へ(6)

次に財物移転証文の例を出すと

永代売渡シ申問屋之事

一浜問屋株壱ツ

代金弐拾五両也

右之通永代売渡シ代金慥ニ受取申候処実正也猶此家督は脇方より毛頭相障無御座候万一何角ト申者御座候節は受人手前より急度埒明可申候仍為後日一筆如件

天保三年　　売主　利平次　印

辰十月廿二日　　受人　八次郎　印

本町市次郎殿

右之通相違之儀無御座候間御裏書可被下候以上

城嶋金右ェ門　印

（以下三名連署）

辰十月　日

御運上御役所

（裏書）

表書之通見届候巳上

十二月廿三日　　運上役所(7)

また

譲リ渡申田地之事

（この間田品、高、物成、四至記載、今略す）

御本所

竹内宮様御領也

右之田地我等所持仕来候処此度無拠要用之儀ニ付為樽代銀弐貫八百目慥ニ請取其元殿へ譲リ渡申候処実正明白也然ル上者右田地ニ付親類縁者不及申差構毛頭無之候若万一他より違乱妨申候ハ、我等印形之者何方迄茂罷出急度埒明其元殿江少茂損難相懸ヶ申間敷候為後日之右田地譲リ証文仍而如件

嘉永二酉年十二月

譲主　金蔵　印

証人丹波屋　吉兵衛　印

前書之通畝高物成相違無之候事

庄屋　源次郎　印

新兵衛殿(8)

右は京都に行われた田地譲渡証文の一例であるが、次の如き書式内容のものも同地方に行われた。

永代譲リ渡申明屋敷之事

一明地屋敷　壱ヶ所

表口壱間半

裏行南隣並

（譲渡文言その他、今略す）

寛保二年戌　十二月十三日

北隣　庄兵衛

南隣　九兵衛

譲り主　九兵衛　印

くめ　印

組年寄　長兵衛　印

北隣　庄兵衛　印

権兵衛　印[9]

新兵衛殿

この例を以てする時、京都地方にては土地の売買に当たっては、隣地所有者また町村役人の公正に助力する場合もあったらしく推測せられるのである。

次なるは土地借用証文の例

地所借用証文之事

一横六間壱尺入四尺

右之地所永年ニ而御借用候処相違無御座候然ル上者壱ヶ年ニ弐〆四百文ツヽ地料相納申上候為後年村役人衆奥印申受

請人相立証文仍而如件

嘉永三年戌六月

借主　田中屋忠兵衛　印

受人　永松屋定兵衛

同　舛一屋半三郎　印

万屋只右衛門殿

右前書之通承届候以上

同年六月

魚町中西只右衛門殿⑽

次なるは小作証書の例

小作請負証文之事

一米壱石五斗也

右は当村庄屋勘左衛門殿より貴殿方へ質券ニ御取被成候杉ノ本田拙者方へ書面之定米ニ而小作仕ル処実正ニ御座候然上は右之内御年貢諸役（原脱）等御蔵納仕相残米十月限附出シ相渡可申候万一不埒御座候節は受人方より相弁早速埒明可申候私方へ末々小作仕候ハヽ、此証文何ヶ年茂御用可被下候為後日仍如件

明和二年酉二月

庄屋　浜中又左衛門　印

小作人一ノ瀬村　七助　印

受人同村　利七　印

同村与頭　甚兵衛　印

丸屋藤右エ門殿

（裏書）

表書之通慥ニ見届ヶ申候仍而裏印如件

市瀬村庄屋

勘右衛門　印⑾

次に消費貸借証文の例を出すと

借用銭之事

一八拾文銭五拾目

右之銭借用仕候処相違無御座候然上ハ当冬利分加へ元利無滞御返納可仕候為其奥書申受相渡申証文如件
忠吉　印
享和十三年酉ノ五月
米屋　又左衛門殿
右借用銭承届候納所不埒有之節ハ早速相しらへ取可申候已上
同年同月
庄屋　儀　平　印
組頭　助　八　印⑿
米屋　又左衛門殿

また

借用仕銭之事
一元銭壱貫弐百目者　但シ　六拾文銭也
此利弐割
右之銭慥ニ請取御年貢ニ相立申処実正也然上は来酉十二月限リ元利相払此証文ヲ取返シ可申候若少ニ而も不埒仕候ハヽ此証文ヲ以何方迄茂御沙汰可被成候右大切之御年貢ニ相立申上ハいか様成行御座候共於此儀ハ毛頭不埒致間敷候為後日村役人衆印形申請候処仍而如件
安永五年
志摩郡油村本人　直　助　印
申ノ十二月
同村受人　辰　助　印
田中村孫六殿
右之銭壱貫弐百匁ハ御年貢ニ相納申候処拙者見届ヶ申処少茂相違無御座候仍而奥判如件
同村庄屋　儀兵衛　印
同年同月
同村組頭　武兵衛　印
田中村
（他に組頭二名連署）

孫六殿⒀

また

拙者切扶為引当
致借用証文之事
一米五俵ハ
右之通致借用候上ハ相応之利分ヲ加当秋拙者御切扶米ヲ以御年貢御上納ニ御立可被下候為其仍而証文如件
文化六年　　　　　　　　　　　　　　　青木円助　印
綿屋藤三郎殿
右青木円助殿御切扶引当借用米之儀承候処相違無御座候以上
同年同月　　　　　　　　　　　　　　　庄屋
　　　　　　　　　　　　　　　　　　　　作次　印⒁

さて、繁に亘るの嫌いあるを以て例示はこの位に止めるが、ただ所謂死後譲状の奥書例を最後に出しておきたい。先年中田博士によって、王朝末以来行われた死後譲与は、徳川時代に至ってもなお京都附近において、死後譲の名を以て存続していること、而してこの死後譲は譲与者の死亡を条件とせる贈与契約であること、さらにこの死後譲には本証文と返証文とが作成せられ、本証文は譲主より町年寄町中に宛てた死後譲の届書の形式を以てしたものであることが明らかにせられたのである。⒂

ところで、右の如く死後譲本証文は届書であるが故に、勿論契約書ではないのである。しかし、この書面には死後譲契約書たる意義と役割も含められていたのではあるまいか。果たして然るか、今これを判定することは出来ないが、今然るものとまず推定して、この種証書の町村役人公正例を、契約証書公正例の一つとして見ておこう。

この種の証書には、公儀割判を公示の意味を以て押捺するのであった⒃（これまた公正的意義をも有するであろう）が、町村役人の公正は加えられないのが原則であったらしい。しかしこれが明治時代に入ると、町役人の公正例が出て来るのである。今一二の類例を挙ぐると次の如くである。

譲状之事

一当町我等所持三百五拾六番地并建家壱ヶ所我等死後ハ忰卯之助右壱人江相譲申候処実正也尤親類縁者其他違乱妨申者毛頭無之候為後日依而如件

上京第拾三区下之町

明治九年九月廿四日

譲主　橋本ゐそ　印

戸長　入江太兵衛殿

前書之通相違無之依而本紙之儀は当校へ備置候也

区長　坪田貞階(17)

御町中

また

譲リ状之事

一当時我等所有第参百三拾六番地并ニ建家壱ヶ所此度我等死後は妻むめ右壱人江相譲申候処実正也尤親類縁者其他違乱妨申者毛頭無之候為其譲リ状仍而如件

上京区第拾三組下之町

明治十三年一月廿四日

譲リ主　沼田定七　印

下之町総代　山口竹次郎殿

五頭　八木　常吉殿

前書之通相違無之本紙之義は当役場江備置候者也

右組戸長　石川紹綏　印(18)

（1）中田薫『法制史論集』第二巻五三二頁以下。

（2）『徳川禁令考』第五帙四五九頁。

（3）『大阪市史』三、四〇九頁。なお『徳川禁令考』第五帙四六八頁所出享保十五戌年八月の「家屋敷売買并家質書入之節手附金請取渡之定」の条同旨文。

（4）拙文「徳川時代に於ける雇傭法の研究」（一）（『国家学会雑誌』四一巻七号）一二四頁以下。なお拙文「徳川時代の特別民事訴訟法」（二）（『国家学会雑誌』四三巻二号）第三節「出訴」の条参照。また本編第四章第一節第二項第三款（二）後段参着。

なお藩法の中には、公正を以て出訴条件とせるものもあったらしい。例えば萩毛利藩の如き『郡中御書付』巻一所出「郡中制法条々」中に、万治三年の

一郡与市町在郷之諸民之中ニ有徳之者米銀を貸といふとも利足可為尋常貪高利事甚以停止之事

附百姓借物之儀代官内証を以口入一切可為停止借用候ハヽ不相叶子細於有之ハ郡奉行聞届詮議之上奉行所ニたつし免許之上借状奥書等調可遣事（中略）付貸付候時不相伺して借物不納之時相断族之儀公儀より不及催促雖然書物之辻双方可相談之旨可申渡事

なる令条が見えるところより、公正を以て出訴の条件としたこと明らかである。もっとも右の法令によると、この公正は単なる公正でなく、当該契約の内容審査の上、一々契約を特許するという制度であったのである。当時特許的契約の類例は、当時の法制上屢々見らるるところであり、萩藩の如き人売買の場合の如きその典型であるが、特許契約—契約自由の問題についてはこれを別論後考に譲る。

（5）前註前段所引拙文一二五頁参照。

（6）家蔵、徳島県麻植郡学島村字池北家旧蔵。

（7）九州大学法制史研究室蔵『福岡県山門郡瀬高町西村家文書』の一葉。

（8）京都入江新一氏所蔵文書。

（9）同上。『三貨図彙』（昭和七年版）一〇二五頁以下所載、京都の慶長十八年九月二日の「永代売渡シ申家屋敷事」の連署「口入…家ぬし…十人組…同…としより…同…」とある、また同上入江家文書の宝暦六年五月の「譲り渡申家屋敷事」の連署「譲り主…譲受人…年寄…五人与…吹挙人…」とある参着。

（10）家蔵、福岡県鞍手郡地方所出文書。

（11）九州大学蔵『千原家文書』（豊後日田）の一葉。

（12）家蔵、博多所出文書。

（13）九州大学法制史研究室蔵『福岡県糸島郡田中村文書』の一葉。

（14）九州大学法制史研究室蔵『福岡県前原町西原家文書』の一葉。

（15）中田薫『法制史論集』第一巻六一二頁以下。なお京都入江新一氏は多数の死後譲状を保存しているが、それには明治十三年の例が見えるので、少なくとも明治前半期の中葉頃までこの慣行が現存したことを知り得るのである（小早川欣吾「死後譲考」（『法学論叢』四九巻

五号以下）参照）。

（16）中田博士文前註所引参照。

（17）前段註（8）所引に同じ。

（18）同上。

第四項　起請

鎌倉時代以降、各種の契約状に起請文を附載する慣習が行われたが、この慣習は徳川時代においても、中世に比し衰退の徴著しきものがあるとはいえ、なお行われたのである。[1]

さて然らば、徳川時代における、この誓詞を以て契約を確保する行為即ち起請は、責任発生にとって如何なる関係にあったか。

右いう通り、起請文附契約状が徳川時代既に一般的には行われなくなったということ、法律上これを以て責任発生の原因となす典拠が見当たらないということ等からして、当時の起請は当事者を精神的に拘束する効果は充分保有したであろうが、法律的拘束発現の基礎たる性質は有せざるものであったと解せられるのである。要するに、起請は責任発生の原因とはならないと考えらるるのである。

なお徳川時代、契約状に起請文を附けた例の少ないことは事実であるが、しかしその今日存するもの稀有という程でもない。中田博士の既に紹介されている実例[2]について見るもこれを了解できるが、さらに私の知る類例二三を如何に掲示して、参考に供したいと思う。

慶長十八年二月廿七日の「御こけ《マ》ん《マ》さた（「ま」ならん）米かり申候」なる証文（丹後）の一節に

但国かへとくせん参候共少もせうさい申候ハヽ、御こんけんさた（「ま」ならん）御ばちあたり可申[3]

寛永十六年十一月四日の出世証文（畿内）の一節に

万一此段偽候ハヽ、蒙二神仏御罰一私同女房子供迄一生無二立身一来世に而は浮世御座有間敷候[4]

九州大学法制史研究室蔵の左の証文

預リ申絹前銀添手形之事

合銀弐拾三貫目

右者米津周防守上州知行所桐生嶋売渡シ申前銀京都橋本玄長請負ヲ以前銀請取申所実正也当各納出来次第時之相場ニ一割引下直ニ相渡シ可申候尤此度之前銀之儀ハ京都在番御公用ニ急用在之故其方より請取　御公用相違申上は内外如何様之儀御座候共万事不看当霜月五口切ニ急度相渡シ可申候此趣御公用ニ付請取候前銀ニ候間他之借金ニ相構申間敷候万一若右之段　少茂相違於有之者日本之大小神祇可蒙御罰者也仍而為後日預リ神文之手形如件

米津周防守内

貞享四卯年四月七日　　長沼浅右衛門

同内

留永治部右衛門

曽家又他殿

享保二十年卯十月の「借用仕金子之事」なる証文（紀伊）の一節に

右返済之一ヶ条少ニても相違仕候者日本国中大小神祇別テハ熊野大権現之可蒙御罰者也仍而神文如件（熊野牛王紙に書す）[5]

次なるは普通紙に牛王紙を継ぎ合わせ罰文を載せた証文（豊後日田）である。

起請文之事

一私儀前年御家江奉公仕候処其節賭之諸勝負好色欲等相携勤方不宜候ニ付御約束之通被召置御暇被遣候ニ付方々相稼候処何事茂不都合ニ相成段々浪々仕候ニ付此度御歎無拠申上候処御聞届被下被召抱候筈ニ被成被下忝存候然上は此後賭之諸勝負は壱銭掛ニ而茂不仕色欲等儀大切ニ相慎勤方入念出精相勤候様可仕候右之趣於相背者梵天帝釈四大天王於日本国中六拾余州大小神祇殊伊豆箱根両所権現三嶋大明神八幡大菩薩天満大自在天神氏神神罰冥罰各可被蒙者

也仍起請文如件
明和三年戌二月
筑前国西浦
次六　血判
丸屋九右衛門殿
同　七兵衛殿(6)

次なるは能登地方所出の例

真文之事
今般奥州会津様御入塩弐万五千俵并蠟燭千五百両分御交易米弐万俵御払之義拾五ヶ年之間取計方能州塩津村七右衛門彼地江去巳年より相下り此方名前相加願方相済御用方両人江御聞済被為仰付候処右七右衛門義金子調達出来不申に付貴殿江及御示談御承知之上御引請被成義定ニ付此巳来右之取斗方末々迄貴殿御方と両人より当分御出金差出相勤申上ハ聊不実之儀仕間鋪候尤此上右仕法之義ニ付如何様之損相懸り候とも両人より当分配当致精出可申候万一金子相滞候義も候ハヽ外商売家財相拘り候とも貴殿江少も懸御難題申間敷候右之通約定仕候上ハ私曲身勝手成事仕候ハヽ蒙天罰可申候依而後証為神文如件
文政八年酉八月朔日
橘五兵衛
保高　花押
能州輪島　久保喜兵衛殿(7)

次の所謂「心底証文」は、罰文を載せないが、一種の誓約証文と見られはしまいか。

借用証拠之事
一元金子三両ハ　但シ利月壱歩五厘
右之通リニ借用仕庄屋衆差引分相仕廻申候処相違無御座候然ル上者返済儀者右之金高より弐両丈者九月廿五日限無相違元利共ニ一同ニ算用可仕候残而壱両者七月廿日限リ堅同様之事ニ御座候其日限ニ至リ少之日延相談等も不仕急度算

用可仕候組合中より借用之事ニ御座候得者引当等も不申請金ハ組合中銘々心底ニ而貸渡被下候儀ニ付日限ニ至リ少も不埒仕不申候急度返済可仕候為後日心底証文依而如件

年号嘉永二年戌八月三日

借主　彦右衛門組合中　印

上町又四郎殿（以下三名署名捺印、三名拇印、今略す）(8)

最後に、これは現行のものであるが、山口県滝部の奉公市に行われる雇傭契約証書を見ておきたい。

滝部奉公市は、天保頃から今日に至るまで引き続き毎月一定日に開かれている奉公市であるが、現在この市における奉公契約には、次の如き特殊な契約書二通を作成し、当事者各々一通を所持するという慣習である。

奉公約束之証（一切男子皆是父 生々世々互有恩 一切女子皆是母 不証聖智無申識）

一、期間 自昭和　年　月　日 至昭和　年　月　日　日間

一、恩米

一、恩金

一、特約条件

右約束候事相違無之依テ為後念一札取替シ置候処如件

昭和　年　月　日　奉公者

雇主

附記　此市に於ける約束は市守神社祭神の発願に依り創始せられたるものにて奉公約束恩米恩金と称へられたる由緒深く約束者互に因縁浅からざることなれば共に慈恩を感謝し神慮に悖らざる様注意せられたし

市守神社大祭毎年四月十四日十五日(9)

さて、この証文は神前にて契約当事者の取り交わすものであり、またその方式は契約当事者相並んで神に誓いを立てるという形のものであるが故に、これは一種の起請文と見ることが出来はしまいか。ところで、この方式が徳川時代の慣行をそのまま伝えているものかどうかは、今日旧時の実例を見出し得ないので、勿論分明ではないが、今日の方式といえど

も、旧時の方式の少なくとも骨子を伝えるものと類推することは許されるであろう。然りとすれば、この滝部奉公市における契約証書は、徳川時代起請文の考察に参着すべき類例となるであろう。

（1）中田薫『法制史論集』第三巻九五八頁以下。
（2）同上九九一頁以下。
（3）『大日本史料』一二編ノ一三、三四〇頁所収。
（4）『三貨図彙』（昭和七年版）一〇二六頁所掲。
（5）児玉洋一氏が「天文寛永享保年間の借用証文三通」（『内外研究』八巻一号）中において紹介されしもの。
（6）九州大学蔵『千原家文書』の一葉。なお北村柳下氏の「駿府床場考」（『歴史地理』六六巻五号）中に、髪結職弟子入罰文附起請文を収載す、参着せらるべし。
（7）能登輪島町、新谷九郎氏蔵。
（8）九州大学法制史研究室蔵『福岡県糸島郡井原村三苫家文書』の一葉。なおこの心底証文とは無担保借用証書の別名かとも思われるが、特に心底の文字を使用したのは、一種の誓約的意味を有たしめるためではなかったかと考えて見たのである。
（9）滝部奉公市については、甲藤幸雄氏の「滝部奉公市に就いて」（『関門地方経済調査』第二輯、下関商業学校編著）に簡単ながら説述あり。また同文にもこの証文を掲げているが、私は先年親しく滝部に参向、ここに掲げた契約用紙を採収して来た。なおこれは今日奉公人市の事務を管理する滝部商工会の発行にかかるものである。『社会経済史学』一二巻四号にも本奉公市の記事見ゆ。
なおここに附記したいのは、『永代節用無尽蔵』（家重将軍時代刊行）（家蔵『節用雑書』等にも同様のもの見ゆ）に、「契約たがわざる符守―此間に或る図柄を現はし、その下に急々如律令と書す―此守懐中すれバ約束違ぬ也」と見えるが、この種の慣行が実際に行われたとするならば、これまた当時の起請に参照すべき事例であるであろうということである。

第五項　拍手

徳川時代、契約締結に際して当事者互いに拍手する慣習があった。これは手打と称せられるものであるが、さてそれは契約成立の確証となされたものであろうが[1]、責任発生については何ら関係するところはなかったのである。

なおこの拍手は出訴条件でもなく、まして契約成立条件でもなかったのであるが、前段第一項乃至第四項の各行為また勿論契約成立の条件ではなかったことを序でを以て述べておく。

（1）中田薫『徳川時代の文学に見えたる私法』「手打」の条、同博士『法制史論集』第三巻一一六七頁以下。なお瀧川政次郎『法史鎖談』「ちぎり」の条参照。

第六項　手附及びその他の物の交付

緒言

徳川時代、契約締結に際し一定の物を当事者間にて交付する場合がある。而してその中には、手附の名を冠せるものあり、この種の名を付せざるものありであった。

さて、これら物の交付は、責任発生について如何なる交渉があったか。

第一款　手附

徳川時代の手附については、中田博士の詳細なる研究があるが、徳川時代の手附も内金たることを通例とし、時に外金たる場合もあったのである。しかしそのいずれにせよ、一般的に当時の手附は、成約手附即ち契約成立の要件たる性質のものではなかったと見られる(1)。

要するに、当時の手附交付という事実は、契約の成立に何ら関係あるものではなかったのである。然らば責任発生については如何。

この点についても、成法上手附の授受を責任発生の要件とせる事例存在せず、出訴条件とする法例も見当たらないのであるが故に、手附交付また責任発生の原因ではなかったと解せねばならない。

（1）中田薫『徳川時代の文学に見えたる私法』「手附」の条。なお拙文「徳川時代に於ける雇傭法の研究」（一）（『国家学会雑誌』四一巻七号）一一三頁以下にも多少の考究を試みておいた。

第二款　その他の物

手附の名を冠せざる物の交付は、責任発生に如何なる交渉があったか。

永代ニ酒造株同諸道具并土蔵小屋差添引渡申証文之事

一八拾文銭壱貫九百五拾目

外ニ五拾目は　祝儀也

右者拙者近年不仕合ニ御座候ニ付所持之酒造貴方江永代譲渡シ安堵餞別断之通慥請取申処実正也然上は此酒造株ニ付子々孫々至迄毛頭出入無御座候若何方より否申もの有之候ハは此書物を以急度埒明可申候仍而為後年請人加判仕処如件

文政元年寅十月

売主塩屋　専左衛門　印

請人角屋　助四郎　印

林次郎殿[1]

というが如き、祝儀の名を以て金銭を交付する場合もあるのであるが、恐らくこれは精々外金としての手附に類する性質のものであり、責任発生の原因となるものではないであろう。

なお徳川時代、殊に不動産贈与契約に際し、樽肴料、酒代金、礼金などの名儀にて金銭を授受したが、これまた右の祝儀に類するものであろう。もっともこれらの交付金は、実際は贈与不動産の代価であり、従ってこの種の契約は名は贈与であるが、実質においては不動産の売買に異なるものでなく、田畑永代売買の禁を回避する方便として行われた仮装贈与であったのである。[2]それはともかく、この樽肴料、酒代金、礼金交付の如きまた、責任発生の原因たるものではなかったと考えられる。

同じ物の交付であっても、契約の目的物を契約締結に際して交付する場合は、右と同日に論ずることは出来ない。

今かくの如き場合を、物の貸借及び売買の場合について考えて見るに、まずその本質上、当時においても物の使用貸借、賃貸借の如きは、貸借物の交付によって、契約が成立するものと解して差し支えないであろう。然らば、この種の物の交付は責任関係については如何というに、この物の交付が唯一の責任発生の原因であるとはいえないにしても、少なくともその一半であるということは出来るであろう。蓋し、この場合においては、契約成立によって責任が発生するものであったであろうから。

次に、売買就中動産売買の場合について考うるに、既に中田博士のいわれる如く、当事者の相対即ち合意を以て、売買契約は成立せるものと解せられるのである(3)。

なおこの点については、慶安元戊子年の大坂における触に

一就商売書物取替事

右当時出し置はかきといふ事及諍論時証文にたてかたし即時代銀を不相済而証文を替義有之者慥手形を可取置也(4)

元和八戌年正月の「京都町中令触知条々」に

一就売買書キ物取替事

右当時いたし置はかきといふ事及二相論一時為二証文一奉行所に持来といふ共不分明難二議定一於二向後一即時代銀を不レ渡証文取かわす事有レ之者慥ニ一札可取置事(5)

などあるところからして、少なくとも売買代金の交付なくとも、契約は成立せるものであったこと成法上にても明らかであるが、売買物また同様であったであろう。

要するに、動産売買における契約の目的物の交付は、契約の成立要件ではなかったのであるが、また責任発生の要件でもなかったと解すべきであると思う。

次に、不動産売買の場合如何というに、まず慶安四辛卯年十二月廿一日の追加触に

一借銀之方ニ家を相渡といふとも、年寄五人組之判形有之ハ、借銀ニハ無構、沽券次第に申付へし[6]

とあるが、これは土地を売却して未だこれを買主に引き渡さない者が、それを他の者へ借銭の方として差し出しても、売券によって奪取せられるという意味のものなるべく、然る時はその反面として、売却土地を交付しなくても売買は成立したものということになるであろう。さらに、これは先に掲出したものであるが、元文三戊午年六月八日の令条に

於町中家売買之節、売主買主相対迄ニ而、手附銀等相渡シ置、帳切之節彼是難渋致候族も有之様ニ相聞へ候、向後手附銀相渡候節ハ、年寄五人組加判証文ヲ以、右銀相渡候様ニ可致事、右之通三郷町中可相触候、以上[7]

とあるが、これまた少なくとも売却土地の交付なくして、なお売買契約が成立せしものであることを物語るものであろう。売却代金交付についてもまた、同様に解して差し支えないと思うのである。

これを要するに、不動産売買また、契約目的物の交付なくして成立するものであり、さらにこの種の物の交付また責任発生の原因でもなかったと考えられるのである。

さて、その他の契約にあっては、契約目的物の交付ということは、その契約成立についても責任発生についても、何ら条件たるものでなかったことは疑いのないところであろう。

以上要するに、物の交付は、原則として責任発生の原因たるものではなかったということになるのである。

（1）九州大学蔵『千原家文書』の一葉。
（2）中田薫『徳川時代の文学に見えたる私法』「売買」の条。
（3）同上「手附」の条初段。
（4）『大阪市史』三、一八頁所収。
（5）『徳川禁令考』第六帙一頁所収。
（6）前々註所引三五頁所収。
（7）同上四〇九頁所収。

附説

徳川時代契約関係を前提とする責任は、契約証書の作成ということが、その発生原因の少なくとも一半をなすものであるということを、本章緒言末段に述べておいたが、以下はその点の論証である。なお序でを以て、証書作成が契約成立の要件たりしや否やも考えて見たいと思う。従って以下は、契約関係における証書の本質を窺うことになるのである。

徳川時代においても、契約関係には証書の作成交付が一般的に行われたことはいうまでもないが、この契約証書は責任発生の原因であったか、はたまた契約成立の要件であったか。

（一）まず初めに、契約証書は契約成立の要件であったか否か。この問題を考えて見よう。

徳川時代の雇傭契約には、その保証契約書即ち請状の作成交付が一般に行われたが、これは単に保証契約書たるに止まらず、雇傭契約書でもあったのである。それはともかく、この奉公請状の作成は、一応契約成立の要件たるかの如き観を呈するのであるが、まだその確証に接することが出来ないので、先年別文において考えたと同様に、私はなお奉公請状は契約成立の要件でないと解するものである[1]。

奉公請状以外の契約書は如何というに、例えば『続地方落穂集』巻二「村々庄屋組頭連判手形案文」の「諸百姓へ申渡条目」に

一百姓仲ヶ間にて米金請取渡し借貸算用合之儀互に手形取替し後日に六ヶ敷出来不レ仕候やうに可レ仕候事[2]

と見えるように、当時給付契約一般に証書の作成を命じているのであるが、この種の命令は直ちに以て、証書作成を契約成立の要件となす意味のものとは即断出来ない。

かくの如く、当局は契約証書の作成を命じてはいるものの、実際取引上は所謂手形なしの取引が相当広く行われていた[3]。このことは、その訴権の問題は別として、なお契約証書契約成立の要件にあらずの感を深からしめるものがあるであろう。

結局私の見るところでは、契約証書作成は当時においても、原則として契約成立の要件ではなかったと解せられるので

ある。

以下、かくの如き所見の由って来るところを開陳するであろう。

まず、当時契約証書作成を以て、契約成立の要件となす場合の存否を探ねて見よう。さて、私の知る限りこの種の場合は皆無ではない。

第一に、当時先納金、領主地頭借、地頭裏判借金なる金銭債務関係について、その一場合を見出すことが出来ると思う。

即ち先納金とは、地頭が租税の先納を村々に申し付けた場合、ある種の条件が附加されると、地頭が債務者、村々が債権者としての私法的債務関係が発生するそれをいうのであるが、これは

家来受取書ニ奥印有之歟又者裏印有之歟何れニも地頭之正印有之書付村方ニ所持致居候得ハ先納ニ相立正印無之分ハ先納ニハ不相成(4)

ものであったのである。即ち一定の証書（実質において契約証書と見ていいであろう）の存在せざる場合は、先納金関係は成立しなかったのである。

領主地頭借とは、村が支配領主または地頭の命令によって何ヶ年分かの年貢を引当として、金主から金を借りて地頭、領主に供給する場合であり、法律的には領主、地頭が債務者となる場合であるが、この場合借用証文に地頭自身もしくはその役人が裏印奥印を加うるか、または別に彼らの添証文が存在しない場合には、領主地頭借とならず、百姓借即ち村方借金となる例であったのである。即ち領主地頭借もまた、一定の条件を具えた証書が作成せられざる場合は、成立し得なかった訳である。

地頭裏判借金とは、右の領主地頭借と甚だ相似たるもので、ただ領主地頭借が年貢を引当とせるに対し、これにあっては村方の田畠を質入あるいは書き入れるというだけの相違があるに止まり、その成立要件に至っては両者同一であったのである。

要するに、先納金、領主地頭借、地頭裏判借金なる給付契約関係においては、一定の証書の作成が契約成立の要件であったのである。(5)

第二に、当時質地契約は土地の流れを結果する関係から、特に厳格な制令の規律を受けたのであるが、そのためにその契約証書についても、各種の法定条件の具備を必要とせられた。而してある時代には、その条件の一つでも欠く場合には、質地契約そのものを不成立たらしめたのである。但し、かくの如き制度は、享保六年以前の原則であって、爾後は不完備の証書は出訴条件を欠くことにはなるが、質地契約そのものの成立を認めないというのではなくなったのである。(6) ともかく、享保六年以前は一定条件完備の証書が存在しない限り、質地契約は成立しなかったのである。これ証書が契約成立の要件たる一場合である。

さて、私の知る限り、徳川時代証書を以て契約成立の要件となせる例は、以上第一第二の二場合であるが、ところでこれらをさらに考察するに、第一の場合は甚だ特異な内容の契約関係であり、第二の場合は敢えて特異な契約関係というべきものではないが、その証書を契約成立の要件とせる時代が徳川前半のことであったのであるから、これらを以てする時、証書を以て契約成立の要件とする制度は、徳川法制一般としては、例外的な原則であったということになるのである。

一方さればといって、証書の作成は契約成立の要件にあらずと明示せる法例も見当たらないのである。しかし、右の如く証書を以て契約成立の要件とせる制度が、例外的原則なりと考えらるる以上、当時契約証書の作成は原則として契約成立の要件でなかったと結論しても、大過ないであろう。

(1) 拙文「徳川時代に於ける雇傭法の研究」(一)(『国家学会雑誌』四一巻七号) 一一一頁以下。
(2)『日本経済大典』本、四二頁。
(3) 中田薫『徳川時代の文学に見えたる私法』「売買」の条末段、『日本商事慣例類集』等参照。なお小作契約の如き、地方的にはかなり広く証書を以てせざる慣習が行われている。この点については、『全国民事慣例類集』三五〇頁以下、及び小野武夫博士諸論著等参照。
(4)『聞訟秘鑑』巻之下「先納金之事」の条〔原文では註が欠落しているが、「徳川時代の特別民事訴訟法」(一)にも引用されていることから補った〕。
(5) 以上先納金、領主地頭借、地頭裏判借金の三者については、拙文「徳川時代の特別民事訴訟法」(一)(『国家学会雑誌』四二巻一一号) 一四四頁以下。

なお序でを以て二三の古証文を紹介しておきたい。

当村御地頭伊藤清兵衛様御粮米御差支ニ付村方より先納致候様被仰付候得共村方江出来候者無御座候ニ付当卯秋貴殿御年貢米左之俵数先納被致候ニ付借用証文之事

一米拾二俵
右之米慥ニ借用致御屋敷ニ直ニ調達仕候処相違無御座候然ル上ハ当秋貴殿御年貢米出来之上如何様とも自由ニ御取斗可被成候則御年貢請取証拠相渡置候上ハ毛頭相違無御座候尚又御屋敷御証文御除御証文ハ手元ニ請取預置候為後日仍而借用証文如件

文政二年二月
篠原村庄屋　幸　内印
同村組頭　幸　吉印

前原村藤三郎殿

右の証文中にいう「御年貢請取証拠」は次の如きものである。

御年貢米請取申事
一米拾弐俵ハ
右ハ御地頭様先納

卯九月
篠原村庄屋　幸　内印
同村相府?組頭　幸　吉印

前原村藤三郎殿

さて、かくの如き証文（九州大学法制史研究室蔵『福岡県前原町西原家文書』）は、先納金関係の前提耕作を示すものであり、当時多くは先納を申し付けられた村は、資力ある者よりかくの如く借用して先納したものであろう。なお右の本証文中にいう、庄屋組頭の手に保有する「御屋敷御証文」、「御除御証文」は先納金証文であったのではあるまいか。同上『西原家文書』中の

借用申米之事
一米拾俵ハ　但し米三割利
右之米御地頭様先納ニ借用仕候処相違無御座候然ル上ハ来巳ノ秋貴殿御年貢ニ立用可致候為後年借用証文如件

文政三午辰ノ十二月
篠原村庄屋　啓　十印
同村組頭　久　内印

前原綿屋藤三郎殿

の如き簡単なる形式の場合もある。
同上『西原家文書』に

天保七年御年貢指問申候ニ付先納仕証文之事
一正銭壱貫目ハ　但し六拾文銭也
利弐割付
右之銭慥ニ借用仕当村御年貢指問分上納仕候処相違無御座候然上返弁之儀来秋御米出来之上相場ヲ以貴殿当村掛作分上納ニ可被成候

為其村役人中印形居指出申上候毛頭相違無御座候為後日仍而仕先納証文如件

天保七年
十二月

篠原村庄屋　平五　印

同村組頭　幸吉　印
（以下同ニ名連署）

惣代百姓　作左衛門印
（以下同ニ名連署）

前原綿屋藤三郎殿

なる証文があるが、これは名は先納証文であるが所謂先納金証文ではなく、年貢不足せる村方が、その村中の租税負担者から来年度の租税を先納して貰い、これを上納の一部に充てた場合、先納した者に対して先納分を借用したことにして発した、村方の借用証文であったであろう。

また輪島町新谷九郎氏蔵文書に

御儀定之覚

一今般先納銀百貫目ニ付御引当申年御収納米弐千五百石来酉春積出シ被仰付可被為下候
一御利足銀日より壱ヶ月銀百目ニ付七朱宛尤来酉正月より六月迄壱朱宛為御冥加相減可申候
一御運賃米御添渡可被為下尤大坂為御登御運賃米御定より壱石減ニ被仰付可被為下候
一右御米大坂之外兵庫西ノ宮堺等直段宜所ニ而着船之砌相場を以売払可申候尤端浦ニ而茂直段宜所聞合御益ニ相成申所ニ而売払代銀格合之通船問屋仕切指引書取請御見届を請前段先納元利来酉六月限過不足なく勘定（原脱）相立可申候
一右御米蔵出人足并積出手船賃銀之儀者為御登米同様被仰付可被為下候
一右御米送リ状私名前を以売場出張手代并船問屋宛名ニ而為積登可申候
一右御米積船代銀并船具代銀図帳差上置可申候間万一海上難破船等有之節者大坂為御登米御振合を以御分算被仰付可被為下候
右今般先納銀指上候ニ付前段之通御議定被為成下候様奉願上候以上

文政七年二月

輪島町　喜兵衛　印

右輪島町喜兵衛願之通被仰付可被下候以上

北村　為次郎　花押
□?土村　弥五郎　花押

（裏書）
裏書仕法之通取極候之条可有出銀候事

木梨左兵衛　印
千葉彦太夫　不在合
小竹茂左衛門　不在合
野村七兵衛　印
林久太夫　印
雪野文蔵　印

なるものがあるが、これまた先納銀証文ではあるが、所謂先納金証文では勿論なく、各種の約款を収録しているが、要は収納米引当の藩公の借銀証文であるであろう。

ここに藩公の借用証文の出て来た序でに、この種のものを数例掲出しておくことにしよう。

なお徳川時代、上級武士は自ら直接契約証書面に債務者として署名せず、その家来その他をして証書面に署名せしめているのである(家来のなす場合を「家来手形」という。本書第三編第十四節〔本書二三五頁以下〕)。従って上級武士の契約証書は、得意な形式と文言から成っているのである。右の証文その一例であるが、かくの如きに限るのではない。この種の証書の法律的性質は、考究すべき点多々存すると思うが、それは後日に譲り、以下は単なる例示に止まる。

さて本学蔵『千原家文書』の中に

受取申金子之事

一金五千両

但年八朱之利分を加来丑年より五ヶ年定済之積

右者非常為手当各方調達金書面之通請取申候然ル上者年割之通急度返済可致候為後日仍如件

元治元年子八月

小笠原村大膳太夫元締役　松尾量輔　印
上原半太　印
旅　間宮左右助
(以下三名連署)

草野忠左衛門殿
広瀬源兵衛　殿
(以下十一名宛名)

前書之通相違無之候以上

小笠原村大膳太夫元締役
旅　三沢十太左エ門　印

松　生券　印
（以下三名旅一名連署）

（裏書）
表書之趣承届候以上

窪田治部右衛門　印
○日田郡代也

子八月

同上『千原家文書』の一葉に

金子借用証文之事

一金三百両也

此引当蔵米三百石預

右者就主用御相談申入置候処右金辻御貸渡被下慥請取借用候処実正也然ル上は一ヶ月壱歩之利足ヲ加来卯十一月廿日限元利一同其御地江差立無間違返済可致候若期月ニ至返済方及遅滞候節者前書引当之蔵米御引渡可申候仍金子借用証文如件

小笠原村近江守内
大東小伝司　印
古川権之助

慶応二寅年十一月

（以下五名連署）

千原幸右衛門殿

前書之通承届相違無之候仍奥書致印形候以上

喜田村修蔵　花押
藤江奥右衛門　印

福岡市許斐家所蔵文書の一つ（写しなり）。

預申銀子之事

合銀五貫三百五匁七分弐厘者

右之銀子松平筑前守就要用長田市兵衛榎並屋五右ェ門預リ申処慥見届申候来未ノ十一月廿五日切元銀ニ五朱利を加元銀四つ割ニ〆壱ヶ年分相渡させ可申候万一両人滞儀候は此方屋敷要用之上者右之割方無相違相渡可申候為後日仍如件

松平筑前守大坂蔵屋敷銀役人
吉田伝兵衛　御印
同内留守居
野坂孫十郎　御印

享保拾壱年午ノ十一月
播磨屋宗兵衛殿

預申銀子之事
合銀五貫三百四《ママ》匁七分弐厘者
右之銀子慥預申処実正也何時成共此手形ヲ以相渡可申候間万一両人之内指支在之候共相残者より相渡可申候為後日仍如件
享保十一年午ノ十一月　榎並屋五右エ門
長田市兵衛
播磨屋宗兵衛殿
（以下略）

この証文は同一紙に右の二種の証文を記載しているのであるが、家来以外の町人を署名人とした筑前侯の借金証書であるであろう。さらにも一つ出すと、九州大学法制史研究室蔵『福岡県文書』の中の

借用証文之事
一金七両ハ　但利合年弐割定
右は主人方入用ニ付致借用候処実正也返済為引当主人所務米之内来辰年より巳年迄弐ヶ年之間莚内村おゐて米拾七俵宛同村庄屋迄津出請合相渡置候条時節至米出来之上直ニ被受取時之相場ヲ以元利算用可有之候為念主人方聞届茂有之上ハ毛頭相違ハ無之候為後年仍而証文如件
田口右衛門　印
安政二卯年十二月
細屋次平殿
右聞届候已上
毛利宅太夫　印
同年同月

而して本証文中にいう「津出請合証文」とは次の如きものである。

津出受合証拠之事
一米拾七俵ハ
右者当村御地頭毛利宅太夫様御所務米之内来辰秋より巳秋迄弐ヶ年之間貴殿方に御払被成ニ付年々御取留相分リ次第右之俵数直津出可致候為後日受合依而如件
安政二年卯十二月
莚田本村庄屋　吉十郎　印
同久保村庄屋　仁七　印

細屋次平殿

（6）中田薫『法制史論集』第二巻五七二頁以下。

（二）次に、契約証書は責任発生の原因であったか否か。

徳川時代契約証書の存在ということは、当該契約に基因する債権の出訴条件であったということが出来るのである。このことを証明する法例は少なくないが、今一二を掲げてこれを実証しておこう。

大坂方の法例書であるが、『慶安元年より天和二年迄御法度書留帳』なる古写本所載慶安元年四月の孫太夫丹波署名の条に

一問屋商人相論之事
　右問屋之身躰能聞届互手形取替シ其上荷物可預前廉致無念於無証文は不可有裁許云々

また同五年正月十一日の隼人丹波署名の条々に

一諸商売之事先年如相触即時代銀不相済証文取替儀有之者慥手形取置出入無之様ニ可致沙汰対決之上於無証文者不可有裁許事

元文四未年三月二十一日附の書付に

一名田小作滞之儀証文等無之分ハ無取上定ニ候云々(1)

『聞訟秘鑑』巻之上「証拠無之出入之事」の条に

是ハ無証拠申争ひ而已之出入者何之願之筋裁許ニ相成事有之節ハ無証拠申争ひハ難御取用何々之義ヶ様々ニと裁許有之候得共其義無之ニおいてハ品ニ寄御沙汰ニ不被及趣に難伺仮令金銀借貨等之類如何程申争候共無証拠不被及御沙汰ニ何程吟味を詰候而も裁許ニ可相成義無之候併盗致候与歟火を付候与歟都而御法度筋ニ抱リ候義者右之通ニ而は難相伺候御奉行所ニ而も右之類者双方入牢被仰付御吟味有之由ニ付云々(2)

と、その前段誤脱多きものの如く文意不通の箇所もあるが、「御法度筋ニ抱」らざる訴訟の場合は、無証拠では受理しな

いということを意味していると解せられるから、また以てここに掲げて差し支えない一例といえるであろう。

要するに、前述の如く、証書の存在は、民事関係、契約関係に関する出訴の条件であったことが明瞭なのである。(3)もっとも、例外として名田小作の如きは、次第に無証文にても受理されるようになり、(4)あるいは馬代金請求訴訟の場合また、無証文にても出訴可能であったのである。(5)

(1)『徳川禁令考』後聚第二帙二五三頁。
(2)『聞伝叢書』(『日本経済大典』本) 巻九、七五七頁所出同旨文参照。
(3) 拙文「徳川時代の特別民事訴訟法」(二)(『国家学会雑誌』四三巻二号) 一六一頁以下、及び拙文「徳川時代に於ける雇傭法の研究」(一)(同上四一巻七号) 一二二頁等参照。
(4) 前段註 (1) 所引及び『日本財政経済史料』六、九二一頁等参照。
(5) 前々註前段所引拙文一五七頁。

第四節　不法行為

緒言

徳川時代においても、不当に他人の法益を侵害した者は、その侵害を被害者のために塡補する義務を負う場合があった(侵害者以外の者にしてまた責任を負う場合があるが、そのことは次節に説く故に、ここでは行為者自身の責任の場合のみを取り扱うものである)。

而してこの損害塡補義務関係は、塡補のために一定の給付を被害者に対してなす関係であるが、この場合責任が発生するや否やというに、前段説述の中に見えるように(第一章)、一定の責任が発生するのであった。

然らば、その責任は特別なる法律事実によって発生するものであったか否か。私の見るところでは、この場合の責任は、侵害行為によって当然発生するものであり、何ら特別なる法律事実の存在を必要としなかったのである。即ち不当なる侵害行為は、そのまま債務行為であり責任行為であったと解せられるのである。

さて然らば、不当侵害行為（不法行為）は、常に民事責任を発生するものであったかというに、不当侵害行為が責任の発生原因たるためには、一定の条件が存したのである。不法行為は、常に直ちに責任を発生するものではなかったのである。

即ち本編いう責任は、侵害あれば常に生ずるというのではなく、この種の債務の発生には各種の条件（債務発生の場合債務の限度が法律上一定し、且つ行為者の意思如何が債務の発生に関係する—債務の基礎）が存在し、自ずからその場合が限定せられるのであるが故に、即ち不法行為は常に損害塡補債務を発生するものでなく、従って不法行為は常に責任を発生するものではないということになるのである。

よって、如何なる場合に不法行為は責任発生の原因となるかという問題は、不法行為は如何なる場合に、損害塡補債務を発生するかという点を闡明ならしめば、解答が得られるのである。

故にここに、当時の不法行為に基因する損害賠償債務の発生要件の、少なくとも概観を必要とするのである。以下その概観を試みるのであるが、なお当時においても不当なる他人の法益侵害は、債務不履行という形でなされる場合があるし、また債務関係を前提とせず、直接の侵害行為（狭義の不法行為）によって発生する場合もあるので、今この両場合をば項を別にして考究することにしたい。

第一項　債務不履行による損害賠償債務

緒言

債務不履行に原因する損害の賠償に関しては、関係史料尠少にして充分これを分明ならしめること不可能であるが、今

『日本商事慣例類集』の所伝及び二三の法的淵源によって、これを類推すると次の如くである。

第一款　債務発生の場合及び債務の限度

（一）債務不履行によって損害が生ぜし場合、常に塡補賠償債務が発生するや否や。

第一に、金銭債務不履行の場合について考うるに、この場合損害賠償といえばまず延滞利子の問題が考えられるであろうが、当時延滞利子支払の債務が発生したか否か。

まず、（利子附無担保金銭債務即ち）金公事債務の執行方法が極めて緩慢であり、執行完了迄には、相当の日子を費やすものであった。当時の制度(1)を以てする時は、延滞利子を支払う債務は、あるいは発生しなかったのではあるまいかと推測を試みたくなるのである。

一方それに附け加えて、『日本商事慣例類集』の記載によると、売掛代金に延滞利子を付する慣例の地方もあったが、一般的には延滞利子の慣行はなかったらしい(2)ので、徳川時代一般的には、延滞利子支払の債務は発生しなかったものと推定出来るのである。

金銭債務における延滞利子支払制は、以上の如くとして、次に金銭債務その他一般債務違反に基因する損害の賠償債務発生一般如何というに、これまた法例についてその原則を徴すること不可能なのであるが、『日本商事慣例類集』の伝うるところによれば、特約を待って初めて賠償義務が発生するという地方もあったが、一般的には特約の有無を問わず、原則として現に存する損害の程度において賠償債務が発生する慣例であったのである(3)。

（二）さて、右にいう如く、徳川時代においても、債務違反による損害の賠償債務の限度は、現に存する損害の限度、換言すれば不法行為者は実害全部の塡補義務を負うという原則であったらしいのである。これは法例についても見られる。例えば当時質取人は質物保管の義務があったのであるが、この義務に違反して、質物が滅失毀損した場合には、質物の価額を限度として賠償債務が発生するが如きそれである。なおこの原則は、徳川初期少なくとも板倉氏『新式目』来のものであった(4)。

しかし、特殊な場合には特別の限度があったのである。運送債務違反の場合の賠償債務に、一定の限度が存したことなどそれであろう。

即ち正徳四年に東海道小田原宿に起こった三度荷物類焼の場合の江戸町奉行の判決要領に

一焼流候金銀有合次第割合を以吹渡候

一員数不記金子入有之分は金一歩宛可渡

一荷物は何によらず荷主之可為損候

右紛失に候はヽ急度弁へ可申付候へ共焼失たる故如レ斯若違背之輩於ゐては江戸え召連可申事(5)

とあるところから、運送物類焼の場合の運送人の賠償債務には、自ずから一定の限度があったことが知られるのである。もっともこの種制度の沿革は明らかでない。

なお当時違約金契約が行われたことは既に述べたところであるが、この違約金契約は、往々にして損害賠償額の予定であったらしいのである（第一章第三節第二項第四款）。当時損害賠償額を予定約束することが法律上有効であったとするならば、この種の契約によって、損害賠償債務の限度が決定せられることがあった訳である。

末段欠損のため不明確ではあるが、少なくとも幕末時代の文書「貴殿方江有田村万兵衛年中居奉公ニ召置申候ニ付受合申覚」と題するものに

一給米五俵年中居奉公人万兵衛子ノ正月より同十二月十三日まで壱ヶ月廿五日払夏冬仕着なし

一四月五月六月九月十月此五ヶ月之内隙欠申候ハ、一日ニ六拾文銭壱匁宛貴殿方江相払可申事

一正月二月三月七月八月十一月十二月此七ヶ月之内隙欠申候ハ、年中給米割方算用ヲ以米ニ而相立可申事（以下略）(6)

とあるが、その第二条の如き損害賠償額の予定契約であるであろう。

これは明治のものであるが、明治九年十二月一日の「為替金延滞再日延証」中に

一今般別紙為替金渡シ方遷延ニ及ヒ十二月一日迄日延証差入猶又調達相成兼本月六日迄急度相渡シ可申候万一日限遅滞候ハ、諸入費モ相嵩ミ候間猶為違約金弐拾五円為替金ヘ相添可相渡候(7)

なる契約文書が見えるが、これまた損害賠償額の予定契約と解せられるであろう。

（1）拙文「徳川時代の特別民事訴訟法」（四）（『国家学会雑誌』四三巻九号）。
（2）昭和七年版、六八六頁以下。
（3）同上、九四九頁以下。なおこれによると、現に生ぜし損害以外、得べかりし利益についても、賠償の義務ありとなせる地方も稀にあったという。
（4）中田薫『法制史論集』第三巻六六六頁以下。小早川欣吾『日本担保法史序説』五三三頁以下。
（5）樋畑雪湖『江戸時代の交通文化』五〇頁以下、なお運送契約上、遅延、損傷等による損害の賠償については、『日本商事慣例類集』七〇三頁以下、七二三頁、七四六頁以下等に各地の慣例を出したり、参照すべし。
（6）九州大学法制史研究室蔵『福岡県糸島郡井原村三苫家文書』の一葉。
（7）『大審院民事判決録』（自明治十二年三月至明治十二年四月）一四一〇頁所出第七十号判決中に引用。

第二款　債務の基礎

債務不履行によって損害が生ぜし場合、債務者の意思は賠償債務発生につき何らの関係をも有せざりしや否や。この点に関しても充分なる資料を見出し得ないが、前款所掲の法例によれば、運送契約違反の場合においては、損害が不可抗力（類焼）によって生じた時には、特別な金銭の如きにあっては別だが、一般運送物については賠償債務が発生しない、而して過失による場合（紛失）は、賠償債務発生という原則が行われたらしいが、これは債務者の意思を賠償債務発生の一条件とせるものであって、換言すれば原則として過失を条件とせるものであったのである。

海上運送にあっても、運送人の過失を損害賠償債務発生の条件としたらしい[1]。

しかし、弘化四年丁未三月の飛脚問屋の責任に関する書付には

道中にて違変有之候共、頼主之損失には相「成不」申候、尤盗難等之節も右同様飛脚屋にて頼主へ償候…且弁金致候儀、年限相立候ても償候様にては際限も無レ之候付、近国は勿論諸国へ並便に候ば、飛脚往返之日数を計り、…飛脚

三ヶ年限り弁金致し其後は調方出来兼候趣、得意先へ請取書遣候趣御座候[2]と見え、これにあってはあらゆる場合の損害塡補債務が発生するものであり、運送人の過失如何は、賠償債務発生につき何ら問題とせられなかったのである。

次に、これまた前款に述べた質取人の質物保管の義務について、質物が盗難、火難、鼠喰等によって滅失毀損せし場合は、質取人賠償の義務なしという原則であったが[3]、これまた過失を賠償義務発生の条件とせる一例である。

以上は法例について見たのであるが、『日本商事慣例類集』によって当時の一般慣例を見るに、またこの点地方により区々であって、即ち損害賠償債務発生に債務者の故意過失を問題とせざる地方あり、故意の場合にのみ債務発生すとなす地方ありであって[4]、以上これを要するに、徳川時代においては、未だ債務不履行に原因する損害賠償債務発生に、債務不履行者の意思が如何なる影響をなしたか、即ち故意過失を条件としたか、無過失にても債務が発生したかに関する統一的原則は、成立していなかったものと推考せられるのである。換言すれば、結果主義と過失主義とが並び行われたということが出来るのである。

（1）本庄栄治郎編纂『日本交通史の研究』四三七頁。
（2）『日本財政経済史料』八、三七〇頁。
（3）前款註（4）に同じ。
（4）九四九頁以下。

第二項　不法行為（狭義）による損害賠償債務

第一款　債務発生の場合

不法行為によって他人の法益を侵害せる者は、当然に常に損害賠償の債務を負うものであったか否か。

本書の別編において述べる通り、私は不法行為者にしてその行為のために刑罰責任を問われる場合は、賠償義務を負わしめられないというのが、幕府法の原則であったと解するのである[1]。

もっとも『公事方御定書』下巻第七十七条第二項の傷害塡補に関する規定（傷害者に療治代支弁義務を負わしむる規定）の但書には、

享保二年極但疵付候もの奉公人ハ主人江預其外ハ牢舎手疵軽ク候ハ、預ヶ置可申候

とあって、一応預、牢舎の如き刑罰と賠償とを併せ科する場合があったように見えるが、この預、牢舎の如きは療治代支弁の条件（ある程度の平癒─同上条等）の備わるまでの拘禁であり、疵付に対する刑罰として問うものではなかったと解すべきであろう[2]。しかし次款（七）の場合は、明らかに賠償と過料とを併せ科するが、この種の場合は甚だ稀有であるようである[3]。

さて、賠償債務と刑罰とは両立せざることを原則とする結果、当時損害賠償債務の発生する場合は、自ずから限定せられるのである。侵害行為あれば、当然常に賠償債務発生というのではなかったのである。具体的には、次の如き場合にのみ賠償債務が発生するのであった。

（一）傷害の場合においては、百姓、町人が、一定の特別な身分その他の関係のない他人に、殺害の目的なく、徒党、狼藉によらず、牛、馬、車引掛以外の行為によって、傷害を加え、被害者の疵が片輪にならざる程度に平癒した場合（『公事方御定書』下巻第七十一条第四十一項及び同条第七十七条第二項乃至第五項[4]）。

（二）酒狂で道具を損傷した場合（同上第七十七条第六項[5]）。

（三）贓品が転々売却されて、行衛不明となれる場合にして、盗品と知らずして盗人より直接それを買得せる場合（同上第五十七条）。

右は少なくとも『公事方御定書』来の原則であるが、少なくとも文政六年以降は、盗品が買得者（盗品たることを知らざる）の手元にて消費せられた場合また、賠償債務発生と増補せられるに至った[6]。

（四）質取人が、権限なくして無断に質取品を売却し、その行衛が不明となれる場合（同上九十二条第二項[7]）。

以上は『公事方御定書』上の原則であるが故に、徳川時代の一般原則を示すものといっていいのであるが、なおこの外に賠償債務発生の場合があったのである。

（五）その一つは、徳川初期における、他人の耕地の作物に損害を与えた牛馬その他の家畜の所有者は、損害の賠償義務を負うという原則である（次款）。

（六）その二は、徳川初期における、主人の道具等を毀損せる一季奉公人は、損害塡補債務を負うという原則である（次款）。

（七）その三は、少なくとも享保前後における、他人の家屋を毀損せる者（厳密には自己の債権取立手段として）は、原状回復の義務を負わされるという原則である（次款）。

なおこの（五）、（六）、（七）の原則は、共にその後の法例に現れていないので、あるいはその後この種の侵害行為は、法律上全然問題とせられざるようになったか、あるいはこの種の損害を惹起せる者は刑事責任を問われるものとなったか、そのいずれかであったのではあるまいか。

（八）質入物の一部を無断処分せる質置主は、賠償義務を負う原則である（次款）。

（九）受託物売却者は、賠償債務を負うという原則がある（次款）。

（十）船舶衝突によって賠償債務発生する（次款）。

さらに述べておかねばならぬことは、以上の如き場合以外は全然被害者の救済の道が講ぜられなかったかというに、必ずしもそうではない。即ちある場合には加害者には賠償債務は負わされなくても、一定の第三者に賠償債務を負わしめるという原則が存在したのである（次節）。

以上要するに、不法行為に基づく損害賠償債務発生の場合は、当時の法制上にては極めて限定されていたのであった。

（1）本書第五編第二節〔本書二八九頁以下〕。
（2）同上第三節〔同二九三頁以下〕。
（3）同上第二節註（2）〔同二九三頁〕参着。

（4）同上第二節、第三節〔前掲註（1）及び（2）参照〕。
（5）同上第四節〔本書二九七頁以下〕。
（6）同上第五節〔同三〇三頁以下〕。
（7）同上第六節〔同三〇七頁以下〕。

第二款　債務の限度

不法行為者は一定限度の賠償債務を負うものであったか、あるいは不法行為に基づいて生じた実害全部を賠償する義務を負うものであったか。

この問題に入る前に、当時の損害塡補は原状回復を以て原則としたか、金銭（代償）賠償を以て原則としたか、この点を考えておきたい。

充分なる関係資料を見出し得ないが、少なくとも享保前後においては、家屋毀損の場合（但し債権者が自己の債権満足のために債務者の家屋を毀損せる場合であるが）、原状回復義務を不法行為者に負わしめるという原則が行われたこと[1]、また失火のために高札場焼失の場合、「村入用を以為仕立被差出候」なる取計のなされたるが如き事例[2]を以てする時、当時原状回復主義が全然行われなかったとはいえない。しかし、一般には金銭賠償を以て原則としたものと推考せられるのである。

さて本題に戻って、不法行為に基づく損害の賠償義務の限度如何を考えるのであるが、賠償債務発生の各場合について、順次これを調査して行くことにする。

（一）まず、傷害の場合について見るに、『公事方御定書』前においては、「療治代分限に応し可為出」という原則であった[3]が、『公事方御定書』においては、療治代「銀一枚」と改定せられるに至ったのである[4]。

ところで、この傷害塡補のあっては、その塡補義務の限度は、まず塡補が療治代提供の形で行われるものであって、傷害なかりせば得べかりし利益の賠償額への参入は勿論ないし、また療治代そのものが、『公事方御定書』前においては、債務者の「分限に応」じた額であり、『公事方御定書』以降は、「銀一枚」という定額であったのであるから、療治に要した実際の費用全部というのでもなく、要するところ傷害によって惹起せられた損害実額というのではなかったのである。

（二）財物毀損の場合について見るに、徳川初期一季奉公人が主人の道具等を毀損せる場合は、「新敷遣道具以下令二破却一者其下人可弁」という原則であり、[5] その後の『公事方御定書』上の原則でも、少なくとも道具侵害の場合は、「損失之道具償」という原則であったのであるから、[6] 少なくとも侵害当時の損害全部が賠償額であったのである。

（三）家畜の耕作物加害の場合、徳川初期においては、「一耕作毛上之上江牛馬放入事甚以為越度間則牛馬ヲ押置右損失分限令弁」なる原則が行われたが、[7] この「損失分限」は、恐らく少なくとも侵害当時の実害全部の意味であるであろう。

（四）贓品が転々売却されて行衛不明となれる場合には、盗品と知らず盗人より直接それを買得せる者が、あるいはまた盗品を買得し消費せる者が、賠償義務を負うものであること前述の通りであるが、この場合の賠償は「代金」の弁償であったのである。ところで、この「代金」とは買得代金と解せられるのであるから、[8] この場合の賠償義務の限度は、買得代金に限られたものであって、贓品の価格ではなかったと解せられるのである。

（五）受託者が受託物を売却せる場合には、その売却代金引渡の義務を負うものであるとの原則が、『大坂式目』に見えている。[9] これまた寄託物の価格の賠償ではなかったのである。

（六）質取人が権限なくして無断に質取品を売却し、その行衛不明となれる場合には、質取人は、質金の倍額即ち質入品の価格全額の弁償債務を負うものであったのである。[10]

（七）質入物の一部を無断売却せる質置主は、その売却代金の限度において、質取主に対し弁償債務を負うという原則があった。

即ち「同年○寛政庚申十二年四月高木主水正様より御家来岡田吉次郎を以石川左近将監様江御伺并付札」の条下に

　山畑屋敷質ニ入置右置主方ニ而立木伐採他江売渡候ハ、売払候代金質取主方へ為償其上過料御申付程之事ニ可有之哉ニ存候云々[11]

（八）なお船舶衝突の場合の損害賠償額については、特殊な算定法が行われたが、この場合また実害額賠償と見られる。[12]

以上要するに、当時の不法行為に基因する損害賠償債務は、原則として、被害対象が財物である場合には、侵害当時の実害全額、傷害の場合は、被害の程度に必ずしも一致せざる一定法定額を限度とする債務であったのである。

（1）本書第五編第四節〔本書三〇一頁以下〕。
（2）本書第三編第四節〔同二二一頁〕。
（3）前々註所引第二節〔同二九二頁〕。なお次節第二項註（6）所掲法令参照。
（4）同上第二節〔同二八九頁〕、第三節〔同二九四頁〕。
なお法律上は死罪であるが、一般慣例として不義の償い七両二分または五両というは（『金曽木』（『日本随筆大成』本）七五二頁、『世事見聞録』二七二頁、岡田三面子『寛政改革と柳樽の改版』三七〇頁等、『明治初年の世相』「結言」五頁、牧健二「七両二分不義の詫証文」（『法律春秋』五巻一一号）、前々註所引第七節等参照）、傷害「銀一枚」と同種の思想的根拠に出ずるものではあるまいか。
（5）拙文「徳川時代に於ける雇傭法の研究」（二）（『国家学会雑誌』四一巻八号）一二九頁以下。
（6）前々註所引第四節〔本書二九九頁〕。
（7）中田薫『法制史論集』第三巻六八六頁。なお前段註（1）所引〔同三〇〇頁〕。
（8）前段註（1）所引〔同三〇一頁〕。
（9）前段註（2）所引〔同二二一頁以下〕。
（10）本書第五編第六節〔同三〇七頁〕。
（11）『東論語林』十一所出、「勘要記」にも同旨文見ゆ。
なお「勘要記」三、四十六号記事「地頭林之立木を心得違ニ而伐採候義ニ付本多大隅守より問合之下ヶ札」に
（前略）伐採候三本之木伐取直段相当を以早々納方御申付可然云々
と見える、これは勿論私法的関係のものではないが参考までに。
（12）中田薫『法制史論集』第三巻二九一頁以下。

第三款　債務の基礎

不法行為によって生ぜし損害の賠償債務は、侵害の事実のみにて発生するものであったか、侵害者の意思即ち侵害意思（故意）、あるいは少なくとも侵害すべきことを予見し得なかった意思状態（過失）が問題となるものであったか。

まず、本項第一款に挙げた各場合の損害賠償債務についてこれを見るに、その多くは、不法行為者の意思に基づく侵害の賠償であると見られる。しかし一二の場合にあっては、侵害が行為者の意思に基づかざるが如くに見える。即ちまず第一に、本項第一款の（二）の場合の如き、酒狂者の賠償債務であるが故に、一応行為者の意思如何を問わない場合、ただ結果にのみ着目する一場合と考えられるであろう。しかしこの酒狂とは、全然正常なる精神活動の停止の場合とは異なり、その正常さを逸するところは相当あるにしても、なおある程度の意思活動の存在する状態をいうものであろうから、この場合の賠償債務なお、侵害者の意思少なくとも過失にその発生の基礎を置くものであると解すべきであろう。

第二に、本項第一款の（三）の場合の盗品を盗品と知らずして買得せる者の賠償債務は、また一応侵害者の意思を問題とせざる一場合かとも思わせるであろうが、これまた知らざることに過失があったことに債務の基礎を置けるものであり、何人といえども絶対に盗品と知り得べからざる場合においても、賠償義務を負わしめるという法意ではなかったのではあるまいか。

第三に、家畜の侵害に対するその所有者の賠償債務また、一応侵害者の意思を問題とせざる一場合かとも思われようが、これまた家畜管理について少なくとも過失ある場合の債務であり、万全の管理をなし、なおかつ侵害のありし場合にも、債務発生という法意ではなかったのではあるまいか。

以上これを要するに、徳川時代においても賠償債務発生は、その基礎を侵害者の故意または過失に置くものであった、所謂過失主義であったということが出来ると思うのである。(1)

（1）徳川時代の刑事責任主義は、結果責任主義から過失責任主義への過渡期の変遷を示しているもので、結果過失両主義が並び行われたこと（中田薫『法制史論集』第三巻七四四頁）と対照。

第五節　法律上の責任

緒言

徳川時代、責任者自身の質入契約、保証契約、給付契約あるいはまた不法行為（広義）に基づかずして、なおかつ民事責任の問われる場合があった。

一は、一旦一定人に発生した責任が、法律上他の一定人に移転し彼が責任者となるものと見られる場合であり、一は、法律上当然に（主として他人の行為に対して）責任を問われるものと見られる場合である。

かくの如きは、法律上一定の条件の備わることによって、当然一定人に責任が問われるのであるから、当該一定人の側からいえば、法律によって責任が発生するという関係であったのである。これここに法律上の責任と題し、かくの如き場合を責任発生の一場合として考究せんとする所以である。

さて、その場合は、右にいう通り二種に分かち得るのであるが故に、以下各々項を別にして考究することにするが、その前に考えておかねばならぬことがある。それは、右に責任が移転しあるいは法律上当然に責任が発生するといったが、それは文字通り責任のみが移転し発生するものであったか、あるいは責任の前提たる債務も附従するものであったかの点である。

私の目に触れた史料の範囲内にては、この場合債務も共に移転し発生するものと解せられる。即ち責任の移転とは、要するに債務の移転をも意味するものであり、法律上の責任発生とは、本源行為者の債務と通常同一の債務の発生を意味するものであったと解せられるのである。

故に如何においては、債務の側から各場合を、第一項法律上の債務移転、第二項法律上の債務と題して考究することにする。

第一項　法律上の債務移転

法律上当然に債務が一定人に移転すると見らるべきは、次の如き各場合である。

（一）徳川時代の相続法の原則に従えば、被相続人の債務は家禄、家産の相続人に当然移転するのである。而してこの場合の移転債務は、原則として被相続人の債務そのままであり、従って例えば被相続人の債務が所謂出世証文を以てした附款附のものであっても、そのまま移転したのである。[1]ただしかし、被相続人の保証債務のみは、保証債務一代限の原則が行われた結果、移転することはなかったのである。[2]

（二）少なくとも大坂地方においては、分散債務者の財産を処分する時、その目的物にして一定の倉庫に寄託されてある場合には、その寄託契約上の一債務たる蔵敷料債務は、分散債権者が当然これに代当せねばならないという原則が行われたのである。これ法律上の債務移転の一例というべきであろう。[3]

（三）少なくとも『律令要略』の時代、即ち享寛前後から安永七年中葉頃までは、町方における借地人、借家人の負担に属する金公事債務（主として無担保利子附金銭債務）が裁判所に繋属している時に当たり、その地主、家主にして土地または家屋の明け渡しを裁判上有効に請求し得るためには、その金公事債務を自ら引き受けることを要するという原則が行われたのである。[4]この家主、地主にして土地または家屋の明け渡し請求をなせる場合には、借家人、借地人の債務が当然彼らに移転して来る訳であるから、また法律上の債務移転であるであろう。

（四）徳川時代、物権の性質を有する土地賃借権が存在したと考えられるが、かくの如き賃借関係において地主の変更があった場合、もし旧地主にして敷金を預かっていた場合には、その敷金返還義務は当然に新地主に移転するものであったらしい。[5]然りとすれば、これまた法律上の債務移転例であろう。

（五）請人なき奉公人の買掛金債務は、彼が欠落した場合には、当然にその主人に移転するという原則も行われた。[6]

（六）徳川時代、特許営業権の売買が行われたが、その際当該営業権に附随して借金債務が買主に移転する例が存する。ところで、この場合の債務移転は、当事者の契約に基づくものでなく、営業権の移転ある時は常に移転するものであったらしく解せられる。(7) 果たして然りとすれば、これまた法律上の債務移転例の一つであろう。

（1）高柳真三「徳川時代に於ける債務の相続」（『法学』四巻三号）一頁以下。なおこの高柳氏文にも指示されている通り、中田薫『徳川時代の文学に見えたる私法』「相続」の条、同博士『法制史論集』第一巻六二二頁、拙文「古判例研究」（『法政研究』三巻一号）五九頁以下等々参照。

（2）中田薫『法制史論集』第三巻一五六頁以下。なおこの一代限の原則は、明治五年七月廃止せられるに至るのである（同上一六〇頁）。

右の如く、保証債務一代限の原則は、当時の動かすべからざる原則であったのであるが、ここに保証債務相続制の存在を示すかに見える事例が存するのである。それは家蔵『聞訟秘鑑』下の「金銀借主証人代替之事」の条に見える

是は金銀借主証人共ニ相果悴之代ニ成及出入印形無相違者相続之悴可引請筋ニ付若吟味中本人相果候歟又ハ欠落致し候ハヽ訴状相返し其上証人の悴を相手取相願候ハヽ証文之内異変有之ハ証人引受返済可致と歟文言有之ハ済方之積右文言無之分ハ不及沙汰ニ積吟味詰方相伺候事

なる法例である（同旨の文『公裁尋問集鈔』にも見ゆ――『徳川時代民事慣例集』（『司法資料』一九二号）「動産ノ部」三九頁所出による）。しかし、前記の如き原則が確立されている以上、この資料は如何に読むべきか甚だ疑問となるであろう。よって先年、私は中田博士にこの点につき御教示を仰ぎ、これを了解し得たのである。今中田博士説の要領を拙筆によって紹介するならば、右の法例は『聞訟秘鑑』編者の誤解かあるいは私見であろう、仮令このような例外が認められていたとしても、それは文にあるように（「吟味中本人云々」）本人が生前に起訴されていた場合に関するものではあるまいか。而してそれは、ドイツ古法における、被相続人が生前起訴されあるいは判決されていた場合には、相続人は保証義務を継続しあるいは履行するという制度に類するものではあるまいか。

なおまた別に、あるいは保証債務の相続にあらざるかとの疑いを起こさしむるような記録がある。それは『公事録』所収、貞享五辰三月廿五日の「人拘引遊女奉公」と題する判決録に

（前略）身上不罷成ニ付遊女奉公ニ出シ候由雖申之女子拘引候ニ無紛相聞ニ付五右衛門牢舎申付置候処致牢死候請人浅草田町権三郎ハ致病死付権三郎女房召出シ候へ共盲女ニて其身一命漸送り候躰ニ相見ニ付口入円心方よりおね身代金新吉原庄三郎方へ可相済旨申付ル勿論おね儀ハ実父方へ為相渡候

とあるものである。即ちこれにあっては、保証人の死後、その女房に保証義務が懸けられるという関係であったらしく見えるであろう。ただしかし、この場合女房の義務継承は相続ではなく、元来有せる債務が夫の死亡によって表面に出て来ただけであり、夫生前は夫がこれを代表していたという関係であったとも見られようし、また保証せられた債務関係そのものが不法なるものであり、無効とせられた場合であるが故に、この妻の義務は保証義務ではないというべきであるかもしれない。要するに、これまた保証債務一代限の原則の例外をなすものではなかったのである。

但し、当事者間にて保証債務が相続人にも及ぶ旨を特約することは許されたらしい（中田博士の御教示によればドイツ古法にてもこの

種の特約が行われたという）。即ち左掲の如き証文を見ることが出来るからである。
九州大学法制史研究室所蔵にかかる借家請状にその一例を見出す、長文なれど参考のため全文を出す。なお同種のもの他にあり。

借家請状并引取証文之事

一小川通丸太町上ル上鍛冶町ニ而高嶋屋庄助殿家ニ此度借宅仕候西田屋藤助与申者生国は当地之生ニ而先祖より能存罷在何方よりも御構之ものニ而も無御座筋目等慥成ものニ而我々共親類ニ付家請引取人ニ相立申候尤宗旨は代々門徒宗ニ而寺請状別紙ニ差出申候

一従　御公儀様前々被　仰出御法度は不及申御触書之趣は勿論御改革御趣意之趣急度相守并御町義之作法等聊為相背申間敷候勿論博奕遊之宿人寄等堅仕間敷候若親類たりとも無拠一宿為致候歟又は本人他国等仕候ハヽ相可申候尤右藤助義是迄御上納並御名目会所金銀銭借用判懸リ公事出入其外何之懸リ合等一切無御座候万一此後右躰之義は不及申如何様之六ヶ敷出入懸リ合出来候共本人妻方は勿論同居人たりとも右懸リ合ともニ家受引取人方江引受引取埒明可申候且又宿料之義は毎月晦日限ニ無滞相渡可申候若及不埒候ハヽ家受引取人共より相弁急度相立可申候尤我々共身分品替之義有之候ハヽ其時々相届ヶ可申候事

一御家入用之節は早速宅替為致可申候若及遅滞候ハヽ本人妻子は不及申同居人其外諸道具不残家受引取人方江引取可申候万一本人家出等仕候ハヽ妻子家内之もの諸道具とも不残無異儀引取家明渡可申候其節家受引取人之内他国仕候歟又ハ故障等有之候共是又引受埒明可申事

右之外如何様之六ヶ敷出入懸リ合出来候共
御公儀様江罷出御願申上急度家受引取人共方江引受埒明御町中並家主江少茂御損難相懸ヶ申間敷候尤家受引取人共相果候歟故障有之候ハヽ跡相続人之もの江引受埒明可申候為後日借屋請状依而如件

二条川東法皇寺北門前町
家受人　近江屋治兵衛　印
油小路仏小路下ル
引取人　西田屋藤八　印
借主　西田屋藤助　印

嘉永四年
亥八月

小川通丸太町上ル上鍛冶町
年寄庄助殿
五人組御町中
家主　高嶋屋庄助殿

次の例は明治期のものであるが、幕末の慣例を窺うに足るものであろう。これは九州大学法制史研究室蔵『珍帳込帳』所収の文書である。

（前略）

年賦証文之事

右之金子私共之内伏見屋七六借リ受相違無御座候処……年々約定之通無相違割済可相渡若壱ヶ度ニ而も相滞候ハヽ恩借金之義ニ付七六ニ聊不相拘引受人より弁金仕可相渡勿論本人同様之引受ニ候間身分品替リ仕候共一代之引受ニ而は無之右金子相済候迄引請相違不申約定……

明治三年年十一月

郡山茶町　借用人　伏見屋七六　印

同今井町　引請人　勝田為七郎　印

（以下引請人二名連署）

宮堂村　油屋伊兵衛殿

（3）拙文「徳川時代に於ける債権及び債務の移転」（『法政研究』一巻一号）六二頁。なお分散については前述（第一章第一節附説）参照。

（4）前註所引文六二頁以下。

（5）同上六四頁以下。

（6）同上六五頁。

（7）同上六六頁以下。

第二項　法律上の債務

一定人が法律上当然に負担する債務の中、前項に述べたところは、法律上当然の債務ではあるが、それぞれ相続その他各種の関係が仲介となって移転して来る形の場合のものであるによって、法律上の債務移転と題した訳だが、ここに述べんとするところのものは、その間何らの仲介的事実なく、一定条件を備えた一定人には直ちに債務が発生するという場合である。

さて、その場合を挙ぐると次の如くである。

（一）幕府、領主等より貸附金を借用せる者の一族あるいはその者所属の村は、その弁償債務を法律上当然に負うという原則が存した[1]が、これその一例である。

（二）村役人がその管理するところの年貢（貢租）米を引き負いし場合には、その親類身寄の者あるいはまた村が弁償債務を負うものであった。[2]

（三）ある者の失火によって高札場焼失の場合には、村が原状回復義務を負うものとせられた。これ村の法律上の債務であるであろう。[3]

（四）受託者が縦に受託物を売却あるいは質入などなしたる場合には、その町方五人組あるいは町中は、その売却代金の引渡及び質物受出の義務を負わねばならぬという原則が、少なくとも大坂地方に行われたことが明らかである。[4]

（五）二重書入をなして債権者に損失を蒙らしめた場合、行為者の町内の者が保証の義務を負うという原則の行われた地方もある。[5]

（六）徳川時代、雇傭者また、その被傭者の不法行為が惹起した他人の損害について、法律上当然に賠償義務ありとせられた。[6]

（七）前述の如く、傷害によって療治代支弁義務が発生する場合があるが、この場合親類またその義務ありという原則が行われた。[7]

（八）奉公人の引負金弁納義務は、その親類一般に及ぼされるものであった。[8]

（九）年貢米（貢租米）払い下げの場合、その買入代金を支払わずして、犯行のため所払仰せ付けられ行衛不明となれる者ある場合、その親類に当該代金代償義務が発生するのである。[9]

（十）少なくとも徳川前半時代には借家人の奉公人出入、諸借金買掛り等純私法的契約上の債務、殊に就中金銭債務につき、その家主または店請人等は代償の義務を負わねばならぬという原則が行われた。[10]

（十一）徳川時代、人請契約における請人が逃亡したりあるいは人請義務を履行しない場合には、請人の家主、五人組、店請人、借家人、人宿等をして法律上一定の義務を負わしめた。[11]即ちある場合には請人の義務を分担せしめ、あるいは特に請人に代わってその義務を履行せしめたのである。この場合また法律上の債務の一例というべきであろう。

（十二）訴訟宿における宿泊料及び雑用金の支弁義務者は、原則として勿論訴訟当事者であるが、ある場合には親類、五人組、村等が弁償義務を負わされたのである。[12]

（十三）他人より一定の救助を受けた者は、報酬支払義務を当然に負担するという原則が行われたらしい。今その制度を詳らかになし得ないが、少なくとも海難救助については充分明瞭である。[13]

（十四）遺失者は遺失物拾得者に対し、謝礼提供の義務を当然に負わねばならぬ。

『公事方御定書』下巻「拾ひ物取計之事」に

享保六年極　一拾ひ物之義訴出候ハヽ、三日さらし主出候ハヽ、金子ハ落主と拾ひ候もの江半分宛為取可申候反物之類ニ候ハヽ、不残主江相返拾ひ候者江ハ落し候ものより相応ニ礼為仕可申事(14)

とあるこれである。

さて、以上の中（一）乃至（十二）は殆ど全て（限度において多少異なるものもあるが）、他人（行為者）の債務と同様の債務が法律上発生する場合であるが、しかし前節に述べたように、行為者にしてその行為のために刑罰を科せられる場合は、賠償債務不発生という原則があるのであるから、これらの中でも行為者が刑罰を科せられる場合は、法律上の債務者の債務は他人の債務と同様の債務とはいえない訳で（（三）乃至（六）の場合）、換言すれば彼だけが債務を負うものであったのである。(15)

（1）本書第三編第二節〔本書二一八頁以下〕。

（2）同上第三節〔同二二〇頁以下〕。

（3）同上第四節〔同二二一頁〕。

（4）同上。

（5）同上第六節〔同二二二頁以下〕。

（6）同上第七節〔同二二三頁以下〕。

なお左の令条またその類例である。『享保度法律類寄』（『百万塔』本）一一頁所出の

一渡舟にて溺死のもの有之節不念の船頭は流罪右請負人も品により同罪馬士車引馬車にて人に疵付候ハヽ宰領共流罪右主人へは療治代分限に応じ可為出云々

（7）前註所引第八節〔同二二四頁以下〕。

（8）同上第九節〔同二二五頁以下〕。

（9）同上第十節〔同二二七頁以下〕。

（10）同上第十一節〔同二二八頁以下〕。

（11）同上第十二節〔同二二九頁以下〕。
（12）同上第十三節〔同二三〇頁以下〕。
（13）中田薫『法制史論集』第三巻二七二頁。
（14）『徳川禁令考』後聚第三帙四六四頁。なお同上四六九頁所載文政四年六月の評議書参照。
（15）以上述べたところから、債務が行為者の親族、組合、村その他に発生するという関係は、通常の債務関係については見られないものであったということが分明する（前段註（1）所引の第十四節〔本書二三三頁以下〕参照）が、しかし通常の債務関係につき、特約を以てこの種の関係を設定することはあったらしい。『類例秘録』四巻之八、二十二枚所出の左の如き証文（下総地方の文書）によってこれを知るのである。

借用申証文之事

一金百両也

右は此度入用ニ付当午年より来申年迄三ヶ年之内貴殿方ニ而借用申所実正也但利足之義ハ年壱割之割合を以年々無滞勘定可仕候尤三ヶ年迄返済相成不申候ハヽ我等所持之家屋敷相渡可申候万一之節違変有之候ハヽ諸親類は不及申加印之我等引請急度埒明貴殿江少も御苦労懸申間敷候為念一札仍如件

文政七甲年九月　　証人　勘次郎　印
借主　市郎左衛門　印

市川　油屋治助殿

前書之通相改相違無御座候以上
名主　十蔵　印

なお藩法上の法律上の債務については、殆ど未だ知るところはないが、佐賀藩法上にては、親類に債務発生の場合を「一類懸」と称し、相当整える制度があったらしい。同藩の法例書たる『究筋手数控記録』（佐賀鍋島家別邸内庫所蔵）の如きこの制度を伝えて詳細なるものの如し。

さらに最後に考えておかねばならぬのは、当時被拘束財産は原則として債務者の財産であり、江戸の原則にては、明瞭に妻の持参財産にして妻名義のものは拘束執行の外に置かれる制度であったが、これが大坂地方にてはある時代、妻子の所有物まで執行の客体となったらしいという事実（拙文「徳川時代の特別民事訴訟法」（四）（『国家学会雑誌』四三巻九号）一〇七頁）である。さて、この妻子の所有物まで執行の目的となるという事実は、妻子また夫、親と並んで責任者となるものであるが、然らばこの場合の妻子の責任は、法律上の責任でありまた彼ら法律上の債務を負うものとなるであろう。然りとすれば、本項に挙ぐべき一場合であり、しかも通常の債務関係にも法律上の責任、法律上の債務という関係が見られるということを示す事例となるであろう。しかし、あるいは当時の家族体の財産関係が家族の固有財産を認めてはいるが（中田薫『法制史論集』第一巻六〇四頁）、少なくとも大坂地方にては、外部的には家族の統率者夫とか親とかの所有物視され、かく扱われるものとするならば自ずから問題は別となるであろう。

第四章　責任と債務との区別

緒言

以上、徳川時代における、債務違反に基づく拘束の範囲、実現及びその発生に関しその大要を考察したのであるが、さらに進んで責任と債務との相関関係を考えて見なければならぬ。

かくの如き問題を提出するは、いうまでもなく法学上債務、責任区別説の行われるところからである。即ち従来債務と責任とは同一概念であり、盾の両面に過ぎずと考えられていたのに対し、近世法学上この両者は元来別個の概念であり、二者は区別さるべきものなりとの学説が唱えられ、しかもそれが法制史的考究の結果に依存している事実を知れる我々としては、ここに徳川時代の民事責任考究に当たり、当代の債務と責任とにあっては、この関係如何の問題を等閑に付することは出来ないのである。(1)

ところで、前以て私の到達せる結論を開陳するならば、徳川時代の法制においても、責任と債務とは同一概念ではなく、少なくとも概念的には充分その区別を認識し得られるのである。蓋し、責任なき債務、債務なき責任の存在が確認せられ、且つ債務主体と責任主体とが異なる場合が存在し、また債務内容と責任内容、債務限度と責任限度とがそれぞれ相異なる場合が見出されるからである。以下その事例を列挙して、具体的に私の結論の根拠を明示することにしよう。

(1) 債務、責任分離説成立は、ゲルマニステンの功績に負うところ大である。而してこの学説は、欧州諸国法について実証せられたるもの少なくない。我が学界にてもこの問題を考究せるもの少なくない。その詳細は石坂音四郎「債務と責任」（『改纂民法研究』下巻）、中田薫「独仏中世法ニ於ケル債務ト代当責任トノ区別」（『法学協会雑誌』二九巻一〇乃至一二号）、同博士『法制史論集』第二巻三八三頁参着、加藤正治「債務ト責任」（『破産法研究』第二巻）、平野義太郎『民法に於けるローマ思想とゲルマン思想』の中の第三章第一節、石田文次郎『財産に於ける動的理論』中の「債権の本質と責任」なる条、小野木常「自然債務と訴権」（『法学論叢』四六巻四七巻）、なおその他加藤博士右掲書九頁所出の関係論文及び現行法註解書等々参照。
日支法については、未だ充分纏まった研究は発表されておらない。しかし既に中田博士、仁井田陞氏等により、次の如き論文の中において、その先鞭は着けられている。即ち中田薫『法制史論集』第二巻所収「日本中世の不動産質」、「徳川時代の不動産担保法」、同上第三巻の「板倉氏新式目に就いて」、「我古法に於ける保証及連帯債務」、仁井田氏「唐宋時代に於ける債務の担保」（『史学雑誌』第四二編第一〇号）等。

第一節　責任なき債務

緒言

徳川時代においても、責任の実現は前述（第二章）の如く、原則として官憲的執行であり、官に債務の存在を申し出で、官の受理、判決、而して執行という順序を履まねばならぬものであるから、もし債権にして受理されざる場合には、即ち訴権が認められない場合には、勢い責任の実現不可能であって、結局責任がないに等しい、責任がないということになるのである。

要するに、訴権を以て追求せらるることなき債務は、責任なき債務ということができるのである。しかも徳川時代債務無訴権ということは、当該法律関係の無効という意味ではなく、原則として債務関係そのものの存立には影響なきものであったのであるから[1]、ここに法律上責任なき債務の存在が見られる訳である。

然らば、かくの如き無訴権債務関係の類例如何。以下列挙分説することにしよう。

（1）ここに無訴権といいしは、当時の語では普通「取上なし」というに該るが、「徳川時代の法律に於て一般に「取上無」と云へるは、「裁許不申付」「取上裁許致間敷」若くは「奉行所に而取扱致間敷」の意にして、単に当該法律行為より何等の訴権が発生せざることを意味するに止まり、別に法律行為自身を無効となすの謂にあらず。従て「無取上」き法律行為の債務者が、債権者と合意の上（相対）為したる履行は、法律上完全なる効力を有するものなること、恰も羅馬法に於て訴権なき或種の法律行為より自然義務の発生を認めたる場合に同じ。」（中田薫『法制史論集』第二巻五三五頁）かったのである。

なお『鄙雑俎』（『未刊随筆百種』本）八三頁に

衆人奉レ評品一金銀出入ノ公事御取上ヶ無二御座一事ヲ、天下徳政ト被二仰出一候ト心得、一切借リ方ノ者共大名小名乃至下々ニ至迄返済不レ仕候ニ付、追テ徳政ニテハ無レ之ト被二仰分一ノ様被遊候事、天下ノ御触事、間違ノ儀少モ御座候ヘバ御役人無レ徳ト可レ申哉、自上ノ御恥チト成候事

とあるまた、「取上なし」の性質を明示するものであろう。

また『徳川禁令考』後聚第二帙三二六頁所出寛政九巳年九月の「借金銀相対済御書付并評定所一座申合三奉行江」なる書付によると、無訴権は棄捐（債務関係の消滅）にあらずと明言し、あるいはまたある場合に無訴権を宣告せられた債務の証書の再作成を、なお強制的に当事者に命じているのであるが、また参着すべき事例であろう。

第一項　当然訴権を認められざる債務関係

徳川幕府法上には、一定の条件の完、不完を問題とせず、当初からある種の債務関係には訴権を認めないという制度が存した。その代表的なるものは、仲ヶ間事と称せられる一団の債務関係であるが、勿論これのみに止まらない。以下私の知る類例を挙ぐると次の如くである。

（一）寛文元年丑年閏八月廿七日の町触に

一町中諸商人売買物売掛仕、出入有レ之訴訟ニ罷出候とも、自今以後捌申間敷候間、此旨相守可レ申候、但諸問屋方より売掛申義は格別之事ニ候間、相滞候ハヽ、可二申出一事(1)

とあって、寛文元年普通の商人の売掛代金請求権無訴権の制が布かれたことを知り得る。しかし、少なくとも享寛時代には、一般売掛代金訴権を以て保護せられたのであるから(2)、右は永制とはならなかったこと明らかである。

(二)享保六年までは、田地年季売（買戻約款附売渡）には、寛永二十年来の百姓持高請田畠永代売禁止令を回避する惧ありとして、その訴権を認めなかったのである。(3)

(三)少なくとも元禄十五年以降、実方及び養子または嫁の側から離縁、離婚を申し出でた場合は、「持参金は相対次第可仕」ものとなされて、かくの如き場合の持参金返還請求権は無訴権であったのである。(4)

(四)徳川時代の雇傭契約には、通常雇傭契約を保証すると共に、請人に対し奉公人を保証する人主なる保証人が立つものであり、また単に請人に対して奉公人を保証する下請人なるものが設置せられる場合があるが、もし請人が前取給金を雇傭者に弁償した場合には、その弁償金の補償を人主、下請人に対して法律上請求し得るという制度であったが、この請求は、少なくとも享保四年から同十一年までは、「相対者格別御役所よりハ申付間敷事」となされて、訴権を享有し得なかったのである。(5)

(五)『慶安元年より天和二年迄御法度書留帳』（大坂方の法例書）所出、孫太夫丹波署名の慶安元年子戊四月の法度中に

一しない商之事

右従此已前無裁許之間前廉互証文取替シ無違乱様ニ可申合事

付請取普請並日雇之出入可為同前事(6)

と見えて、少なくとも大坂においては、早くより請負契約、日雇契約（短期雇傭契約）上の債務関係は無訴権という制度が行われたことを知り得るのである。しかし、下って享保六年の当地方の法令に

一日雇賃銀滞訴訟者不取上候事(7)

とあるところから、右の制度は享保時代に至ると、日雇賃銀関係のみに適用することに改定せられたらしく見えるのである。

(六)『於江戸被仰渡候御触書之写』所出、大坂に対する法令に

一茶屋之雑用料理代等之出入不取上候事

右之通来丑（享保六年なるべし）正月より令沙汰候間三郷町中之もの可為致覚語候以上

子（享保五年なるべし）十月三日

一公事宿飯料滞候由訴出候共不取上相対次第申付候事[8]

（七）また大坂にては、寛保三年なる原則が樹てられたのである。しかし文化年代以降は、大坂においても江戸同様に、この種の債務関係といえども訴権を以て保護せられるに至るのである。[9]

（八）所謂仲ヶ間事と総称せられる一団の債務関係は、当然訴権を認められなかったのである。仲ヶ間事無訴権制度は、『公事方御定書』上、即ち寛保二年に確定せられたものであるが、さて仲ヶ間事に属する債権とは、『公事方御定書』にては（一）「連判証文有之諸請負徳用割合請取候定」と呼ばれる多数協同行為者相互間の利益分配上の請求権、（二）無尽金の名を以て呼ばれる頼母子無尽関係上の掛金請求債権と鬮当たり金請求債権の二債権、（三）芝居木戸銭の名を冠せられる観劇諸費用債権の以上三者である。[10]

（九）徳川中葉以降、売掛代金の利息債権は無訴権であったのである。[11]

（十）少なくとも大坂においては、寛政八年三月十五日から十月六日まで、「貸物滞之出入ハ御用日ニ訴訟いたし候とも不取上候」と、暫定的ながら動産賃貸借関係に訴権を認めないという制度が施行せられた。[12]これが江戸方においては、文化二年二月以降、原則として損料貸品返還請求または損料請求に関する訴訟を、裁判所受理せずということになったのである。但し、それが真実当該物品借用の必要からの、営業者以外からの貸借である場合には、その契約期間三日以内のものにつき、その訴権を認めるという定めではあったのである。[13]

なお大坂にては前述の如く、この種制度を既に早く一時的ではあるが施行したのであるが、その後この種制度は復活されなかったらしい。それは、文化十四年正月大坂町人側より、当時悪徳損料貸営業者跳梁に困惑し、右文化二年以降の江戸方の制度と大約同様の制度の実施方を、当局に願い出でている事実[14]があるからである。

（十一）前述の仲ヶ間事の中の芝居木戸銭と、当時法律上同一性質のものと観念せられたものに遊女揚代金があるが、これはその特別な社会政策的事由から、仲ヶ間事に編入しなかったのである。即ちこれには訴権を拒否することはなかったのである。しかし天保の改革に際して、この遊女揚代金をば芝居木戸銭同様の取り扱いをなすに至ったのである。もっともこの改制は、弘化三年になると再び改められ、旧制に復するのである。(15)

要するに、遊女揚代金請求は、天保十四年から弘化三年までの間だけ無訴権であったのである。

なお右は江戸の原則であるが、大坂においては既に早く享保六年

一傾城揚銭滞訴訟者不取上候事(16)

の制度が設けられているのである。この制度のその後の運命については知るところがない。

(十二)『享保律改正規矩』百二十八に次の如き法例が見える、また無訴権の一例たるべし。

一店賃滞候者を店追立家主重而之住宅見届店賃之滞金を相願候は奉公人立替金とハ品違付相対申付

(1)『古事類苑』産業部二、三五五頁。
(2)拙文「徳川時代の特別民事訴訟法」(一)(『国家学会雑誌』四二巻一一号)一五七頁以下。
(3)中田薫『法制史論集』第二巻六〇六頁以下。なお同上第三巻三三二頁参照。
(4)中田薫『徳川時代の文学に見えたる私法』「夫婦財産制」の条。なお前々註所引拙文一五五頁以下参照。
(5)拙文「徳川時代に於ける雇傭法の研究」(三)(『国家学会雑誌』四一巻九号)第四節、特に一一〇頁以下。
(6)本法令の解読については、拙文「判例近世大坂私法一斑」(『中田先生還暦祝賀法制史論集』所収)一〇四頁以下参照。
(7)『諸届願出法式』(大坂法例書)の「訴訟願届ヶ取捌之事」の条所出。
(8)同上。
(9)前段註(2)所引拙文一六四頁以下。
(10)本書第四編。
なおこの第四編は幕府法上の原則に関する記述であるが、少なくとも無尽金については、一般私領にも同様の原則が行われたのではあるまいかと思う(同上第二節註(5)(註(1)の誤記か、本書二五七頁))。
またこの第四編においては、この制度は『公事方御定書』上即ち寛保二年に確定せられたもので、これより以前仲ヶ間事の名目は存するが、寛保二年以降の如くに絶対不受理という原則があったのではなく、証拠分明ならばこれを受理するという制度であったと解するのである。しかし『公裁一件抄』(東北大学図書館蔵『公裁一件』の抄録本)に収録さるる、貞享四年と元禄三年の「仲ヶ間」と題する判例には、必ずしも判然たりという訳ではないが、仲ヶ間事当然不受理の原則が、既にこの時代に行われたかと思わする節がないでもない。

また一方大坂地方においては、既に早く慶安年代からこの制度が行われたのであって（本書第四編第一節註（2）〔本書二五三頁〕）、本制度が『公事方御定書』の創定にかかるものとはいえない。

(11) 前段註（2）所引拙文一五七頁。但し干鰯前金なるものの利息は、天保十四年までなお訴権を以て保護せられたのである（同上一五八頁註63）。

(12)『大阪市史』四上、二四九頁、二六六頁。なお同上三、八九〇頁参照。

(13) 前段註（2）所引拙文一六〇頁。

(14) 前々註所引六六二頁。

(15) 本書第四編第八節〔本書二八〇頁以下〕。

(16) 前段註（7）所引に同じ。

第二項　条件欠缺のために訴権を認められざる債務関係

第一款　当事者条件不備の場合

以下年代を追ってその事例を挙げるように、一定の当事者の間に存する債務関係は訴権を認められなかったのである。

（一）大坂方の法例書『慶安元年より天和二年迄御法度書留帳』所出の承応元年辰ノ八月十八日の法度条々中の

一米屋にても無之者御番衆之米請取さきさきへむさと売付代銀済不申候とて訴状立候共裁許不可有候云々

の如き、この方面の立法としては最も早期のものであるであろう。

（二）承応二年癸巳八月十九日の「御番衆御下番衆下々に売懸の事」の条々中に

買かゝり済し不ㇾ申候とて奉行所へ訴訟仕間敷事右之通毎年申付候へ共弥如ㇾ此町中へ可二相触一者也丹波三郷町中(1)

なる法規が見えるところから、少なくとも大坂地方においては承応前後から、御番衆、御下番衆等に対する売掛債権は無訴権という制度が行われたことを知り得るのである。

（三）寛文三卯年六月に

一町中諸商人在々所々売掛出入有之候ハ、従二江戸一五六里迄之間ハ公事訴訟御取上ゲ御聞可レ被レ下由被レ仰候自レ夫
遠所遠国江売掛仕出入有レ之候共自今已後御取上ゲ被レ成間敷候由被レ仰候間町中商人共此旨相守可レ申事(2)

なる原則が樹てられたのである。即ち江戸商人の売掛金にして、債務者が五六里以上の遠方の者である場合には、これを無訴権とするという制度である。

（四）少なくとも元禄時代から、十七歳以上の男子たらざる者が、雇傭契約の上請人、下請人及び人主即ち保証人たる場合の保証債務については、訴権を認めなかったのである。さらにまた下請人については、奉公人の主人の屋敷内に居住せざる者が下請人たる場合は、無訴権とせられたのである。(3)

なお享保時代来、請人に対する雇傭者の保証義務履行の訴は、請人が逃亡した場合にはこれが提起を許さなかったのである。(4)

（五）正徳二年壬辰十二月の覚に

一家屋鋪を質に入させ候而、用にたて候金銀返済無レ之事
一家屋鋪之普請等請負に仕らせ、作事出来候へども代金返済無レ之事
一知行物成米御切米等を売渡すべき由にて前金を取り、其米をも渡さず、金子をも返済無レ之事
右之類惣じて借金懸りとは違候金銀之事は公儀御沙汰に及ぶべき筋目にては無レ之候、此等之子細老中方其外且又支配方へ相違候はゝ宜しからざる事に候間、返済の次第はいかやうにも相対を以て納得仕らせ、向後は右之類出入評定所并諸奉行所へ訴出候はぬ様可レ被レ仕候由、能々内意可レ被二申達一候以上(5)

と見えるが、これ武士の債務無訴権制の存在を示すものではあるまいか。もっともこれだけでは、あるいは武士は相成るべく訴えざるようとの注意をなせるに止まるかとも思うが、間もなく大坂に布かれた制令を見るならば、なおこれも無訴権の意味を有するものと推定し得ると思うのである。

享保六年改　一武家寺社家伊勢御師山伏願人陰陽師等相手取候金銀出入之訴訟者不取上但シ右之分者町人百姓連判之
証文ニ而も不取上候証文者町人百姓斗連判ニ而武家寺社家等奥印又者致裏印候類も不取上候事(6)

また

享保六年改　一祠党（堂の誤り）金町人名前之致証文預ヶ置滞候由訴出候共右証文ニ祠党《ママ》銀之訳書載有之候ハ、相対次第之旨申渡候事(7)

なる制令これである。

なお前段（二）の場合及びここに述べた場合の如き、武家その他これに準ずる特殊身分具有者に対する債権無訴権（主として金銭債務の場合）の原則は、後世一般的に行われたか否かは疑問で、少なくとも『公事方御定書』時代以降は、一般には行われざるようになったのである。(8)しかし修験についてはなお後世まで、右の原則が行われたのである。(9)

（六）大坂における

享保三戌年改　一借家人入牢申付吟味相済出牢以後入牢内之家賃銀受取度旨家主願出共不取上候事(10)

なる原則は、入牢者の入牢中の家賃債務は訴えられないという原則であるが故に、ここに挙ぐべき一例であろう。

（七）さらに少なくとも大坂に行われたる

享保六丑年改　一親懸り子供分之金銀出入親加判無之分者訴訟不取上候事

享保六丑年改　右同断親加判無之候共外ニ請人有之ハ本人者除置請人江定式之通申付候事(11)

なる制令は、親懸り中の子供の金銭債務については、少なくとも子供そのものを訴うることが出来ないという原則を示すものであろう。債務者（子供）に関する限り、その債権は無訴権といえるであろう。

なおこの制度は、後来次の如くに変化し発展して行くのである。

即ち天明元年来大坂及び堺地方にては、原則として同家人（親懸りのもの、女房、下人、同家人）を、彼が同家人たる間に負った金公事債務（主として利子附無担保金銭債務）につき、訴えることは許されないと定められるに至るのである。

天保十四年以来は、江戸においてもこれに倣い、「同居之者」あるいは奉公人に対する金公事債務（但し売掛金は別）不受理の制を布くに至ったのである。もっともこれらにおいては、厳格にいえばそれが無資力者たる同家人、同居人たる場合にのみこの原則の適用があったので、たとえ同居人たりとも有資力者たる場合は、この原則の適用はならなかったのである。[12]

（八）親その他尊属親及び忌掛かる妻または親類を訴うることは、原則として許されなかった。また奉公人あるいは家来等がその主人を訴うるとも、受理されないのである。この点は既に私は別文において述べたところであるが[13]、今大坂方のこの方面の原則を伝うる令条を掲げて、大坂方にも同様の原則が行われたことを実証しておくことにする。

大坂方の法例書『諸届願出法式』の「訴訟願届ヶ取捌之部」の条に

右同断〇享保六丑年改　一主人江下人預ヶ銀売懸銀出入者相対次第可申付事併相手又者仕形有之ハ訴状可懸吟味事

右同断　一金銀出入忌懸り之内ニ候得者相対次第ニ申付候是又押領之工仕形有之者右同断

但シ縁者者聟舅小舅姉聟伯母聟姪聟迄金銀出入相対次第申付候且又死別離別ニ於而者相対次第申付候事

寛保元酉年改　一相聟金銀出入相対次第ニ申付候是ハ双方之悴共者従弟続ニ候故但シ姉歟妹歟子も無之死別離別已後者他人同然ニ申付候事

寛延元辰年改　一従弟聟江之金銀出入不取上相対次第申渡候事

また

（享保六丑年改）一親類縁者者預ヶ銀証文他人江譲リ受訴出候共取上間敷候事

と見えるこれである。

（九）前掲享保六年の、大坂における武士その他特殊身分具有者に対する債権無訴権の令条（（五））に続いて

同断〇享保六丑年改

一武家寺社伊勢御師願人陰陽師より町人百姓江貸金銀并祠党（堂の誤り）銀者利徳之為ニ可預ヶ事ニ候間山伏之借銀も右同（原脱）断

なる規定が見えるが、文章脱漏するところあるものの如く、文意必ずしも判然しないが、恐らく武家その他特殊階級者の百姓、町人に対する金銭債権無訴権という意味の制規ではあるまいか。

蓋し、同類の特殊身分具有者と思われる修験については、明らかにその百姓、町人に対する債権無訴権の原則が行われ

ているのであるから、[14]また武士のそれについては、後世に至るとこの種制度の存在を肯定するに足る法例が見出し得るのであるから。即ち文化十年十二月十四日の書付、[15]文政八年十月廿一日の評議文[16]等これである。

要するに、徳川時代においては、少なくともある年代、武士その他の特殊身分者の金銭債権無訴権の原則が行われたとは充分いい得るのである。

（十）享保八卯年四月の「質屋古着屋共組合取極被仰付候節之御触」に

一素人ニ而…質物取候者とも質屋名題出シ置候者ハ勿論名代無之者も…此度組合江入可申候若内々ニ而質物等取及出入候而も取上ヶ無之候[17]

（十一）『公事方御定書』時代前後から

家主借金筋に付而は店之ものを不願定

であったのである。[18]

（十二）少なくとも大坂においては寛延三年

一傾城茶立女髪洗女江金銀出入訴訟者不取上候事[19]

なる原則が施行せらるるに至った。

（十三）少なくとも享和頃から、金公事債権の債権者が追放刑詳しくは所払に処せられると、自ずからその債権の訴権が消滅するという原則が行われた。

次に債権者については、彼が闕所を伴わざる刑に処せられた場合は、彼自身を訴えることが出来なくなるのである。

しかしこの場合、直接に証人を訴えることは出来るとせられた。これが天保十四年以降は、条件が加重せられて、証人を訴える場合は、債務者の処刑がその債権に関する犯罪に原因するものでなく別個の犯行によるものたるを要すということになるのである。[20]従って右と反対の場合には、保証人に対しても当該債権は無訴権となるのであった。

（十四）少なくとも大坂においては、少なくとも天明前後から、身躰限処分を受けた者を借金関係のために、その処分直後訴うることは許されなかった。天保十四年以降は、江戸にても同様の制度を採用するに至るのである。[21]

これ一時的訴権停止であるが、なおここに参着すべき一類例であろう。

（十五）最後に、訴権存立の当事者条件として見ておかねばならないのは、債権譲渡（金銭債権）の場合の、当事者に関する制規（債権譲渡に関する法規の現れるのは徳川中葉以降のことであるらしい）である。

当時普通証文譲の名を以て行われた債権譲渡そのものは、法律上何ら制限を受くるところなかったが、譲受債権を訴出ずる場合には、一定の譲渡当事者たることを必要とし、当事者が法定条件に適わざる者たる時は、その出訴を受理しないという原則が行われたのである。換言すれば、譲受債権の出訴には、譲渡当事者が一定の条件を具うる者でなければならなかったのである。故に当事者条件不備のまま、債権者が交替せる債権は、訴権がなくなるということになるのである。

然らば譲渡債権がなお訴権を以て保護さるるためには、如何なる譲渡当事者たることを要したか、如何なる当事者が欠格者たりしか。なおこの当事者条件は、債権の種類によって時代によって相異なるところがあるので、以下また場合を分け、年次を追ってその概要を窺うことにしたい。

（イ）少なくとも安永四年に、吟味中に出奔せる親の債権は、これを譲り受けて出訴するも裁判所受理せずという原則の存在が実証せられるのである。

この原則は、親子間のみならず、広く吟味中出奔せる者の債権は、譲渡しても無訴権という一般原則の一場合であったと推考せられる。

換言すれば、吟味中出奔せる者は、債権譲渡人たる資格を欠くものであったのである。

（ロ）安永六年に、寺院、社人、修験等が百姓、町人から譲り受けた債権中普通の貸金債権と小作料債権だけは受理されたが、少なくとも売掛代金請求権の出訴は不受理という原則が設けられるに至った。

（ハ）翌安永七年には、譲請債権の出訴が取り上げられるには、原則としてその譲渡が親類、縁者間に行われたことを必要とするという制度が施行せらるるに至った。

（ニ）天明八年になると、譲渡債権については、親、兄弟間において譲渡されたものの出訴だけが受理されることと改制せられるに至った。この制度は、少なくとも嘉永前後まで存続したことは確かであるが、その後といえども行われたものと推考せられる。

しかし、この原則については次の如き例外があったのである。

その一は、度懸り公事残金（裁判所が一定日限内の弁済を命ずるところの証文たる、日限証文なる形式で表現された債権にして、当時未だ満足を得ざる残存部分をいう）は、その譲渡が親子兄弟に限らず、主人から召仕に対して行われた場合においても、なおその出訴を認めるという寛政八年の規定である。

その二は、享和二年制定の、所払に処せられた者の債権については、必ずしも親子兄弟に止まらずさらに親類、下人その他由緒ある者等が譲り受けて出訴するも、なおこれを受理するという原則である。

その三は、座頭官金弟子譲については、少なくとも寛政五年から天保十四年までは、その当事者が親子兄弟たることを譲渡債権の出訴条件としなかったことである。

（ホ）以上は一般的制規であるが、ある特殊な債権については、さらに特別規定の支配を受けたのである。

その一は、安永元年以来原則として、大坂町奉行の支配に属する者の間に成立した債権は、大坂町奉行支配外の者に譲渡する時は、これを無訴権とするという場合である。

その二は、座頭が貸し付けた所謂官金について、寛政五年来行われた、座頭が将来その弟子あるいは仲間への譲渡をなすことあるべき旨を証文面に前以て表示してある官金債権については、その譲渡債権の出訴は、必ず座頭たる譲受人によってのみなさるべきであるという原則の場合である。[22]

（1）『日本財政経済史料』三、四六三頁。なお『慶安元年より天和二年迄御法度書留帳』にも同旨文見ゆ。

（2）『古事類苑』産業部二、三五五頁所載。

（3）拙文「徳川時代に於ける雇傭法の研究」（三）（『国家学会雑誌』四一巻九号）九六頁。

（4）同上一〇六頁。

（5）前段註（1）所引一〇四〇頁。

（6）『諸届願出法式』の「訴訟願届ヶ取捌之部」の条下。なお同上に

寛延三年改　一山伏陰陽師江金銀出入は不取上候得共家賃銀ニ而外請人取置受負人を相手取願ハ訴状遣対決可申付事

とある参照。本条によって、それが家賃銀債権であり別に保証人を設置せる場合には、例外としてその債権は無訴権ではない（債務者に対する限りはなお無訴権であるが）という原則であったことが知られる。

（7）同上。詳しくは前段所引享保六年改の条の次次条。

（8）拙文「徳川時代の特別民事訴訟法」特に（二）（『国家学会雑誌』四三巻二号）一三八頁以下。

（9）同上一四一頁。

（10）前段註（7）に同じ。

（11）同上。前段註（7）所掲法条及び本文（十二）参着。また本書第三編第十四節〔本書二三三頁以下〕参照。

（12）前段註（9）所引文一三八頁以下。

なおこの種の制度は、大坂においては天明元年来の制度であると述べたが、少なくともその中で下人に関する場合は、既に早く延享年代から行われたらしいのである。『諸届願出法式』の「訴訟願届ヶ取捌之部」に

延享四年改　一手代下人相手取候金子出入者手代下人身上持候上可願出旨申渡候事

と見えるからである。

（13）前段註（9）所引文一三九頁以下。

なお『律例要鑑』巻之八「譲証文等を以願出候者之事」の条の安永七年の書付に

先達而曽我豊後守懸リニ而武州内藤宿之者より武家江懸貸金出入及出訴証文相糺候所元来武家奉公人中之証文ニ而其後在方人別ニ相成出訴致候義之事実ニ付取上無之候

と見えるが、これまた主人たりし武家に対する債権たるの故を以て、当該債権無訴権との宣告ではあるまいか。

（14）前段註（9）所引に同じ。

（15）同上一四〇頁。

（16）同上。

（17）『徳川禁令考』第五帙四〇三頁以下。

（18）前々註所引一四一頁。

（19）前段註（7）所引に同じ。

（20）前段註（9）所引文一四二頁。

（21）同上一三九頁。

（22）以上債権譲渡に関する記述は、拙文「徳川時代に於ける債権及び債務の移転」（『法政研究』一号一巻）八頁乃至二七頁の摘記である。

債務引受の場合も、同様の制度が存在したのではあるまいかと想像せられるが、この種制度そのものが未だ明らかでないので、何ら記述するところがなかったのである。

第二款　債権額その他の内容条件不備の場合

緒言

徳川法制上は、債権額その他につき各種の条件具備を必要とし、その条件欠缺の場合には、当該債権を無訴権とする制度であったのである。以下分説すると次の如くである。

第一　債権額

徳川時代、債権額につき一定の制規があり、これに違反せる債権額をその内容とする債権は、これを無訴権とするという原則であったのである。

（一）この方面の制規は、金銭債権に関するものがその殆ど全てであるといっていいのであるが、ともかくまず第一に、出訴最低額について見るに、少なくとも享寛時代「金は壱歩銀は拾匁銭は壱貫文以上夫より以下は裏判不出但一紙目安之内有之者右之員数より少ニ而も裏判出之」と、即ち同一訴状面に他の債権と並び記入せられたるものはとにかく、独立の債権としては右の如き額以下なる場合には、これを無訴権とするという制度が行われたのである。[1]

この制度は、将来順次変改されて行くのである。即ちまず何時しか銀は五匁と改まるに至り[2]、また銭は五百文の制が文化十年に制定せられるに至るのである。[3] 次いで文政六年には、同一訴状面の各債権額の総計が右の標準額以上に出ずる場合でも、その各個の額が標準に達せざる場合には、これを不受理とすと改められるのである。[4] さらに天保の改革に際しては、「御府内限之出入并五里内ニ而七日目裏書差遣候場所之もの相手取候出入ハ金壱分銀銭同断以上ハ取上五里外ニ而目安裏判差遣候場所今般定相場金壱両銀六拾匁銭六貫五百文以上ハ取上右以下ハ目安掛ニ為相除可申候」と改制せられるに至った。[5]

以上は江戸に行われたる原則であるが、大坂にては既に早く

享保六年改　一預リ金銀売懸金銀町内者金壱歩已上銀者拾匁已上銭者五貫文已上之分訴訟ハ取上右已下者相対次第申

　　付候⑹

なる原則が行われ、次いで天明五年には

　一町方より在方江掛リ候分銀六拾目以上金壱両以上銭五貫文以上一願人相手方共在方之分銀拾匁以上金壱分以上銭壱
　　貫文以上

の場合だけ受理されるという制度が布かれた⑺のである。なお前述江戸における天保改革の時の改制は、この大坂方の制度の模倣であったのである⑻。

　なお右の如き出訴最低額制は、実際の運用に当たっては多少融通をきかしたものの如くである⑼。

出訴最低額制について、なおここに考究して見ねばならぬ法令がある。それは、『公事方御定書』下巻「家質并船床髪結床書入証文取捌之事」の条の

　従前々之例　一家質金　何ヶ年以前ニ而も金高ニ応し日限済方可申付
　享保五年極　但日限之上滞におゐてハ家質可為相渡日限之内之宿賃も済方可申付候尤年季之内ニ而も宿賃滞三ヶ月過訴出
　　　　候ハヽ、取上可申事⑽

である。

　さて、右法条の但書末段「年季之内ニ而も宿賃滞三ヶ月過訴出候ハヽ、取上可申事」とあるは、滞納後三ヶ月経過して出訴すべしという訳であり、出訴時期を命じたものとも考えられるかもしれないが、しばらくこれは宿賃滞納三ヶ月分以上受理の意と解しておきたい。

　次に、同じく但書の中段の「日限之内之宿賃も済方可申付候」とは、家質金が一定日限内に弁済すべしと判決された以後の家賃（家質設定者はそのまま質入せる自己の家屋に居住し、家質権者に家賃を支払うという制度であったがその家賃である⑾）の弁済を命じたもので、しかもそれは判決後の家質金の利足として徴せしめたものであったのである。そのことは、この『公事方御定書』の法条に関する『科条類典』の記事に、前掲の但書に関する一伺文に「日限之内之宿賃も済方可申付」のところを「日限之内之利足も済方可申付」となし、而してこれに対する懸紙朱書に「但利足と認候者宿賃之儀

ニ而月々宿賃を以利金ニ仕候」とあるによってこれを知り得るのである。[12] さて、この場合また但書末段の如く、三ヶ月分以上出訴受理の制度であったか否か、その点は分明でないのであるが、少なくとも大坂方においては、この場合の家賃また三ヶ月分以上出訴可能の制度であったらしいのである。即ち大坂の布令と推考せらるるものに

一家賃利銀之儀一二ヶ月分者訴訟取上間敷候事三ヶ月滞候ハ、可令沙汰事[13]

とあるもの、その「家賃利銀」は右「日限之内之宿賃」と同一のものと推定し得らるると思うからである。

なお『公事方御定書』上掲条但書末段を、宿賃滞納三ヶ月分以上受理の意味に解せしは、実は右大坂方のものと覚しき法令よりの類推であるのである。

（二）次に出訴最高額について述べると、この方面にあっては最低額の如く数的標準は示されていないが、ある債務については一応出訴最高額の目安が樹てられてあるものがある。

即ちまず第一に挙ぐべき事例は、文化二年以降前述の如く動産賃借権たる損料貸については、損料賃銭債権は三日間の賃銭に限り受理されるという制度である。[14]

第二の例は、水主雇前金は文政五年から文政十三年までの間行われた、三年間の契約金額のみを受理するという制度である。[15]

第三に挙ぐべきは、弘化三年の法令に見える

遊女揚代滞之儀追々多分之貸に相成候分は向後とも只今迄之通奉行所にては不二取扱一候

なる原則である。[16]

さて、以上は基本債権についての制規であるが、利息債権についても出訴額の最高限度があったのである。

即ち当時においても、一定の利息制限法が存在し、制限内のもののみが受理されるという原則であったが、時にこれに超過するところある利息は、法定最高率より遥かに低い利率計算を以て算出した額まで引き下げ、その限度においてこれを受理し（従ってその限度以外の利息は無訴権となるなり）、あるいは利息債権全部を受理しないという制度も行われたのである。

以下少しくこれを詳説すると次の如くである。

当時の利息制限法には二種類あって、一般利息制限法と、札差の旗本御家人に対する債権の利息制限法とに分かれるのである[17]。

一般利息制限法の大要を述べると、まず少なくとも元文元年九月までは年二割の利率が最高率で、二割以上の利息の訴えを提起した場合には、年五分利計算を以て算出した利息の限度においてこれを受理するのである。この制度は、何時頃制定せられたか今判然しないのであるが、少なくとも享保十四年十月以後の制度であることは分明するのである。即ち『享保通鑑』に

一廿八日（享保十四年十月）元禄年中金銀吹替已来、米穀高直候処近年下直ニ相成候、然共借金銀并質物利金者前々之通ニ而諸人致二難儀一候由相聞候、依レ之元禄十五年午年已来借金銀者、向後利金五分以下たるべし、今暮前々之通、借金銀を追越、手形を致直し借用候ハヽ、是又利金同前之事、只今迄元利不二相済一候分者、今度利分減少之不レ及二沙汰一候事、右之趣双方無《ママ》レ之様ニ急度可二相守一、此上返済怠リ候ハヽ、借元より奉行所江可二相届一候、若又右定より利金被レ下においては借り方可二訴出一候事、新規之借金銀者尤相対次第たるべし、猥に高利すべからざる事。[18]

なる令達が見えるからである。

なおこの令達にて、既に早く一定の場合に五分の利息という制限が設けられた訳であるが、これは右に見える通り特殊な場合であり、一般には年二割制を以て利息制限法の嚆矢となすべきであると考える。

さて、元文元年九月以後は年一割半と改められ、且つこれに超過せる利息は寛保元年以降、この最高率一割半まで引き下げて受理されることになったのである。次いで、天保十三年九月年一割二分とさらに改められるのである。而してこの改制の際に、本法施行後この利率に超過せる利息を契約せる場合は、利息債権全部を無訴権とするという制が附加されるに至った。

次に、札差の旗本、御家人に対する債権の利息制限法を述べると、その最高率は享保九年七月には一割半、寛保三年正月二割、延享年中一割五分、寛延二年九月一割八分、寛政元年九月一割二分、天保十三年三月一割と幾多の変遷があるの

である。

（1）拙文「徳川時代の特別民事訴訟法」（二）（『国家学会雑誌』四三巻二号）一四四頁。
（2）同上。
（3）同上においてはこの年代を考え得なかったが、家蔵『目安秘書』六十八条に
　一五百文之分為除候義有之区々ニ付已来四百九拾九文以下は為除五百文より除不申積申合候事右文化十酉年三月六日内寄合ニ而極ル
と見えることにより、その年代を知り得たのである。
（4）前段註（1）所引に同じ。
（5）同上。
（6）『諸届願出法式』の「訴訟願届ヶ取捌之事」の条所出。
（7）前段註（1）所引拙文一四四頁以下。
（8）同上一四五頁。
（9）同上。
（10）『徳川禁令考』後聚第二帙五三五頁。
（11）中田薫『徳川時代の文学に見えたる私法』「家質」の条。
（12）前々註に同じ。
（13）註（6）所引に同じ。
（14）前段註（1）所引拙文（一）（『国家学会雑誌』四二巻一一号）一六〇頁。
（15）前段註（8）所引に同じ。
（16）本書第四編第八節〔本書二八〇頁以下〕。
　『翁草』（『日本随筆大成』本）中巻六五九頁に「過分の金銀を以て貸付る条不届なりとて宝暦の頃長兵衛所払に成ぬ。云々」とある参照。
（17）以下利息制限法に関する記述の大半は、前掲註（1）所引拙文一六四頁以下の要約。
なお同上文一五八頁に述べたるが如く、干鰯前金については日三厘という制度であった。
（18）『未完随筆百種』本三六八頁、なお二〇九頁参照。

第二　契約の目的物

少なくとも元文寛保時代から、書入の物品が寺の本尊、什物、仏具あるいは芝居木戸銭、堂社散銭等である場合には、

書入を伴う債権無訴権であったのである。(1)

（1）拙文「徳川時代の特別民事訴訟法」(二)(『国家学会雑誌』四三巻二号）一三五頁、一三九頁。

第三　契約期間

享保前より不動産質の最長期を拾ヶ年とし、これに超過せる質入を伴う債権は不受理の定めであった。(1)

（1）質地年季十ヶ年の定めは、既に元禄七年の『五人組御定書』に現れているのであるが、中央立法としては享保三年に制定されたものが最初であるであろう（中田薫『法制史論集』第二巻五七一頁註15、同上五三二頁、五三五頁)。
なお元和八年十一月十三日の「京都町中触状」に「借屋かし候ハ、一ヶ月切にかすへし」(『徳川禁令考』第六帙三頁以下）と見えるが、この制限果たして訴権に影響ありしや否や今考え得ない。

第四　契約の目的

物品損料貸の場合、その貸借の目的が金銭貸与の代わりの物品貸与であり（借受人が借受物を入質借金して、これを自用に供する目的を以てする場合)、物品使用の目的に出でたものでない場合には、当該損料貸関係は、文化二年以降裁判所これを受理せずという制度が行われたのである。(1)

（1）拙文「徳川時代の特別民事訴訟法」(一)(『国家学会雑誌』四二巻一一号）一六〇頁。

第五　請人

当時の奉公契約においては、請人の存在がその出訴条件であったのである。(1)

（1）拙文「徳川時代に於ける雇傭法の研究」(三)(『国家学会雑誌』四一巻九号）八六頁。

第六　契約の内容

徳川時代、以上列記の如き条件以外に、さらに一定の条件具備を必要とし、それに適わざる契約をなせる場合は、これを無訴権とすという制度であったのである。今それらを契約の内容と総括して説明することにする。

（一）当時、質入契約中不動産の上に課せらるる年貢諸役を地主に負わしむる契約を頼納と称し、年貢だけを質取主負担し諸役を地主に負わしむる契約を半頼納と称し、質地の半分を直小作（地主が小作する）に付し年貢諸役の全部を地主の負担とするを残地と称したが、これら三種の契約は原則として無効とせられたのであった。しかし、時代によりこれらを無訴権とするに止めたこともあったのである。即ち享保三年頃には、一時的に頼納を無訴権となしたことがあり、また元文五年以前においては、半頼納、残地は無訴権に止まるという制度であったのである。[1]

これを要するに、頼納、半頼納、残地の如き質地契約を伴う債権は、訴権を以て保護されざる時代があったのである。

（二）『慶安元年より天和二年迄御法度書留帳』所出慶安二年丑ノ極月廿一日隼人丹波より三郷惣年寄中に宛てた法度に

一沽券年寄五人組加判雖有之令違背家ヲ不相渡由度々目安差上候条自今以後者銀子ヲ相渡家当座ニ請取其家主ニ不可借置左様之者有之而目安差上候共来寅ノ正月より以後之売券不可有承引事[2]

なる法条が見えるが、これは当時大坂地方にて、買得の家屋をその旧所有主に貸し置く慣習が行われ（恰も家質の場合の質置主質入家屋借用に似たる形で[3]）たが、この種の契約は売買契約そのものを無訴権たらしむるという意味のものではあるまいか。

なおまた大坂の明暦二年正月十一日の法条に、

一当座に家を不請取、後日之訴訟無裁許候へハ、銀子ハ請取、家不相渡者有之而、沽券取候者可致迷惑候条、町人互要用之為ニ候間自今以後ハ沽券次第に可申付事[4]

なるものがあるが、これは右の慶安二年制定の原則の廃止を宣告せるものではあるまいか。

（三）『公事方御定書』の原則によれば、少なくとも所謂「軽キもの」の間に行われた養娘縁組に附随して取り結ばれたところの、将来養娘を遊女奉公に出さないという不作為の給付契約は、「無取上」であったのである。[5]

なお私は別文において、この原則からある契約関係の最も普通な一般的な主たる目的（結果）を排除するような不作為の給付契約は、これを無訴権とするという一般原則が存在したのではあるまいかと憶測を試みておいたが果たして然るか。[6]

（四）当時、利息制限法に定める利率に超過せる利息にして、それが所謂高利即ち年三割以上の場合は、当然高利を伴う契約自体を無効とするという原則であったが[7]、それが高利たらざる場合には、その初め、前述の如く一定の額まで引き下げてこれを受理するという時代もあったのであるが、天保十三年十月以降は、利息債権のみならず基本債権の訴権も認めないという原則が行われることになったのである。[8]

なお同年同月さらに重利契約の場合は、利息債権は勿論、基本債権の出訴をも拒否せられるという制度が設けられるに至ったのである。[9]

（1）中田薫『法制史論集』第二巻五三一頁、五六九頁。
（2）同書所出、慶安四辛卯年十二月廿一日の令条は同一内容のものであるが、これにあっては「家主預ヶ置」との文字を使用す。
（3）中田薫『徳川時代の文学に見えたる私法』「家質」の条。
（4）『大阪市史』三、三五頁、五二頁。
（5）拙文「徳川時代に於ける不作為の給付契約・詫証文・徳政担保文言附証文」（『法政研究』四巻二号）五頁以下。
（6）同上。
（7）拙文「徳川時代の特別民事訴訟法」（二）（『国家学会雑誌』四三巻二号）一六五頁。
（8）同上。
（9）同上。

第三款　形式的条件不備の場合

（一）先に責任の発生を考察するに当たり述べたように（第三章特に第三節附説）、証書の存在ということが、契約に基づく債権一般の出訴条件であったのであるが、証書にしてなおさらに一定の条件を備うることを必要とせられるものがある。

まず、最も厳制を以て規律せられたのは質地証文であったが、これにあっては「(1)質地名所並位反別(2)宛名及年号(3)名主の加判を具載することを必要と」し、この形式の一つでも欠けた場合には違式証文となり、質地関係は無訴権とせられたのである(古くは無効であったが)[(1)]。

次に、金公事を以て保護せらるる債権(主として利子附無担保の金銭債権)を表示する証書にあっては、それがいわゆる証文である場合には、名宛て、年号、日附の記入を必要とし、これなき場合は当該債権は無訴権であったのであり、それが所謂附込帳である場合には、債務者の捺印なき場合はこれを不受理とせられたのである。[(2)]

(二)前段所説の如く、質地においては名主の加判即ち村役人の公正を出訴の一条件としたが、家屋敷売買においても村役人の公正を出訴条件としたのである(第三章第三節第三項)。

また武家之扶持人よりの譲受債権はその者支配の役人へ「相談」をなし、然る後譲り受けたものであることをその出訴条件としたのである。[(3)]これ一種の公正ではあるまいか。いずれにしても、この「相談」は右の如き場合の形式的出訴条件であったのである。

(三)『享保律改正規矩』の百二十八の但書に左の如く見えるが、一種の仮装証文無訴権の制度があった訳である。もっとも、左の如き場合の店賃請求権は無訴権であった(本節第一項)が。

但店賃之滞を預リ証文又ハ売物代金之証文認させ家主江取置店追立候後日ニ至リ重而之住居を見届右証文を以願出候節相手より委細申上其旨右躰之証文ニ極候上ハ無取上相対次第申付ル右不埒之証文判致候ハ手鎖家主ハ品ニ寄過料

(1) 中田薫『法制史論集』第二巻五二九頁、五七二頁以下。
(2) 拙文「徳川時代の特別民事訴訟法」(二)(『国家学会雑誌』四三巻二号)一六一頁以下。
(3) 拙文「徳川時代に於ける債権及び債務の移転」(『法政研究』一号一巻)一〇頁以下。

第四款　出訴期間の制限に抵触せる場合

緒言

徳川時代においても、債権出訴期間制が存在し、その原則に違反せる場合には、即ち法定期間後の出訴はこれを受理せずという定めであったのである。されば出訴期間空過後の債権は、訴権を有せざる債権となるのである。然らば如何なる出訴期間制が行われたか、以下これを略説するであろう。

なお徳川時代の出訴期間制は甚だ不完全であって、各種債権全般に亘る一般原則なく、ある債権について出訴期間を法定するも、多くは一地方に限って施行せられたに止まるのである。そのためにその缺を補う手段として、当時屢々中田博士の所謂相対済令を発布し、ある年度以前の債権は他の条件を具備して出訴するも、裁判所これを受理せずという方法を採用しているのである。

故に徳川時代の出訴期間制は、この相対済令と普通の出訴期間制とを併せ考察して、その一般概要を知ることになるのである。されば以下においてはまず普通の出訴期間制を見、次いで相対済令に及ぶことにする。

第一　出訴期間

制定年序に従って、当時の出訴期間の原則を列記すると次の如くである。

（一）元禄十一年十二月質地田畑預金売懸金等二十年経過後は「不及裁許」との制規が設けられた(1)。

（二）享保三年質入地請戻権につき、「一、質田畑屋敷山林等、拾ヶ年より五ヶ年迄之年季ニ候ハヽ、年季明五ヶ年迄の内訴出候分ハ可致裁許、二年三年之年季ニ候ハヽ、年季明二年三年内ニ訴出候ハヽ、可致裁許、右年過候ハヽ、取上ヶ無之候」との原則が行われた(2)。

その後享保十六亥年十一月六日に「享保元申年ニ年季懸」る質地の場合については一度この制限が撤廃せられたが、さらに元文二年『関八州並伊豆国宛質地御触』を以て再び享保元申年以来年季明けの質地もまた年季明け後十ヶ年内に出訴すべしとの制度が樹てられるに至るのである。[3]

（三）少なくとも安永元年以降大坂地方においては、借金銀売懸等（滞銀）出訴期間十年の制が行われた。この制度は、主として近畿以西の諸国に幕末まで行われたらしい。関東地方にても、所により同様の慣例は行われたらしい。[4] 江戸においては天保十三年に至り、初めて売懸代金十年の制度が行われたのである。[5]

（四）『諸公事取捌記録』の「訴状糺方之部」の「質地不相渡并小作滞出入訴状」の条に

（前略）小作滞一通之儀ハ数年相立願立候而も取上ヶ候例ニ無之候

と見えるが、これまた一種の出訴期間制というべきではあるまいか。

（1）拙文「徳川時代の特別民事訴訟法」（二）（『国家学会雑誌』四三巻二号）一四八頁。
（2）中田薫『法制史論集』第二巻五七〇頁。
（3）同上五九三頁。
（4）拙文「徳川時代に於ける債権及び債務の移転」（『法政研究』一号一巻）二四頁註27、前段註（1）所引一四九頁参照。
（5）前段註（1）所引拙文一四八頁。

第二　相対済令

（一）相対済令の濫觴は、元和八年戌正月の『京都町中可令触知条々』の「去ル元和五年以前之訴訟不レ可二申来一事」である。[1]

（二）寛文元年辛丑閏八月には、「町中諸商人売買物売掛仕出入有レ之訴訟に罷出候共、自今以後は啰申間敷候間、此旨相守可レ申候、但問屋方より売掛申儀は格別之事に候間、相滞候はゝ可二申出一候事」なる売懸代金相対済令が出された。[2]

（三）次に、天和二年十二月二十八日に、預金、売掛金、店賃その他金銀出入等の相対済令が発布された。[3]

（四）次いで、同様相対済令が貞享二年七月十九日に発せられる。[4]

（五）元禄十五年壬午閏八月廿五日には、「去巳年迄之金銀之出入は取上げ無レ之、相対を以埒明候様に被二申渡一、当午正月より之分可有二裁許一候、尤預金、買掛り○売掛代金売物之前金、諸職人、作料手間賃、総て相対之筋にて金銀出入は同前之事」との布令が出されたのである。但し「神社仏閣修復金銀」、「出家之出世金座頭之官金」、「什物金銀祠堂金銀」等は本令の適用を除外されている。(5)

(六) 享保四年己亥十一月十三日には、「借金銀売懸り等之儀は人々相対之上之事に候得者自今は三奉行所にて済口之取扱致間敷候」との布令が下された。この法令は、同十四年己酉四月に、米屋が米買い置きのために借り入れし場合については、本令の適用を排するという新規定を設け、その一部的修正を試みたが、越えて同年十一月には全然この規定を廃止するに至るのである。(6)

以上要するに、借金銀、売懸金等にして享保十四年十一月以前のものは、その訴権を認めないという制度であったのである。

(七) 享保八卯年八月「質地御触直」を以て、「一金銀不致返弁質地をも不相渡及出入ニ候時は、可訴出義勿論ニ候へ共、年久敷義は取上無之候間、享保元申年以前之出入訴出間敷事」なる布令を出し、享保元申年の前年正徳五未年までに年季明たる質地関係については、その訴訟を受理せずという制度が設けられたのである。(7)

(八) 次に寛延二巳年二月の書付に

町方地代店賃の儀、六年以前亥年金銀相対の御触以後、右出入有之候ても、只今迄不二申付一候、然処近頃は町々地借店借別て不埒に相成、家主共難儀仕候由御座候、此儀は元相対の筋とは違ひ、畢竟年貢同前之儀にて、滞候節の為地請店請も取立候儀御座候間、地代店賃滞の儀は裁許仕可レ然哉に奉レ存候、……依レ之奉レ伺候以上六月……御附紙

此儀伺之通向後可レ有二裁許一候(8)

とあるところから、寛保三亥年に「金銀相対」の令が出されたことと、寛延二巳年二月に至り町方地代、店賃について、例外規定が設けらるるに至ったことが知られるのである。

(九) 延享三年三月廿七日に、借金銀、売掛等にして寛保三年十二月までのものの訴訟は、裁判所受理せず、相対にて済ますべしとの令が出された。(9) もっともこれは、右の寛保三年の「金銀相対」の再布達と見らるべきものであり、独立の

新相対済令ではないといわねばなるまい。

（十）寛政元年己酉九月十六日、「去る巳年以来当夏御借米以前迄之」武家に対する札差の貸金の利息債権にして一ヶ月五拾両壱分（壱両の四分一）以上のものは、裁判所受理せずとの申し渡しがあった。(10)

（十一）同年また、札差がその営業資金として借り入れた金銭にして、五ヶ年以前借り入れのものの相対済令、及び五ヶ年以後のものの利息債権の相対済令が出された。(11)

（十二）下って寛政九年九月、「金銀出入……是迄之分裁許に不申付候」との布令が出された。なおこれには例外があった。即ち（一）地代、店賃は本令発布前のものでも、（二）また持参金にあっては持参金債務発生期が本令発布以前であっても、その離婚、離縁が本令発布後であるものならば、共に本令の適用外に置くという定めであったのである。(12)

（十三）天保十四年十二月、旗本、御家人に対する札差の貸金の利息債権を、「当冬御切米渡証文替之節」、全部受理しないことに定められたのである。(13)

（十四）天保十四年十二月、「世上金銀出入……只今迄之分此節を限り裁許不申付」ることとせられた。しかし弘化二年二月に、宮、門跡、寺社の名目金には、本令を適用せずという規定が追加制定せられている。(14)

以上元和元年の令を別として、その他は全部江戸の相対済令であるが、大坂、京都地方等にては如何。先年私は、大坂地方にては相対済令の施行は全然なかったらしいとの説をなしたが、(15)その後触目の史料によって、その謬見たることを知るに至った。

即ち前述の如く大坂においても、安永元年から「滞銀」の出訴期間制が一般原則として行われている（本款第一）のであるから、少なくともこの時代以降については、前説必ずしも不当ではあるまいとは思うのであるが、それより以前にあっては、大坂において相対済令が発布されたことを示すものと考えられる法条があり、また一方少なくとも江戸の一相対済令が大坂にまで及ぼされたことを示すものと思われる法例があるので、前説の改訂を要するのである。

（十五）さて、大坂の法例書たる『諸届願出法式』の「訴訟願届ヶ取捌之部」に見える、享保六丑年の

一摂河両国并町中道場屋敷質物ニ入候出入者定式之通申付候事但シ金銀出入者不取上候事

の但書は、大坂における相対済令と解されると思うのである。蓋し、一般的に金銀出入無訴権のことは存しないから。

（十六）次にまた、大坂の法例書たる『御仕置雑例抜書』三十枚以下に「従江戸被仰下候古借相対之御書出」の標題の下に「覚」として、前段江戸の元禄十五年壬午閏八月廿五日の令達を掲げ、次いで「右御書出之条数御抜出当地御触被成候写二通」の標題の下に、

覚

一金銀出入去巳年迄之分ハ不取上候相対を以て可埒明候当午正月以来之分可令裁許候預金買掛リ売物之前金諸職人作料手間賃等惣而相対之筋にて金銀出入は可為同前候

一神社仏閣修造金銀出家之出世金座頭之官金此分は向後年月之かまひなく可令裁許候以上午九月朔日

なる御触書が収録されているが、これ江戸の元禄十五年の相対済令が、大坂にまで行われたことを示すものであるであろう。

しかし大坂においては引き続き、次の如き令達を以てその例外規定を設けているのである。

即ち同上書三十四枚以下に、「問屋商売江之売懸を巳ノ年以前ニ而も御裁許有之訳」と題して、

覚

一午年以前諸問屋より売懸之儀向後は米問屋より中買へ売渡酒問屋より請売酒屋江売掛候類惣而問やより同品之商売人江売掛之分ハ可申付哉之事

一問屋より売候而も買候もの問屋と同商売ニ而無之候ハヽ、相対可申付哉之事

右之通向後其筋を致吟味申付可然哉と存候ニ付奉伺候以上

十一月

右之趣一座相談之上御老中江相窺候処伺之通申付候様ニと被仰聞候以上

なる法例が収載されていることによってこれを知るのである。もっとも、この例外規定は江戸にも行われたのではあるまいかと、それが「一座」の伺いに対する老中の指令であるところから、あるいは推定し得るかとも思うのである。しかしその具体的証拠を見出し得ないので、ここにはしばらくこれを大坂の特則と解しておくことにする。

なお元禄十五年の相対済令の場合の例から、その他の江戸の相対済令また常に大坂にも行われたのではあるまいかとの疑問も出てくるであろうが、今この問題を決すべき資料を知らない。

以上ともかく、大坂においても、相対済令が行われたことがあるということは疑いのないところである。

（十七）京都においては、前掲の元和元年の相対済令を初めとして、なお次の如き相対済令が見られる。

まず寛文八年十二月六日に、「一当申年以前の公事、訴訟申出間敷候、縦当年之訴訟たりといふ共、牧野佐渡守蒙二才許一裏判被レ出レ之候輩、不レ可二申来一候事」なる相対済令が出されたのである。[16]

（十八）次いで、文化元年九月廿四日に、「明和八年末迄之借金銀は京都町奉行之を受理せず」との令が下されたのである。[17]

（十九）なお文化元年以前に、享保元申年前のものは、相対にて済ますべき旨の令達があったものと考えられるが、その年代は全く不明であるのである。[18]

（1）拙文「徳川時代の特別民事訴訟法」(二)（『国家学会雑誌』四三巻二号）一五〇頁。

（2）同上。

（3）同上一五〇頁以下（天和年間相対済令発布説は中田博士説を拙筆によって表現したものである）。

なおこの中田博士説を紹介せるは、昭和四年であるが、翌五年に刊行された『江戸生活のうらおもて』五九頁以下に、著者三田村鳶魚氏が戸田茂睡の書ける『御当代記』の貞享二年の条の「七月十九日、自今以後金銀出入之訴訟取上可申由、殿中にて被仰渡候、是まへ戌之年大火事（天和二年十一月廿八日）より金銀かし方買がゝり、惣而金銀出入訴訟御取上無之故也、自今以後との事故、戌の年よりさきの手形之儀は御取上なし。」なる記事を引用して、「天和二年の大火から貸借の訴訟を受理しないことにしてあった」との説をなしている。即ち天和二年に相対済令が発布された如く述べてあるのであるが、戸田の記述のみにては、なお天和二年説を充分裏付ける訳にはいかぬであろう。

然るに最近、石井良助博士によって、天和二年十二月二十八日に発布されたことが明らかにされた（「古法制雑考」（十五）―『国家学会雑誌』六二巻二号一〇〇頁以下）。

（4）前註所引石井氏文同頁以下。

（5）前段註（1）所引拙文一五二頁。

（6）同上一五二頁以下。十一月十三日の日附は『両替年代記』原編一四七頁の記載によって補う。

(7) 中田薫『法制史論集』第二巻五七七頁。
(8)『聞伝叢書』(『日本経済大典』本) 巻四、五七〇頁所載。
(9) 前段註 (1) 所引拙文一五三頁。
(10) 同上。
(11) 同上。
(12) 同上一五四頁。
(13) 同上。
(14) 同上。
(15) 同上一五九頁。
(16) 同上。
(17) 同上。
(18) 同上。

なお今その詳細は明らかでないが、藩においても相対済令が出された例がある。例えば『尾藩地方根居』(『近世地方経済史料』第八巻所収) 二八頁に、尾藩の相対済令が見えている。

さらに萩藩法書たる『諸書付』(その凡例によると明治初期編纂の如くに見える、山口県立図書館蔵) 三「従大公儀御書付事」条々中に

同〇享保十四年

一金銀出入之義奉行所ニ於テ不取上段申触置候処金銀通用相滞候ニ付如前々取上ヶ候事

とあるが、これは幕府の相対済令が藩にも及んだことを示すか、あるいは参考として藩当局に示されしものか、ついて考うべき資料を知らないが、参考までにここに附記することにする。

第二節　債務なき責任

緒言

本編謂う責任は、債務違反に原因する拘束であるが故に、債務の存在しない責任ということは概念的には意味をなさな

いのであるが、未だ債務関係の成立しない前に、将来債務関係の発生、成立を予定して責任関係（責任を負うべき素地）を設定することは、概念としても何ら成り立たないことではなかるべく、また事実あり得べき関係であるであろう。然らば、徳川時代債務なき責任があったかどうか。本節は、この点に関する考究を目的とするものである。

第一項　根抵当

『日本商事慣例類集』は、東京日本橋区において

各自融通上の都合を以て地所建物株券等の如きを根抵当と称し金高を定めず金主に差入置金円入用の際直ちに借受支用するの約をなすもの(1)

があったと伝えているが、この根抵当とは将来の債務の担保である。

また『大阪市史』が「大坂昔時両替証書文案」の題下に、「根抵当付置証文」、「根抵当預置証文」なるものを出しているが、その後者に

（前略）其許所持之家屋敷今度両替通取引振過為引当質物証文にて慥請取預リ置候云々(2)

と見えるところから、大坂における根抵当なるものもまた、「両替通取引振過」によって生ずべき将来債務の担保であったのである。

明治以降にも、根抵当なる慣行が勿論行われているのであるが、明治三十五年一月二十七日の大審院判決文に根抵当とは

吾国従来ノ慣用語ニテ後日借受クベキ金銭上ノ債務ノ弁済ヲ担保スル為メ貸借ニ先チテ予メ抵当ヲ差入ル行為

を指すものであるとあるが(3)、これまた旧時の根抵当の本質を知る上に参考すべき文章であるであろう。

これを要するに、少なくとも幕末時代には、江戸、大坂等にて、将来債務の担保たる根抵当が行われたのであるが、然らばこの種の担保関係は責任を発生するや否や。

先にいうように、今日の抵当即ち無占有質に当たる当時の書入は、裁判上の効力なく書入には責任が発生しなかったのである（第一章第二節第一項第二項）が、この根抵当は書入か質入（占有質）か、この点を究明することによってこの問題は解決されるで

あろう。

さて、前示の『商事慣例類集』の文は、「地所建物株券等の如きを……金主に差入置」となっているが、これだけでは占有質か無占有質か未だ判然しない。

次の大坂の根抵当証文案によると、まず根抵当付置証文には

（前略）別紙引当証文を以御勝手御取立可被成候……万一右根高（抵当高なり）にて不足仕候はゝ別段銀子を以元利無滞皆済可仕候云々(4)

とあり、また根抵当預証文には

（前略）取引不足銀相滞候はゝ右質物にて致勘定残銀渡可申候云々(5)

とあって、その質関係の本質は価格質であり、徳川時代の占有質が一般的に帰属質である（第一章第二節第一項）のとその本質を異にしているので、あるいは典型的な占有質ではなかったかとも思われるが、その証文面になお「家屋敷質物に差入置」(6)あるいは「為引当質物証文にて慥請取預リ置候」(7)など見えるのであるから、まず占有質と見られるであろう。かく考えて来ると、先の『日本商事慣例類集』所出文の「差入」もまた、占有の移転を意味するものではなかったか。

以上甚だ根拠不十分であるが、徳川時代の根抵当は占有質であったと一応解しておくことにしよう。この見解にして誤りなしとするならば、根抵当また責任を発生するものであるということになるのである。

さて、右の如くとするならば、根抵当の設定は、未だ債務なきに責任関係を設定することとなり、ここに債務なき責任が現出することになるのである。

なおかくの如き性質の根抵当関係の沿革については、史料欠乏のため全く不分明であるが、正徳五年の所謂『通商新例』中に

一商売未始之前ニ質荷物出し置法可准先例之事
　附質荷物定之銀高之内之荷物可為事(8)

と見えるものまた根抵当を意味するものであるならば、既に正徳前からその慣行が存したことになるのであるが、果たし

て然るか今拠るべきところがないのである。

（1）三五八頁。
なお根抵当については、小早川欣吾『日本担保法史序説』八〇四頁以下参着。
（2）五、五五二頁。
（3）平野義太郎『民法に於けるローマ思想とゲルマン思想』二一四頁。
（4）前々註に同じ。
（5）同上。
（6）同上。
（7）同上。
（8）『徳川禁令考』第六帙六四七頁。

第二項　敷金

徳川時代、敷金なる語の意味するところ常に必ずしも同一ではないが、普通には、将来の損害を補塡するがために、予め提供しておく保証金を意味したのである。[1]
この普通の意味に於ける敷金は、未発生債務の担保のために提供しおくものであるが故に、ここにまた債務なき責任（敷金の提供を禁止せる法例もなく、またこれを不受理とせる例もないので、法律上有効なるものであり、十分責任が発生するものと解す）の一例を見出すであろう。[2]

（1）中田薫『法制史論集』第二巻八四八頁。
（2）第一章第二節第二款参照。
敷金は将来の損害賠償債務の担保のために提供しおくのが普通であったらしいが、また将来の普通債務の履行に充当する意味で提供する場合もあるのである。例えば借家関係における敷金の如き、将来の借賃債務の担保のために提供せられていること、次段掲出証文についてこれを知り得るであろう。

序でを以て敷金証文数例を紹介しておくことにしたい。

まず家蔵（博多古門戸町米屋善次旧蔵）の一例を掲げると

家屋敷借用証文之事

一貴殿家屋敷当申正月より子十二月迄五ヶ年之間借用仕候処無《ママ》御座候尤家賃して《ママ》壱ヶ月壱〆六百文宛月々相納可申候自然不納仕候節ハ敷銀之内より御差引可被成候為念左之請人相立候上ハ毛頭相違無御座候仍而如件

一正金八両ハ　　敷銀として差入候

安政二年卯正月

綿屋　吉四郎　印

請人　肥後屋

長蔵　印

米屋

善次殿

次に江戸本郷の髪結場所出床貸渡の際の敷金請取証（家蔵）を出すと、

覚

一金拾弐両也

右者兼房町髪結場所不残并ニ東之方出床壱ヶ所預ヶ置支配為致候ニ付為敷金ト書面之金子慥ニ預リ置申候以上

安政四巳年　　兼房町源助後見

四郎兵衛　印

佐吉殿

なお嘉永四年版『洗場手引草』収録の左の文案、また同様のものであろう。

湯屋預リ申証文之事

一此誰与申者従生国能存慥成者ニ付我等受人ニ罷立貴殿御所持之何町何丁目家主誰支配所ニ有之候（男女両風呂女男一ト風呂）湯屋建家并商売附諸道具一式別紙帳面之通預リ渡世為致候処実正也尤湯屋上リ高之内ニ而地代奉公人給金其外諸入用并金壱両迄之小普請修復預リ人方ニ而為致可申候且湯屋家作揚ヶ金として壱ヶ月金何両何分づゝ毎月晦日ニ急度差上可申候若シ又壱ヶ月ニ而も相滞候ハヽ受人方より差上可申候敷金として金何拾両御預ヶ申置候向後貴殿御勝手ニ付湯屋余人江御預ヶ被成候節は何時成共早速明ヶ渡シ尤商売附道具諸帳面不残取揃御渡シ可申候其節敷金無相違御返シ可被下候且又我等勝手ニ付造作致シ候分取崩シ聊難渋之儀申間敷候

一御公儀様御法度之儀は不及申諸御触事堅為相守並町法為相背申間敷候火之元之儀昼夜共別而入念大切ニ為致可申候事

一宗旨之儀は代々何宗ニ而何町何時旦那ニ紛無御座候則寺手形受人方江取置候間入用之節は何時ニ而も差出可申候
惣而此者儀ニ付何様之六ヶ敷出入等致出来候共我等引請急度埒明ヶ貴殿江少茂御苦労相掛申間敷候事
右之通預リ渡世為致候上は不寄何事ニ貴殿御差図為相背申間敷候為後日湯屋預リ申証文仍而如件

年号月日　　何屋誰店
受人誰
人主誰

誰殿

湯屋敷金預リ申金子之事

一金何拾両也　但文字金也

右之金子預リ置候処実正也向後ニ至リ仮令湯屋預リ候節は書面之金子無相違相渡シ可申候為後日敷金預リ証文仍而如件

年号月日　　何町誰地借　誰

誰殿

次に、これは明治に入ってからのものではあるが、明治二年十二月廿八日の「入置申一札之事」なる証文に（『大審院民事判決録』（自明治十一年十一月至明治十一年十二月）第弐百拾九号判決文中に本文乙第一号証として引用）、「（前略）一間口……奥行……此敷金……右者吉田町地内八町縄手ニテ町並地ニイタシ引請候内前書坪之地所貴殿エ貸渡申候処実正也之ニ依テ身元金トシテ書面之金子慥ニ預リ置申候尤我等方へ御上納迄ノ分壱坪ニ付銀三匁宛地代毎月無遅滞御納可被成候自然御田地ニ相成候哉又ハ御用地ニ相成候節ハ右金相返シ可申候云々」とあって、借地敷金を一に身元金と称したことが知られる。

右は将来債務の担保のために提供せる金銭を身元金と称した訳であるが、天保九戌年九月廿一日の「武家江掛預金身元金出入裁許申付方之儀ニ付相談書」に

（前略）且拝領町屋敷家守又ハ飯米春入諸請負之者共差出置候身元金等可差戻分相滞願出云々

と見える（『徳川禁令考』後聚第二帙四五〇頁、なお同上四七八頁にいう敷銀出入の敷銀また同義のものならん）、この身元金なおまた将来債務の担保のための身元金ではあるまいか。

左の如きものは、同じ敷金証文ではあるが、以上のものとはややその性質を異にせるかの観がある。即ち「預リ申敷金証文ノ事　一金百両…右者当酉年ヨリ亥年マテ十五箇年ノ内旦那見附御番所仰蒙ラレ候節右御番所抱人賄共一家請負ノ儀其元へ何ヶ度ニテモ申付へク候之ニ依テ敷金トシテ書面ノ金子相納メラレ則チ封印ノ儘慥カニ預リ置申ス処実正也右十五箇年ノ間如何様ノ大変アリ候トモ脇合へ急度申付間敷候滞リナク十五箇年相勤メラレ候上ハ急度差戻申スヘク候後日ノ為メ敷金預リ証文仍テ件ノ如シ　安永六丁酉年九月小笠原飛騨守内宇野半左衛門印…近江屋十左衛門殿（後略）」（『大審院民事判決録』（自明治九年一月至明治九年十二月）第二十五号判決文中に引用）、また「（前略）為敷金書面ノ金子被相納慥ニ預置申候処実正也然ル上ハ年限ノ内脇ノ者へ用向申付間敷候自然請負人金高高直又ハ勤番中

抱入不埒之儀有之歟賄方亀末ノ儀モ有之候節ハ右敷金指戻シ候上用向脇ノ者へ可申候云々　寛政三年十月（後略）」（同上第五号裁判申渡書中に引用）。

しかしこの二例の敷金といえどもなお、家蔵『目安秘書』五十八号記事「鋪金出入差出方之儀評議」の条下に

一体敷金之義は普請附日或は春入其外都而請負事引請候節約定之通相違致間敷旨取極差出候金子ニ而右請負事相済候上は其儘差戻へき金子ニ付用立金与は訳違受取候方ニ而も可遣払義ニ無之然ル上は預金も同様之趣意ニ有之云々

と見える所から、将来の損害の塡補のために提供されたものであるであろう。

なお持参金を関西地方にて敷金と称したこと（前々註所引中田博士文、同博士『徳川時代の文学に見えたる私法』「夫婦財産制」の条）があるが、今大坂方徳川前半期におけるこの方面の法条を知り得たので、さらに序でを以てここに紹介しておきたい。

『慶安元年より天和二年迄御法度書留帳』収録「跡式之事」の「追加」に

一母相果候跡男子無之女子有之者敷銀衣類等舅構不可有之事

一同女子無之男子有之時者母衣類道具舅方へ戻之敷銀ハ可為其子進退事

一同不依男子女子其跡取無程其子幼少にして相果遺言毛無之ものハ男女共ニ敷銀舅方へ不可戻一度母之譲ニ請之上者其子可為心次第事ニ候条子之方へ近き父可取之但女子者母衣類道具以下舅方へ可戻之事

一子無之妻女令死去時夫婦之間過十ヶ年ハ敷銀不戻但聟常々舅ニ対シ致無沙汰舅申分於有之者可為各別事

（この間三ヶ条跡式に関する法条あり）

一女房敷金持来其夫無程相果候時男子にても女子ニても有之者其家ヲ女房令支配に無之女房ハ親之所へ戻家者夫之父母於令進退者敷銀嫁方へ可返事

一女房離別之者敷銀並女之衣類道具無異議可戻之令難渋は可為非分事

右慶安二年丑ノ十二月廿一日之日附ニ而三郷之年寄へ申渡此書物会所ニ張付雖有之にて訴詔《ママ》状指上候者有之ニ付重而条数之内少々書加三郷之年寄召寄此趣（を公布したのである）

承応三年午ノ二月廿一日　　隼人
丹波

また大坂方の法例書『諸届願出方式』の「訴訟願届ヶ取捌之部」に

右同断〇享保六丑年改

一妻女敷銀ニ出入不備之時者定式之通訴状遣候死別ニ候ハヽ相対次第可申付事

最後に当時の敷金については、前々註所引中田博士文に詳細であるが、前掲『御法度書留帳』に

一蔵本之米買三分一程敷銀後其銀子ニ利足ヲ加順々ニ手形を売渡……

午ノ〇承応三年三月廿三日

また前掲『諸届願出方式』同上条に

右同断〇享保五年改

一座頭敷銀之類并座頭江借金銀之訴詔者定式之通訴状遣候事

等参考、なお入札の敷金については、『民間省要』（『日本経済大典』本）上編巻之三、八八頁以下参照。

第三項　保証

徳川時代、債権担保契約たる保証契約によって生ずる法律関係は、単に責任のみではなくして、保証人自身債権者より請求せらるる自己独自の債務を負うものであること前述の如くである（第三章第二節）が、かくの如き性質の保証関係には、債務なき責任（責任を負うべき素地）という関係を見ることが出来るか否か。

当時の保証関係また、勿論本源債務（今日の所謂主たる債務）担保の目的を以て設定せられるものであったのであるが、その保証の内容は次にいう如く、主たる債務の内容とは必ずしも同一ではないのである。しかし右いうように、保証人は自己独自の債務を負うものであり、その債務違反に基づいて拘束を受ける責任を負うという性質なのであるから、保証人の責任と主たる債務とを照合関連せしめて、債務と責任との関係を考えることは意味のないことであるのである。よって一応、保証関係には債務なき責任関係を見出し得ないといわねばならないのである。

しかし保証の本質から、なおそこに債務なき責任的元素を充分認めることが出来ると思われるのである。然りとせば、債務なき責任という概念を考うるについて、当時の保証関係は逸すべからざる法律事実というべきであろう。以下これを細論するであろう。

まず初めに、当時の、各種保証義務の内容を見ておかねばならぬ。

（一）借金銀の請人所謂金請人の保証義務は、まず原則として主たる債務を代償することである。債務不履行に原因する損害の賠償については、前述の如く、成法上の原則としては分明ではないが、慣習上は賠償義務が発生するものであったのである（第三章第四節第一項）から、保証人また賠償義務をもその義務内容としたものであろう。

(二) 売買証書に加判せる請人は、売主と連帯的に、埒明義務即ち追奪担保義務を負うものであったのである。
(三) 雇傭契約の請人所謂人請人は、(一) 奉公人が逃亡及び引負をなした場合にはその前取給金を代償する義務を負い、(二) 欠落せる奉公人あるいは取逃または引負をなして逃亡せる奉公人を、法定期間内に尋ね出して雇傭者に引き渡す義務を負い、(三) 雇傭者に対して奉公人が取り逃した品を返還し引負金を弁償する義務を負い、(四) さらに特約によって、奉公人が長煩いその他の事由で不時に暇を取った場合には、前取給金を弁償するか代人を差し出す義務を負い、また将来に対し引負当人の家業構及び住居構を保証し、さらに「如何様之六ヶ敷出入等出来候共…少も御苦労相懸ヶ申間敷」義務(損害賠償義務も含むなるべし)を負うものであったのである(請人と並んで人主なる保証人が設置せられる場合あるが、人主の義務も大約請人のそれに等しい)。
(四) 地借、店借の請人所謂、地請人、店請人の義務は、(一) 地代、店賃滞の場合における弁償義務、(二) 地主、家主の請求に応じて地借人、店借人をして地所あるいは家屋を明け渡さしめ、場合によってはその家族、諸道具を「引取」る義務、(三) 全て彼らに関する「六ヶ敷出入」の引請(損害賠償を含むなるべし)を主たるものとする。
(五) 今日の貸地、貸屋の差配人に該る家守の請人は、(一) 家守の貸地、貸屋の管理、地代、店賃の徴収、納付、(宿)町役の勤仕を確保する外、(二) 一切の「六ヶ敷」事件の引請義務(損害賠償も含むなるべし)を負うものであった。
(六) 書入の請人は、主たる債務者に代わって自ら書入物を売り払い、以て債権の満足に充てるという補償的給付義務を負うのである。
(七) 質置の請人は、他日質物が盗難品であったことが分明した場合には、質屋に対して、貸附元金を弁償する義務を負うものであったのである。
さて、以上の如き各種請人の義務の中、本源債務と同じからざる内容のものは勿論、本源債務と同じ内容の義務でも、よしそれは前述の如く、保証人独自の義務ではあるが、なお本源債務者の債務違反、不法行為を条件として確定されるものであり、即ち一種の停止条件附義務的本質のものであるというべきであろう。然るに、責任は保証契約によって既に発生しているのであるから、ここに不確定の債務について責任が存するという関係が認識せられるであろう。この種の関係は、いうまでもなく債務なき責任ではないが、債務が確定せざるに、既に責任が発生しているというのであるから、債務なき責任関係に近似するところがあるとなし得るであろう。この関係には、少なくとも債務なき責任的元素が、相当色濃く浮かび出ているということはいい得るであろう(1)。

（1）各種保証関係の内容は、中田薫『法制史論集』第三巻一一八頁以下、併せて拙文「徳川時代に於ける雇傭法の研究」（三）（『国家学会雑誌』四一巻九号）一〇一頁以下、高柳真三「徳川時代の身元保証」（『法律時報』三巻五号）一三頁以下による。なお人主の本質については、特に中田博士同上三一八頁参照。

第三節　債務主体、責任主体異別

緒言

当時の債務違反に基づく責任は、前述の如く財産、財物、身体、その他の人格法益に対する拘束であるが、その被拘束客体は、債務者自身の法益であり、財物責任の場合一定財物を責任の客体と前以て指定しておく場合でも、それは一応の指定であり、責任はなお債務者に及ぶという関係たることを原則としたものであって、責任主体と債務主体とは同一たることを原則としたのである（第一章）。

しかし稀には、債務主体と責任主体とが各々相異なる場合があるのである。

（一）即ち、まず前述の如き、武士が債務者たる場合のその家来拘禁の如き関係は、家来のみが責任者であり武士は何らの拘束を受けないのであるが故に（第一章特にその第三節第一項第二款第二）、ここに責任主体、債務主体異別の一例を見出し得るであろう。

（二）次に質関係、年季売関係等においては、特定の物件のみが拘束を受け、それ以外には債務者には何らの拘束が及ばないというのであるが、これまた責任主体と債務主体が異なる関係というべきであろう。

もっとも、当該特定物が債務者の所有物である限り（かくの如きが最も普通である）、特定物のみが拘束されるとしても、なお債務者の拘束でないという訳にはいかない故に、厳密には債務者以外の者の所有物がこの種の関係に置かれた場合（物上保証的関係）にのみ、責任主体と債務主体異別といい得るのである。

（一）の場合はその必要を見ないが、（二）の場合についてはなお解説を必要とするので、以下項を分けて説明するであろう。

第一項　質

我が国中世の不動産質就中「入質は……純然たる代当責任物、即ち債務に代当する唯一の責任物体なりとす。蓋し債権者は初めより、債権の対価を自己の手中に掌握するが故に、債務の履行を強制するの権利を有せざるのみならず、質物が casus に依て滅失する場合には、債権も亦同時に消滅するが故」であって[1]、要するに中世の不動産占有質においては、責任主体は唯一つ質物あるのみであり、債務者には何らの責任が問われないものであったのであるから、正に責任主体と債務主体とが異なるという関係であったのである。

これを徳川時代について見るに、前述の如く、原則として「質取主は債務不履行の場合に於ては、質入不動産の物質に依て、又物質のみに依て、債権の満足を求むることを得べし。従て質入不動産の価格が質金の価格を超過する場合に於ても、其超過分を質置主に返還することを要せず。又反対に質金の価格に不足する場合に於ても、其不足分を質置主の他の財産に付て求むることを得ざる」もので、所謂物質質、帰属質の本質を有するものであったのではあるが、既に質入不動産の滅失は、最早これによって担保さるる債権の消滅を伴うことがなくなったのである[2]。即ち質入不動産は、純物的責任物たる本質を失うに至ったのである。換言すれば、徳川時代の不動産質関係には、責任主体、債務主体異別の現象を見ることが出来なくなったのである。

しかし、「徳川時代に於ける不動産質の根本概念は、年季売と同様不動産の解除条件附譲渡に外ならずと云」うべきものであり、また少なくとも江戸に行われたる家質の中、天保十三年以前のものは、目的物の解除条件附売渡の性質を帯びるものであるが故に(3)（次項年季売の条参照）、勿論中世のそれの場合の如く判然制度として現れているのではないが、少なくともなお当時の不動産質関係には、責任主体、債務主体異別の観念を汲み取ることは出来はしまいか。

次に、徳川時代の動産質にあっては如何。

徳川時代の動産質は、また一般に帰属質の性質を有するのであるが(4)、さらに板倉氏『新式目』によれば、少なくとも質屋への質入関係においては、「質物が盗難に因て盗まれた確証が挙つたとき、及び」「類火に因て焼亡した場合には質屋はその責に任ずるを要しない、同時に債務は当然消滅するので」あって(5)、この種の動産質はなお純物的代当責任関係であったのである。

質屋を当事者とする動産質については、その後といえどもこの原則が踏襲されているのであるが故に(6)、徳川時代の動産質中少なくとも質屋を当事者とするものには、責任主体と債務主体異別関係が充分に認識し得られるのである。

(1) 中田薫『法制史論集』第二巻三六七頁。
(2) 同上五四二頁、五六二頁以下。
(3) 同上五五一頁以下。
(4) 中田薫『徳川時代の文学に見えたる私法』「動産質」の条。
(5) 同博士『法制史論集』第三巻六六六頁。
(6) 小早川欣吾『日本担保法史序説』五三六頁以下。小早川氏は江戸、大坂、高岡、越前、岡山、豊後、仙台、敦賀地方の同一原則を掲示しているが、ここに八戸藩の同例を紹介して参考に供したい。『八戸藩史料』所出
　　質屋定目之事（享保八年卯七月廿九日）
　一質物取候者……
　　附火事に逢質物焼失候歟盗人に被捕其段紛無之証拠有之候者置人取人可為両損事
これである。

第二項　年季売

徳川時代、年季売は質入と混同され同一視された程[1]、その法律上の本質は解除条件附譲渡ではあるが[2]、債権担保の目的を以てせられる場合が通例と観ぜられるので、その実質は売渡抵当的性質を多分に帯びるのである。

この売渡抵当的本質の側から、当時の年季売関係を見るならば、債務主体は売渡人、責任主体は売渡物ということになるべく、ここに責任主体、債務主体異別の関係を認めることが出来るであろう。

（1）中田薫『法制史論集』第二巻五四五頁以下、六〇六頁以下、八二二頁以下。
（2）前註後段所引に同じ。

第四節　債務内容、責任内容相異

例えば債務者の給付が財産的給付たるに、その債務違反に基づく拘束が非財産的拘束というが如き場合、債務内容と責任内容とが異なるということが出来よう。

然らば、徳川時代債務内容と責任内容との異なる場合はなかったか（財物であれば、それが種類を異にするもそれは同一と見做して説を進める）。

（一）先に述べたように、徳川時代の民事責任は、財産責任、財物責任、身的責任の三種に分かち得るが、財産的給付義務違反の場合に問われる責任は、常に必ずしも財産責任のみではなく、身的責任も問われるのである（第一章）が故に、ここにまず債務内容、責任内容相異例を見出すことが出来るのである。

（二）財物給付義務の担保のために人格法益を質入する場合（同上）の如き、これまたいうまでもなく債務、責任その内容を異にするのである。

(三) 徳川時代においても、不作為給付契約が行われ、少なくとも親権を拘束するような内容でない限り、またある契約関係の最も普通な一般的な主たる目的(結果)を排除するような内容でない限り、また信教の自由を束縛するような内容でない限り、それは法律上有効とせられたらしいのであるが、[1] さてこの不作為給付義務違反の場合如何なる責任が問われたか、今その具体的内容を知り得ないが、事理上その義務と同一内容の責任を問うことは不可能なのであるから、たとえ如何なる責任が問われるにしても、その責任の内容と債務の内容とは常に相異なるものであったのである。

これを要するに、徳川時代、債務内容、責任内容異別の類例必ずしも乏しくはないのである。

(1) 拙文「徳川時代に於ける不作為の給付契約・詫証文・徳政担保文言附証文」(『法政研究』四巻二号) 三頁以下。

第五節　債務限度、責任限度相異

徳川時代、財産的給付義務違反の場合、財産的拘束の限度が給付の限度と等しからざる場合があるのである(責任限度、債務限度異同問題は、理論的には人格法益の給付と、それに原因する身的責任とについても考えられる訳である)。

さて、これは要するに所謂有限責任関係であるが、以下私の知る該当事例を挙ぐると次の如くである。

(一) 元禄十五年壬午閏八月廿八日の令条に「一奉公人引負又は取迯仕候者、請人より給金は急度返済させ、其外取迯弁金は請人方分限有次第弁させ、不足分は主人損失に致させ云々」[1] とある、請人の奉公人取逃金弁償に関する規定は、有限責任制を定めたものであろう。もっともこの法規は、その弁償義務が「分限有次第」即ち請人の財産の限度において発生するという意味のものであり、取逃金全額の弁償義務が発生している場合の責任限度を規定せるものでないとも解されるかとも思うが、今はしばらく前記の如く解しておく。

(二)『公事方御定書』下巻「村方出入ニ付江戸宿雑用並村方割合之事」の条に

同〇寛保三年極公事相又ハ願等之儀ニ付吟味之内江戸宿預ニ成雑用一村に掛リ候儀ハ村高割合可申其身一分之儀は当人より可為出候其もの御仕置ニ成候ハヽ、身躰限ニ可償之(2)

なる規定があるが、この場合の「身躰限」は普通の意味の即ち対財産強制執行としての身躰限ではなく、身躰の有る限りを以て弁償に代える意味と解されるのである。それは、本条の草案と対照して見ると、草案にては「其もの御仕置ニ成候ハヽ、身代限リニいたし不足之分ハ」親類、五人組あるいは時に村中、地主、家主等をしてこれを弁償せしむということになっていたのを、本条の如く改訂成文したのであるから(3)、本条の意味するところは、不足分は債権者の損失となるものであり、債務者の所有財産の限度においてのみ責任を問うというにあったと考えたからである。なおこのことは、債務者「御仕置ニ成候ハヽ、身躰限ニ可償之」なる法文からも肯定し得られるであろう。蓋し、この文は債務者御仕置にならざる場合は有限的でなく通常の責任を負うのであるが、債務者御仕置になれる場合は「身躰限」即ち有限的責任を負うの意と読むべきものであろうから。

果たして然らば、本規定また有限責任を定めたものということが出来よう。

(三) 分散には寛政十二年以降免責的効力が認められるに至ったのであるが(4)、かくの如き効力を有する時代の分散関係には、有限責任的関係を認めることが出来るであろう。

(四) 徳川時代、占有質は帰属質を原則としたこと前述の如くである(第一章第二節)が、この関係にはまた責任内容と債務内容との不一致の場合が見られる訳である。

(五)「徳川時代モトヨリ相続ノ限定承認ナル制ナシ、然レドモコレニ代ルベキ方法ナキニアラズ、ソハ相続人ガ相続後債権者ノ承諾ヲ得テ、分散ヲ行フコトコレ」である(5)。ただしかし、これは元禄年代の述作を通して見た当時の慣例であり、この時代には前述の如く、法律上未だ分散に免責的効力が発生しなかったらしいので、この種の分散が、法律上相続人の相続債務に対する責任を将来に向かって免除せしめる効果を伴うものであったか否かは、にわかに判定し得ないのである。

仮に然りとすれば、この場合の相続人の責任は限定的であったということになるのである。もしそれが寛政十二年以降のこの種の分散ならば、いうまでもなく（前段（三）参照）限定責任的関係であったのである。

（1）拙文「徳川時代に於ける雇傭法の研究」（三）（『国家学会雑誌』四一巻九号）一〇二頁所出。
（2）『徳川禁令考』後聚第二帙九八頁以下。
（3）同上。
（4）拙文「徳川時代の大坂分散法註解」（『国家学会雑誌』四八巻九号）一一一頁以下。第一章第三節附説参照。
（5）中田薫『徳川時代の文学に見えたる私法』「相続」の条。

附説

（一）当時においても、契約証書は前段諸所に例示せるものによって知らるる通り、それが保証人を伴う契約である場合には、普通請状の名を以て呼ばれる保証契約書を以て兼ねしめているのである。別にいうならば、保証契約書は本源契約証書でもあり、従って本源契約の当事者また保証人と連署しているのである。

かくの如き場合といえども、勿論本源契約当事者は本源契約を締結する意味において連署せるものであるが、その連署をなせる証書が本源契約書でもあるにしても、請状即ち保証契約書を以て表面の体裁となせるものであるが故に、本源契約当事者の連署は自己保証的意味も含まれているのではあるまいか。

もしそれが自己保証と見らるべきならば、債務即責任でないために、自己保証によって債務者は責任者となるために請状に連署せるものとの想像が一応なし得まいか。もっとも、当時契約証書は常に必ず請状を以てするというのではないので、かく解することは出来ないであろうが、少なくとも本源契約者の請状連署は自己保証制の痕跡と見ることが出来はしまいか。

果たして然るか、今これを考定すべき遑を有しないが、あるいは債務、責任区別説を考うるについての一考究題目となすべきではあるまいか、全てはこれを後考に譲る。

（二）当時責任は契約（質入契約、保証契約、給付契約）をその発生原因の一つとするが、この契約のみにては責任を問われる素地は完成せず、さらに証書の作成を必要としたのであり、一方証書の作成は原則として契約成立、債務成立の要件ではないと解されるのである（第三章第一節乃至第三節）が、かくの如き事実はまた債務、責任区別説を裏附ける一事例というべきではあるまいか。

結語

以上章を分かって試みた、徳川幕府法上の債務違反に基因する拘束、即ち民事責任の範囲、実現、発生及び債務との関係に関する考察、勿論論証不十分なるものあるべく、あるいはまた過誤を犯すところこれなしとはいい得べからざるべけれども、まず以て当時の責任法一般、責任の本質、の概要大体は窺い得たかと思うので、ひとまずこれを以て打ち切ることとする。

さて、本編結了に当たりて結語を草することになったが、改めていうべき考案もないので、前段所説に関連して、述ぶべくして未だ果たさざる一二の重要案件と思われるものを、ここに記述して結語に代えることにしたい。

（一）まずその一つは、以上各章に述べしところを、近代法を目安にして見た場合その特調如何の問題である。この点は今更架説の要を見ないかも知れないが、一応ここに取り纏めて見ておきたいと思うのである。

さて、その特調の一つは、身的責任制の存在、しかもそれが広く一般的に行われたということである（第一章）。

第二に、徳川責任法は責任の官憲的実現を以て原則としたという点においては、近代法的であるが、なお私的執行契約を許容し責任の私的実現を認めたということは、その古代法的色彩の濃厚なる一面というべく、ここにその一特調を見出し得るのである（第二章）。

第三に、法律的には債務発生、責任発生に要式行為を必要とするという原則は既に存在しなかったが、なおこれらの発生に各種の様式行為が一般慣例として伴われる場合の多かったことは、また以て一特調というべきであろう（第三章）。

第四に、責任負担者の範囲が広範に亘り、血縁団体のみならず一定の地域団体にまでも及ぶ場合があった、ということを特調として挙げねばならぬ（第三章）。

第五の特調は、当時の責任関係には債務、責任区別の概念が、今日のそれに比して、より以上判然認識し得られるということである（もっとも、近代法については、その法律機構上、この区別を認める余地なしとする学説もあるが）（第四章）。

第六には、当時の責任法上、特権階級たる武士に対しては、責任を問わざることを原則としたこと、近代法に比較してまた大なる特調といわねばならぬ。（第一章）

（二）前述の如く、徳川幕府責任法上には、債務の履行に代当せられざる責任、即ち履行の外に問われる特定客体に対する拘束が相当多く存したのであるが、それらは、債務の履行に代当せられる拘束といえども一の制裁ではあるが、より以上に制裁的意味が濃厚であるというべく、しかもその多くは形容からいって当時の刑罰と全く同様のものであったのであるが故に、あるいはこれを以て刑事責任と見てもいいかとさえ思われるのである。少なくとも債務違反に対する所謂民事罰であったとは充分いい得るのである（第一章）。

さて、たとえそれが民事罰であっても、罰である以上少なくとも債務違反を不法と観念し処罰に値する行為（罪）と見做す思想が、少なくともその根底に横たわるものといわねばなるまい。

然らば、債務違反を不法と観じ罪となす思想は、果たして当時においてこれを明認し得るや否や。

家蔵『板倉政要』巻之五「宿賃公事」の条に

家賃を調よ夫迄ハ此車を質ニ可取置迚押へて取ける彼者○家賃滞納者科有る身なれハ□口ニ不及車を渡シ宿所ニ帰云々

また『東湖随筆』に見える大坂堺地方の責任執行に関する記事の中に、被執行者

遂ニ家業ヲ起シ、サキノ貸方へ掛合ヲツケ、……熟談整へバ家ヲモ丸ニ返スナリ、甲某家ニ帰ルコトヲ得レバ、其日ヨリ又モトノ如ク何町ノ何屋ト回復ス、奉行所ニテモ、元ヨリ借金ヲ返スバカリノ罪ユエ、熟談整ヒタル由、乙ヨリ届レバ夫ニテ事済ナリ云々(1)

とあるなど、当時債権違反を科と観念し罪と概念したことを推測せしむるに足るものであろう。

以上の如く端的ではないが、法的淵源についても同傾向の観念を見出すことが少なくない。今数個の類例を挙げて見る

ならば、まず宝暦九年四月十日の触書に

（前略）借金銀返済相滞、……向後奉行所ニ而厳敷取扱、其上にも不埒之輩有レ之候ハ、云々(2)

とあるが如き、また天明七年の「大坂三郷町中触書」において、一定の債務者が名目銀はこれを借用しないという内容の給付契約に違反せる場合、その債務者は

不届之事

であったとなしているが如き(3)いずれもその類例である。

なお藩法上にても、岡山藩の如き寛文九年九月六日の御触状に

町方諸商人買がかりを致し、手前成らずとて先方へ断り、よこにね埒明不申。結局わきにては現銀にて調物仕候もの有之由相聞え候。盗人同前に候間吟味いたし可申付候へ共、云々(4)

と債務違反を盗と観念しているのである。

これを要するに、徳川時代においては、債務違反を不法と考え犯罪と観念する思想の存在を、具体的に認識し得られるのである。

しかし、ここで述べておかねばならぬのは、右の如く当時債務違反を不法と考え犯罪と観念する思想は充分認められるのであるが、債務違反に対する罰を刑罰と全然同視することは、少なくとも当時の法曹の間においては見られなかったらしい、法律的にはなお両者を判然区別してはいたらしいということである。それは既に掲げた法例であるが、文化三寅年の申合書に

一巳年御渡之御書取之内切金三ヶ度も打続不足いたし聊等閑にも取計候類其頭支配同役同列一類之内江申達或ハ家老重キ役儀之もの等呼出叱り之上申付候儀名前書付を以伺候ハ畢竟取計迄之事ニ而御咎等申付候とハ訳違候間一座より申上候ニ不及掛リ一名を以相伺可申事(5)

と見えるが故である（第一章第三節第一項第四款）。

(三) 前段に関連して見ておきたいことは、刑罰責任を負担することによって、その債務履行責任が解消するという制

度が、徳川時代相当一般的に行われていたということである。

これは、今日の語を以てすれば、民事責任と刑事責任との混同であるが、この事実は債務履行責任が刑罰責任を以て代えられるという訳になるであろうから、債務履行責任に刑罰責任的元素が包含されている、ということを物語るものと解し得られはしまいか。果たして然りとすれば、債務違反に対する当時の観念を考うるに当たり、この事実は採って以て参考すべき事項であるであろう。

よって、以下当時の民刑両責任混同の具体例を掲示して、その実際を窺うことにしたい。

（イ）『公事方御定書』の原則によれば、盗品を盗人の手より買い取りし者はたとえ善意であっても、他日所有主のためにこれを追奪されるが、その場合盗人に対してその弁償を求むることは出来なかったのである。[6] これは、盗人の刑罰責任が、その弁償義務履行責任を阻却せしめたものと見るべきであろう。

（ロ）これも『公事方御定書』上の原則であるが、前述の如く、江戸公事宿雑用金は「其身一分之儀ハ当人より可為出候其もの御仕置ニ成候ハ、身躰限ニ可償之」、即ち雑用金債務者が御仕置になった場合には、その債務が有限的になるという原則であった（第四章第五節）が、これは債務者が刑事責任を負うことにより、債務履行責任の一部が消滅し有限的になるのであるから、ここに挙ぐべき類例であるであろう。

（ハ）奉公契約の請人が欠落または「不届」のために処罰された場合は、請人の保証責任は当然消滅したものであったらしい。[7]

（ニ）少なくとも金公事債権（主として利子附無担保金銭債権）においては、少なくとも寛政十二年以降、債務者が闕所あるいは闕所を伴う刑に処せられた場合には、債権が消滅するという原則であったのである。[8]

（ホ）債務者が処罰されしかもそれに闕所が伴わない場合は、債務者に責任を問うことが出来ないという制度が行われたのである。但し保証人に対しては責任を問い得たのであって（次段掲出の天保十年の法例においては、保証人無責任であるが故に、保証人有責の原則は天保十年以後の制度であるらしい）、これまた債権消滅の結果を来すものではなかった。なおかくの如き場合、保証人有責たるためには、債務者の処刑がその債権に関する犯罪に基因せざることを条件とすると

いう原則が、天保十四年以降附加されるに至ったのである。(9)

なおこの場合、ある場合には子もまた責任を問われたのである。

『諸事留鈔』所出の、「書面伺之通伊之助江済方可申付旨被仰渡奉承知候」との添書を付した次の如き天保十年正月の伺書に

（前略）右ハ七年以前巳年十二月中弥之助借主金蔵証人にて金拾両貸遣候処相滞候ニ付去戌九月晦日書面之もの共相手取願出当時御吟味中に御座候処右借主弥之助儀ハ去申十二月廿三日此方御掛候論打壊一件にて敲之上江戸拾里四方追放被仰付候ものニ付右証人金蔵壱人江相掛願出候ては兼て之御評議済も御座候間御取上にハ相成間敷然処右伊之助儀弥之助御仕置相成候後引続家主役をも相勤同人居宅も其儘に住居致し罷在候上ハ親重御仕置被仰付建家家財欠所に相成一旦妻子共致離散追て悴共店持候儀とも事替家財欠所にも不相成住所并家主役をも相続致し居候ものニ付書面之滞金ハ伊之助より返済致し於事実相当可仕哉に奉存候依之伊之助江済方可申付哉差向左様之先例も相見不申候間此段奉伺候以上(10)

とあるが如くである。

（へ）徳川時代、金公事債権の執行前の手続として切金なる分割支払制度が行われたが、この切金弁済命令は、債務者の刑事責任発生によって中断せられるのであるが、(11)この関係またここに挙ぐべき一類例であるであろう。

（ト）「天保十亥年五月諸家々来ニ而借金銀有之もの国元江差遣慎中金主訴出ニ付取計方相談書」に対する筒井伊賀守の挨拶に

御書面之通在所勝手慎被仰付候ハ御咎筋ニ可有之候間自分一己之借財ニ付当人呼出候ハ不相当ニ可有候間以後吟味之不及沙汰旨申渡候方可然尤連印又ハ証人或ハ跡引受候もの有之候分ハ御懸合之通取計候方と存候(12)

とあるが、これは「御咎」を受けた武士たる債務者は「不及吟味」との原則を定めたものであろう。

ところで、当時は武士たる債務者には民事責任なきを原則とした（第一章）のであるから、武士が債務者たる場合には、民刑両責任混同例というものは見出し得ないのであるが、右法例に見える、刑事責任発生によって、その負える債務に関

する「吟味」がなされざることとなるという関係は、民刑両責任混同例を考うるに当たり参着すべき事例ではあるであろう。よって、今ここに参考までにこれを掲示した訳である。

（チ）前述の如く、享保年代以降の大坂方の原則によると、「入牢内之家賃銀受取度旨家主願出候共不取上候事」（第四章第一節第二項第一款）であった。もっとも、入牢は当時原則として刑罰ではなくして、未決拘禁であったのであるから、右を以て厳密には民刑両責任混同例とはなし得ないのであるが、ここに参着すべき事例のひとつではあるであろう。

（リ）前述の如く、『公事方御定書』以来の原則では、傷害及び財物侵害があった場合、常にその被侵害者の損失を加害者をして塡補せしめるというのではなくして、ある特定の限定せられた場合にのみ塡補義務を発生せしめるに止まり、その他の場合においてはたとえ被害者に如何なる損失が生じても、法律はその塡補の手段を構ぜず、ただ加害者に刑罰を科するに止まるというのであった（第三章第四節第一項）が、かくの如く加害行為のありし場合に、賠償責任と刑罰責任との重畳的存在を認めないという原則は、また民刑両責任混同の観念に源を発するものではあるまいか。これは賠償すべき事態が発生せるにもかかわらず、事態を発生せしめし者が刑事責任を問われる場合は、民事責任たる賠償責任は発生しないという関係であるが故に、また以てここに参着すべき一事例であろう。

（ヌ）当時奉公人が取逃のために処刑された場合には、請人の前渡給金及び奉公人取逃品弁納義務は当然に消滅するという原則が行われた[13]が、勿論この関係は債務者の刑事責任がその民事責任を阻却するという関係ではない（前述の如く請人は独自の債務者であるが故に――第三章第二節）。しかし、間接には同一の結果を来すのであるから、また以て民刑両責任混同例を考うるに当たり参考すべき一事例であるであろう。

（四）前述の如く、徳川法制上には責任なき債務の事例が相当多く存するのである（第四章）が、一方において少なくとも金公事債権については、責任の実現即ち拘束の実行を回避せしめんとする為政当局の意図が窺われ、その実行は債務本来の面目にあらずとする思想が存在したのであるが[14]、この事実は、責任なるものは徳川時代における債権なる概念にとって、なおその常素ではあったが要素ではなかったということを、より一層明瞭ならしめるものであろう。

(1)『古事類苑』政治部四、六五三頁以下所出。
(2)同上法律部三、五一九頁所載。
(3)拙文「徳川時代に於ける不作為の給付契約・詫証文・徳政担保文言附証文」(『法政研究』四巻二号)一一頁以下。
(4)『岡山市史』上、一七八頁所掲。
(5)『徳川禁令考』後聚第二帙三九六頁。
(6)中田薫『法制史論集』第三巻一一五頁註1。
(7)拙文「徳川時代に於ける雇傭法の研究」(三)(『国家学会雑誌』四一巻九号)一〇七頁。
(8)拙文「徳川時代の特別民事訴訟法」(二)(『国家学会雑誌』四三巻二号)一四三頁、高柳真三「徳川時代に於ける債務の相続」(一)(『法学』四巻三号)一一頁以下。
(9)同上一四二頁以下。
(10)『徳川時代民事慣例集』(『司法資料』第百九十二号、動産ノ部)八三頁以下所出による。
(11)前段註(8)所引拙文(四)(同上誌四三巻九号)一〇一頁。
(12)『徳川禁令考』後聚第二帙四五二頁。
(13)前段註(7)所引拙文(四)一〇六頁。
(14)前段註(8)所引拙文(四)一一〇頁において既にその大要を紹介したので再説の要はないであろうが、序でを以てこれに関する一法例を掲示して参考に供することとする。

『大阪市史』四上、一五五頁所出寛政五年四月十三日の書付に

一訴訟方も兼而相手方之分限無見斗、利欲ニ拘リ、過分ニ売掛又ハ金銀等貸遣シ候は不作略之儀懇意にて無他事被申掛、無拠貸遣候とも勘弁は可有之義、格別懇意ニ付覚悟有之貸遣候ハヽ、滞候共奉行所江願立候ハ不本意之儀、兼而願立候含を以貸遣シ、当座ヲ凌セ候は、全不仁之仁共可申、甚後患ヲ生シ、剰身代限リ請取、家筋ヲ為致断絶候は、薄情成事ニ候、云々

しかしながら、なお例えば正司考祺の『経済問答秘録』(『日本経済大典』本)二九三頁以下に

(前略)元来貸借厳ニ為ザルハ、時ノ吏人不廉ノ気ヨリ生ズ、故ニ古ノ官名ニハ廉ノ一字ヲ副アル、己レ清廉ノ心有レバ、人ノ不廉ヲ悪ムハ常ナリ、周礼ニ司約質人ト云フ官ヲ建テ、券契ヲ厳ニス、君臣契約誓紙ノ証文モ、借財ノ契券モ、其結信ニ於テハ少シモ易ルコトナシ、其結信ノ券契用ニ立ザル法ヲ立テバ、万機ノ政統テ譎詐ト成テ、人道茲ニ尽ン云々

と(これは結局貸借関係の責任実現要望説でもあろうが故に)見えるように、前段と反対の意見もまた当時存在したのである。

第二編　徳川時代の私的差押契約

前述の如く（第一編第二章第一節第一項）、当時においても責任の私的執行は原則としてこれを許容しなかったのであるが、しかし一方、少なくとも財物に関して私的差押を契約せる事例がかなり多く見受けられる。ここに、この種の契約は右の原則に照らして当然無効なものであったか、あるいはまたこの種の契約は有効にして契約に基づく私的執行は適法であったのであるか、という疑問が生じて来るのである。まずこの問題を考えて見よう。

さて、徳川時代、法外催促をなすべき旨を約することは、明和二年九月廿七日の書付に

（前略）其上借主得心之上之事とは乍申、返金相滞候節ハ法外之催促可致旨証文為認取置……候儀も有之旨、不埒之至ニ候、云々(1)

と見える如く、これを禁止しているのであるが、私的差押契約についてはこの種の令条を見出すことが出来ないのである。

さればといって、積極的に私的差押契約を認容する条項も見当たらないのである。

しかし、少なくとも私的間接強制契約を有効とする原則の存立は、法例を通して認識出来るようである。蓋し寛政五年十二月三日の勘定奉行曲淵甲斐守に提出せる、

一城下江罷越宿申付候様ニ金主共申之自分ニ而旅籠代払不申致逗留罷在金子催促いたし候儀も居催促ニ当リ可申哉

なる伺に対する

城下町方江罷越相対ニ而宿を取罷在時々及催促候儀は江戸并他国等之者ニ候ハヽ、右体にも可致儀居催促と申筋ニは有之間敷且宿申付候様金主共申之旅籠代借方為払候儀も返金延引故之儀ニ付相対次第之事ニ可有之哉云々(2)

なる回答によって知らるる通り、当時債権者が督促のために要した費用、就中少なくとも旅籠代は、当事者間の相対にて債務者支弁となすも不可なしとなしていたのであるが、かくの如く債務者をして旅籠代を支払わしめるということは、結局間接強制となるものというべく、然りとすれば、かくの如き効果を伴う処置を法律上認容することは、当時少なくとも私的間接強制契約（それは、上述のところから、法外催促とならざる強制であることを必要とするが）を有効とする原則が行われたことを示すことになるであろうから。

果たして然りとすれば、私的執行契約もまた当時有効なのではなかったか。

以上私的差押契約の有効無効を決定すべき的確なる資料を知らない。しかし、右の如くこれを禁ずる法例は全然見当たらず、しかもこの種の契約を有効とする原則の存在を類推するに足るべき私的間接強制契約有効の原則を示すものと見らるる法例が見られるのであるから、当時私的執行契約また有効であり、何ら法律上制限を受くるところがなかったものと推定しておきたいと思うのである。

なおここに右の如き推定を裏付けるものと考えらるる資料が存する。それは明治七年三月十二日敦賀県伺に対する、次の如き司法省指令（四月廿七日発）である。

人民ノ財産器械等ヲ没入スルハ政権ニ属シ人民相互ノ約定上ヨリ成ルヘキ事ニ非ス然ルヲ政府ノ許可ヲモ経サル約定ヨリシテ器械財産没入ノ約ヲ為セシハ為ヲ得ヘカラザルノ事ニ付出訴ニ及ヒタル上ハ其約ヲ遂ケシメサル様処分可致事[3]

この指令は、いうまでもなく明治新政府の私的差押契約禁止の意思を表明せるものであるが、明治初期この種の問題に関する伺が提出され、かくの如き指令が発せられたということは、従来私的差押契約を有効とせる原則が存在したためではなかったか。徳川時代私的差押契約を当然無効とせるものならば、敢えてこの種の伺指令の必要を見なかったのではなかろうか。かくの如き推測が許されるとするならば、右の指令はまた、徳川時代の私的差押契約有効説の一支柱となるであろう（もっとも、これは厳格にいえば敦賀藩法のそれに関してのみいわれるところであるが、幕府法のそれを考うる上の一参考ともなり得るであろう）。

徳川時代の私的差押契約慣行は、中田博士の説かれる如く、中世一般に行われた慣行の伝統であると見られるのである。[4]従って、即ち時代の近接という点から、徳川前半期にはなお一般慣行として行われたものと想像せられるのであるが、後世には次第に衰滅の傾向が認められ、必ずしも一般的慣行とはいい得られざる状態と見受けられるのである。[5]

徳川前半期においては、私的差押契約なお一般的慣行なるべしということは、徳川時代刊行の文例書についてもこれを類推することが出来ると思う。例えば家蔵寛文六年版『初学文章并万躾方』に

借用申料足之事

合五拾貫文者

右所借用申実正也加貫別五十文宛利足来秋速可返済申者也若天下一同之徳政雖有之別不申合上者更以不可及其儀万一如此次第令違背致無沙汰者知行分在所之事相当程可被押置候其時不可及一言之子細者也仍借状如件（以下略）

また、既に中田博士の紹介さるる如く、正徳三年版の『至宝用文手形鑑』の中の「借用申銀子之事」なる文案にも

（前略）若於有相違者我等知行田地之分可被押置候云々[6]

等と見えるように、前半期の文案には未だ私的差押文言を見ることが出来るのであるが、これがその後の刊行にかかる文例書について見るに、私の知る限り殆ど全くこの種の文言を見出し得なくなるのである。即ちこの事実は、徳川後半期における、この種契約の衰退を物語る証左となすことが出来るであろう。

しかし後出諸例が明示する如く、この種契約はなお諸地方に行われ、就中少なくとも九州地方においては、幕末否明治時代に入ってまで広く行われていたのである。

さて、これより私的差押契約の実例を掲げて、この種慣行の実状を窺いたいと思うのであるが、これまた中田博士によって既に実例が紹介されているので、以下にはそれに幾分か新例を添加し、これらを年代順に掲出することにする。なお以下掲出に当たっては、既に紹介済のものはその要点のみを、新例はなるべくその全貌に近きものを掲げるという方針を以てするつもりである。

宝暦二年の金子借用状（近江国）に

若シ少ニ而茂遅滞申候ハヽ、如何様共御掛リ取可被成候[7]

同十三年の金子借用状（近江国）に

若万一不沙汰有之候ヘハ我等家財如何様共御懸リ取可被成候[8]

明和元年の例（豊後国日田天領）

証文之事

一私儀此度御当地江罷越候上者早速惣御算用等可仕筈ニ御座候処銀子一向所持不仕候故不相叶候段実正ニ御座候若茂

脇方ニ預ヶ金御座候歟又者不依何代物ニ而茂預ヶ物在之候ハヽ聞召被出次第私江御掛合ニ不及此証文を以御押為取可被成候其節ニ至リ一言之申分ヶ仕間敷候尚乍此上少々之取立候品茂随分致出情《ママ》取立差上候様ニ可仕候間何分ニ茂御了管を以被加御不便被召遣被下候様偏ニ奉願候仍而証文如件

明和元年申ノ十二月

甚右衛門　印

丸屋七兵衛殿（西屋某長崎屋某の奥書あり今略す）(9)

安永四年の例（筑前国）

去ル明和五子年貴殿方へ万兵衛奉公仕致借方候銭元利之内只今迄少シ茂払方不仕不埒之段御理リ申達シ当未ノ暮より酉ノ暮迄三ヶ年賦ニ而相払申分ニ御聞通被下ニ付年賦証文之事

一銭百拾壱匁八分　安永四未暮迄元利

（中略）

右之通三ヶ年賦ニ而御理リ申受候上ハ毎年十二月廿日切少シ茂無延引相払御受取証拠取置可申候若致遅滞候ハヽ万兵衛八十八両人奉公仕ル主人方へ御届ヶ被成給米御押へ可被成候為後日年賦証文如件

安永四年未三月

有田村三郎次　印（以下二名受人一名連署）

井原村又四郎殿(10)

天明二年の例（筑前国）

預リ申銭之事

一銭百三拾三匁　但六拾文銭也

右之銭慥ニ請取借用仕候処実正御座候然上は来ル八月限弐分之利ヲ加へ無滞御返納可仕候若相滞候ハヽ拙者抱之内何品よらず押取御支配可被成下候為後日仍而如件

天明二年
寅正月　　　　　　　　　　川添右内　印
まつ国村　善兵衛殿
（後書略）(11)

寛政九年の例（筑前国）

鉄代銀入用ニ付借用仕ル証文之事
一元六拾文銭百目也
右之銭借用仕慥ニ受取鉄費調細工丈夫ニ仕候処相違無御座候然上ハ右之利分ヲ加ヘ元利共ニ十二月切ニ少茂無延引相払此証文引可申候若少ニ而も相滞申候ハヽ私家屋敷家財之内御望次第御取可被成候其節ニ至リ御理申間敷候仍而証文如件

寛政九年
巳ノ閏七月十二日　　　　　波多江 借主　甚吉　印
井原 受人　清四郎　印
井原村　又四郎殿(12)

寛政十年十二月の借用証文（南部藩）に
若滞リ候はヽ何成共御目にかヽり次第御引請被下度其節一言之子細申間敷(13)

享和元年の例（筑前国）

一銭弐百目ハ　但六拾匁銭也
右之銭慥ニ借用仕候処相違無之候然上ハ返済之儀ハ来正月切無滞元リ相払可申候万一不埒仕候得ハ拙者抱之内何品ニ

よらす右銭ニ相当候程御支配可有之候其節一言之儀申間敷候為後日之仍而証文如件

田中村借主　文右衛門　拇印

享和元酉八月　日

半三郎殿⒁

文化十二年の例（筑前国）

文化十二年亥十二月馬仕替申候処代銭不足仕候ニ付借用仕証文之事

一元米弐俵也　但シ三斗四升入

利月弐歩付

右之米借用仕高代ニ相払申候処相違無御座候然上ハ来子ノ正月切元利共ニ無滞相払可申候若不埒之儀御座候ハヽ拙者所持之品何品ニよらす御取上ヶ可被成候為後日仍而証文如件

文化十二年

借主

十二月廿九日　好右衛〇（原脱）門　印

上町　又四郎殿⒂

文化十三年の例（豊前国）

覚

一正金百両也

右者此度拝借被　仰付難有仕合奉存候右利分を以能装束買入修覆等仕然ル上は十ヶ年相立候右元金急度上納可仕候万一相滞候義も御座候ハヽ私共家屋鋪御取揚ニ相成候而も其節如何様之義も奉申上間鋪候為後日仍而如件

文化十三年　亀屋惣右衛門　印

丙子四月　（以下五名連署）

大西又兵衛殿

浜野良助殿⑯

文政八年十一月廿八日の金子借用証文（駿河国）に

若期月ニ至故障申候ハヽ、私家蔵田畑之内右金子元利丈御取可被成候⑰

文政十年の借家請状（阿波国）に

家賃之儀……若少に而も相滞候はゝ諸道具御押取被成其上不足いたし候はゝ我等方より相弁へ可申候⑱

文政十二年の例（豊後国日田天領）

差入申一札之事

此節御用御差登御銀之内大坂為替上納寿助方江御取組被下候様御相談申入候処大切之御年貢銀之儀ニ付大坂表ニ而若為替銀不渡与申義有之候而は貴殿御役儀ニも相拘候ニ付右体之不束有之候ハヽ、拙者共家屋鋪は勿論家財等迄御差押へ如何様共御勝手次第可被成候大切之御銀為替御取組被下候上は毛頭異変無御座候依之為念一札差入置申候以上

文政十二年

嶋屋　寿助

丑四月

政屋　清左衛門

丸屋幸右エ門殿⑲

文政年度の書入物差押契約証文があるので、次にこれを出す（なおこのほかの年度にも同種のものが見えること、以下所掲の如し）。

文政三年の例（筑前国）

書入証文之事

（前略）

〆田数壱反三畝拾弐歩

右之通書入八拾文銭壱貫目（中略）慥ニ借用仕候処相違無御座候然上者壱ヶ年ニ壱割五分之利銭年々相払来ル未十一月限元銭元ニ無滞返済可仕候万一年限過候歟又ハ利銭不足致候ハ年限之内たり共右書入永代ニ御取可被成候其節此方

へ御届ヶ不及此証文ヲ以村方名寄帳其元ニ御仕替可被成候公儀ハ勿論脇方より少シ茂相障リ無御座候為後日受人相立
役人衆加判証文如件

　文政三年辰　　　借主修多羅村　平次郎　印
　　十二月　　　　受　人　　　源九郎　印
　　　　　　　　　一族受人　　長　平　印

　庄屋
　　太一郎殿（組頭奥書略）[20]

文政十一年の例（筑前国）

　借用仕証文之事

一銀札壱貫目ハ
一金子五両ハ
〆　内
御上納差支ニ付右之通慥請取借用仕ル処相違無御座候万一返弁之義延引ニ相成申候節者不及届ニ何品ニ而も御取上ヶ
可被成候為念村山田吉三郎殿講壱口書入召置候処相違無御座候為後日之借用証文仍而如件

　文政十一年　　　　綿屋　茂　八　印
　　子十二月廿六日

　井筒屋
　　千右衛門殿[21]

天保九年の例（筑前国）

　天保九戌冬急場入用ニ付貴殿方より左之通リ借用仕証文之事

一正金弐両也（壱ヶ年ニ此利壱割八分利）
　代正銭五拾七匁也

右之金子慥ニ借用仕候処相違之儀無御座候然ル上ハ右之元利来亥ノ十二月十五日限リ間違なく反弁可仕候自然其節至リ払不足等仕候節ハ何品ニよらす右相当之程御自由ニ御請取可被成為後日借用証文依而如件

天保九戌ノ十二月　　借シ主当町　半兵衛　印

同所請人　藤右衛門　印

上町　三苫又四郎殿(22)

天保十二年の借金証文（駿河国）に

万一期月ニ至リ元利相滞候得者当村高私所持之田地右元利金高程御引取可被成候(23)

天保十三年の例（筑後国）

拝借仕金子之事

一弐両也　　元正金也

右は当寅秋御物成ニ差支申候ニ付重々御相談申上右之金子慥ニ受取申上候処実正ニ而御座候然上者御返納之儀者当寅九月より来卯九月限リ月弐歩定之利足相加へ元利金御返納可仕候尤為引当私まへニ而五畝拾六歩五畝拾八歩〆壱反三歩之処書入召置申候若万一返納方相滞申候節ハ右書入召置候地方御引揚被成候哉又者請人手前より引揚売払申候哉何れ其節之御差津次第仕候仍而為後日拝借証文一札如件

天保十三寅年　　南横溝村

九月　　借主　弥吉　印

同村受人　八百吉　印

御屋敷様

右之通承届相違無御座候以上

同日　　同村庄屋　茂市　印(24)

弘化二年の例（筑前国）

借用仕ル証文之事

一六銭弐貫目也　但シ利分壱割弐歩

右之通慥ニ借用仕候処相違無御座候然上ハ当午之冬ヨリ来ル戌冬迄五ヶ年ニ年々利分相加エ毎年十一月限リ急度返弁仕可申候今程金操六ヶ敷時分格別之操合ヲ以御貸渡被下尚又折入相談類外之御用捨被成下候上ハ聊タリ共不埒仕申間敷候万一少シニ而モ不埒仕リ候節ハ拙者抱之田地前田井尻上田壱反七畝弐拾歩之処高三石五斗七升之処引当仕申置候間何時モ御自由ニ御引上ヶ直ニ永代証文ニ御用可被成候其節一言モ申間敷候為其受人相立置可申候仍而借用証文如件

弘化二年

午七月　　吉田村借用主　茂　七　印

同村　受　人　千右衛門　印

綿屋藤七殿[25]

嘉永三年の例（筑前国）

年賦証拠之事

代丁銭百九拾貫四百文

右之通慥ニ借用仕候処相違無御座候然上は右金子元利相揃早速御算用可仕筈之処手元甚不操合ニ付無拠元銭十ヶ年賦ニ御相談仕候処御承知被仰付候ニ付当戌十一月限リ拾九貫四拾文無間違納所可仕候残リ分之儀は明後子年より来ル未年迄毎年七月廿五日限リニ八ヶ年之間拾九貫四拾文宛月日之通リ毛頭無相違納所可仕候万一納所之内少シニても不納仕候ハヽ拙者持掛リ之荷物は勿論何品ニて茂右金子ニ相宛候丈御引上可被成候其節ニ至而一言之儀も申間敷候為其請人相立加判仕置候上は毛頭相違無御座候為後年仍而一札如件

嘉永三年

戌四月朔日　　借用主槌屋　幾　吉　印

請人紀伊國屋　善　六　印

万屋安兵衛殿[26]

安政六年の例（豊後国）

借用申小作米証文之事

一米三斗也　　但元米

此代五拾六文銭九拾匁　壱斗ニ付百五拾文ツヽ

右は小作米出来不仕無拠書面之直段相居来ル九月廿日迄借用仕候処実正ニ御座候御払之儀は右日限之通急度御払可仕候尤引当之儀先年之小作出来不申候ニ付拙者東脇之畑引当ニ致借用仕置候ニ付右之畑ニ相加畑地〇小作地たるべし御引上被成候而も其節一言之申分無御座候為後日与合受人添証文進置候処仍而如件

安政六未四月二日

右小作米借用主　政左エ門　印

与合受人　乙右エ門　印

天神宮　氏子中[27]

文久三年の例（筑前国）

拙者抱分櫨畠引当ニ致銭借用仕証文之事

一銀預リ弐両也

〆

右之金銭慥ニ請取借用仕候処実正也然ル処返納之儀ハ右引当之櫨実を以年々相納返済可仕候為念請人相立加判仕差出申候上は毛頭相違無御座候万一不納所致申候ハヽ引当永代ニ御引上ヶ可被成其節一言之否申上間敷候仍証文一札如件

文久三亥十月

若松村　仙明坊　印

受人大城村　久　平　印

万屋　徳右エ門殿

安兵衛殿[28]

元治二年の例（筑前国）

借用証文之事

一正金壱両　但シ

右之金子慥ニ借用仕リ候処相違無御座候然ル上ハ当十一月限リ元利相揃御返納可仕候自然不算仕リ候後ハ拙者抱田畑之内御引上被成御自由可成候為後日一札差出置候上ハ毛頭間違無御座候仍而証文如件

元治二年丑三月　　高木　租?蔵　印

西原藤七殿[29]

慶応三年の例（筑前国）

手形証文之事

一南ヶ浦下々畠弐畝　　高八斗壱合

代銀預五両

右之代金慥ニ借用仕候処相違無御座候然処当卯三月より来ル十二月限リ壱割半ヲ加へ元利壱所ニ返弁可仕候若万一不納仕候節は右之畠永代ニ御引上可被成候其時一言之儀も申上間敷候為念請人相立加判仕候上は毛頭違乱無御座候為後日仍而一札如件

借主　喜七郎　印

請人　藤次郎　印

請人　高?右衛門　印[30]

慶応三年卯三月

村ノ万屋安兵衛殿

慶応四年の例（筑前国）

借用証拠之事

一正金三歩

右之金子慥ニ借用仕リ候処相違無御座候然ル上ハ当十一月限リ元利相揃御算用可仕候万一不埒等仕リ候後ハ私抱田畠之内相当丈御引上被成御自由可被成候為後日一札差出置候上ハ毛頭間違無御座候仍而証拠一札如件

慶応四年辰六月　高木　祖蔵　印

西原藤作殿(31)

なお次の証文（筑前国）も私的差押契約文書であろうか。

借用証文之覚

一正金拾両定九月切ニ而

右者慥ニ借用仕候所無相違御座候然ル上は当奉加差立訖度元リ御替算可申候尤引当之儀は当郡中且家書入置申候万（〇原「専」とある恐らく誤字）一返弁方不埒之節は廻向御差留相成候而も一言次第申間敷候仍而借用証文如件

慶応三卯　求菩提山　福寿坊　印

五月廿七日

修多羅村庄屋　楠野右兵多様(32)

なお参考として、明治初期の例二三掲げて見る。

明治元年の例（豊後国日田天領）

利米相渡申極一札之事

一米弐拾八石也

右之通毎年十二月豊凶ニ不抱訖度御勘定可仕候万一一年ニ而も相滞候儀御座候ハは本紙之田畠御勝手ニ御支配可被下候其節一言之儀申上間敷候依而為後年添一札如件

明治元年　借主　八屋村　柳屋慎吉　印

辰十二月　（受人二名連署）

千原幸右エ門殿

（裏面）

表書之通承届候処相違無御座候為其印形如此御座候以上

同村庄屋　塩田武平太　印㉝

明治三年の例（筑前国）

借用仕証文之事

一正金拾弐両三歩

代札百三拾五貫百五拾文

右ハ馬代銭ニ慥ニ借用仕候処相違無御座候然上ハ当午ノ十一月限リ元利無滞早?米ヲ以御算用可仕候万一不埒仕候節ハ拙者抱田畠之内何レなり共御引上可被成候為後日借用証文仍而一札如件

借主　清五郎

明治三年午四月

西原藤作殿㉞

明治四年の例（筑後国）

借用証文之事

此引当

五反廿歩（中略）

右は就急入用重々御相談仕右高拝借仕候処実正ニ而御座候然上は当未正月より同十二月限リ月壱歩五厘充之利足相加へ元利一同訖度返済可仕候万一及遅滞候は右引当地方御勝手次第御引揚可被成候仍而一札如件

明治四未年

正月

借用主　内田廉太郎　印

受　人　内田道太郎　印

武藤健蔵殿[35]

明治五年の例（筑前地方所出と推定）

借用証文之事

一米壱俵　但シ利三割

右之通慥ニ借用致候処相違無御座候然ル上御返済之儀ハ来ル酉ノ十月無間違御算用可致候若万一間違等候節は私所持之家財相当之品御引揚ヶ御算用可被成候其節ニ到リ一言之儀申間敷候為後日証文仍而如件

明治五年

申ノ十二月

大江　競　印

受人　仲原甚七　印

篠原和三殿[36]

なお明治期に入っても、少なくとも北部九州地方にては同十一年頃まで、この種の慣行が行われたことを実例を以て示すことが出来るが、繁に亘るの嫌あるを以て、それらは後段註記の中において紹介することにしたい[37]。しかし最後に、大坂地方の書入証文の一種である並合証文案上の一例を見ておきたいと思う。

一金何百両　但利足月何分極

右ハ我等家業要用ニ付、所持之何品、何町何屋誰方土蔵借リ受差入有之、右並合ニ相渡置借用申候処実正也、返済之儀義〔衍〕〇、何ノ何月迄之内、右品売払代金ヲ以返進可致候、尤期月迄ニ相場引下ヶ候ハヽ、何時成トモ差金不足之分相渡可申候、万一期月ニ至、蔵出不致、返済及延引候者、貴殿方ニ而御売払、元利共御受取可被成候、其節不足有之候共、一言之申分無之候、仍而蔵主加判為後日証文如件（以下略[38]）

さて、類例掲示はこの程度に止め、次に考えて見なければならぬのは、この契約によって発生する差押の本質である。しかしながら、これ「差押は差押物を直ちに債権者の所有に帰せしむるもの、即ち Ausfändung であったか、又は先づ債権者をして質物として之を留保せしむるもの、即ち Anpfändung であったかは、中世の私的差押と同様に、未だ之を決定するに充分なる史料」が存するというのではない[39]。

しかし、以上掲示の証文面の文言から推量するならば、一応この差押はAuspfändungたることを以て、一般通常としたものであったと考えられはしないかと思うのである。

蓋し、前掲私的差押契約諸証文に見える、「押取御支配可被成下候」(天明二年の例)、「御支配可有之候」(享和元年の例)、「御差押へ如何様共御勝手次第可被成候」(文政十二年の例)、「永代ニ御取可被成候其節此方へ御届ヶ不及此証文ヲ以村方名寄帳其元ニ御仕替可被成候」(文政三年の例)、「何時モ御自由ニ御引上ヶ直ニ永代証文ニ御用可被成候」(弘化二年の例)、「永代ニ御引上ヶ可被成」(文久三年の例)、「御引上被成御自由可成候」(元治二年の例)、「永代ニ御引上可被成候」(慶応三年の例)、「御引上被成御自由可被成候」(慶応四年の例)、「田畠御勝手ニ御支配可被下候」(明治元年の例)、「御引揚御算用可被成候」(明治五年の例)、「貴殿方ニ而御売払、元利共御受取可被成候」(大坂の並合証文)等の文言は(後段註記中所掲文言中にも類例を見出す、参着せらるべし)、まず以てAuspfändungとしての差押質を契約せるものと解せられるであろうから。その他の文言の場合如何に解すべきか、この点は全く不明であるが、あるいは右の如き文言の場合と同様の差押質であったのではあるまいか。それはともかく、少なくともAuspfändungとしての差押質がかなり一般的に行われたということは充分いい得るところであろう。而してそれは、今法例の上に何ら根拠を見出すことは出来ないが、法律上も(幕府法においても諸藩法においても)有効であったのではあるまいか、少しとも黙認せられたものであったであろう。

翻ってここに考えて見なければならないことがある。その一つは、上掲例中の不動産「支配云々」の場合である。「支配」なる語は、徳川時代特に不動産物権の行使を意味したのである。(40) 従って所有権の行使を意味する場合あり、質権の行使を意味する場合あり等々となるのである。故に上掲例の「支配」について、もしそれが所有権の行使としての「支配」ならば、当然ここに参照すべき類例となるのであるが、もしそれが質権の行使としての「支配」であるならば、「支配」を内容とする差押質はAnpfändungの性質でありAuspfändungの類例とはならないのである。今この問題を決すべき材料を知らないが、恐らくこの「支配」また所有権の行使を意味したものではあるまいか。前段の記述はこの見解に従った訳である。なおこの見解は、動産「支配」の場合にも適合するものと考えたのである。

その二は、前掲天保十三年の借金状に見える文言である。即ち「地方御引揚被成候哉又者請人手前より引揚売払申候哉何れ其節之御差律次第仕候」と見えるが、これは債権者側の「御引揚」（私的差押）と債務者側の「引揚売払」とを、債権者をして選択せしむる内容のものであるが、この両場合を債権者の選択に委せるということは、少なくともこの両者の内容が、殆ど同様のものであったということを示すものとなし得られよう。もし果たして然りとするならば、「御引揚」は単なる引揚ではなく、「引揚売払」と同様に、即ち引揚物の所有権の移転を意味したものと解されはしまいか。然りとすれば、この「御引揚」を内容とする差押質また、Auspfändung としての差押質であったということになるのである。

（1）『徳川禁令考』第五帙一九八頁以下。なお『日本財政経済史料』三、一〇五九頁は同文を十二月触書となす。
（2）『三奉行問答』二、一二二号記事。
（3）『法令彙纂』民法二、一〇七九頁以下。なおその伺書に「（前略）社則相犯候節ハ可取揚規定相立候段不都合ニ有之畢竟右規則ハ旧藩来ノ私法ニモ有之商法示談上ハ法律ノ権衡ニハ難比較候ヘトモ価四百円余ノ品ヲ没入致候ハ甚苛酷ニ過候ニ付云々」（同上一〇八〇頁）とある参照。
（4）中田薫『法制史論集』第二巻三八二頁以下、同第三巻一〇七七頁以下。
（5）中田薫『法制史論集』第二巻八五三頁以下。
（6）前註所引第三巻一〇七七頁以下。
（7）前々註所引に同じ。
（8）同上。
（9）九州大学蔵『千原家文書』の一葉。
（10）九州大学法制史研究室蔵『福岡県糸島郡井原村三苫家文書』の一葉。
（11）九州大学法制史研究室蔵『福岡県糸島郡文書』の一葉。
天明八年の例（筑前国）を出すと、九州大学法制史研究室蔵『福岡県糸島郡田中村文書』の中の天明八年五月の廉?右エ門の「借用代銭証文之事」に

　万一少ニ而茂不埒仕候者拙者抱之田地何方ニ而も右借用銭ニ相当リ申候所御取被成御支配可被成下候

（12）前段註（10）所引に同じ。
なお同上所収の寛政十年九月朔日の「私遣ひ牛新起ニ買申に付銭借用仕ル証文之事」（筑前国）に

　然上ハ私悴惣八娘くま両人共ニ当暮より奉公仕らせ給米銭ヲ以当十二月廿五日切少しも無滞相払此証文引可申候若少しニ而も延引仕候ハ、主人方へ御掛合被成直ニ御請取可被成候万一奉公不仕候ハ、私居リ家屋敷ニかけて支配仕可被（原脱）申候

寛政十二年の例を出すと、前々註所引『田中村文書』の中の寛政十二年六月勢右衛門「借用代銭証文之事」（筑前国）に

　若万一相滞候ハ、拙者抱之地所之内右之銭ニ相当ル分御勝手次第御支配可被成

（13）小野武夫『郷土経済史研究提要』九六頁所掲。

（14）前々註後段所引『田中村文書』の一葉。

（15）前段註（10）所引に同じ。

文化十三年の例を出すと、九州大学法制史研究室蔵『福岡県遠賀郡山鹿村大庄屋濱中家文書』の中の十三年四月の嘉二郎「借用仕銭証文之事」（筑前国）に

　万一不納仕候節ハ御見込ヲ以持合之品御引上可被成候

なお文化元年十二月の弥市左衛門「借用申銭証文之事」（筑前国前註所引所収）にも、

　万一間違之儀茂御座候は拙者抱田地之内何ニ而茂右銭ニ相当リ候分御心儘ニ御支配可被成候

（16）『惣町大帳』（中津小幡記念図書館蔵）文化十三年子正月吉日の分に収む。

（17）前段註（5）所引八五三頁所掲。

（18）『阿波藩民政資料』（大正三年版）八八三頁所載。

（19）前段註（9）所引に同じ。

なお九州大学経済史研究室蔵『福岡県糸島郡前原町西原家文書』の中の文政八年の浦志村幸右衛門「借用仕ル証文之事」（筑前国）には、

　若シ其節ニ少シニ而も不埒仕候ハハ筑前料之内何品ニ不寄指押可被成候

また同文書の文政六年の東村市次「借用仕証文之事」（筑前国）にも、

　若其節少ニテモ不埒仕候節ハ筑前之内何品ニヨラス押エ御取可成候

（20）九州大学経済史研究室蔵『古野家文書』（福岡県鞍手郡四郎丸村）の一葉。

（21）前段註（15）所引『濱中家文書』の一葉。

（22）前段註（10）所引に同じ。

（23）前段註（5）所引に同じ。

（24）九州大学法制史研究室蔵『久留米市文書』の一葉。

天保年間の例をなお二三出すと、九州大学経済史研究室蔵『釜物文書』の中の、同九年正月十五日の猪野村弥三郎「借用申銭之事」（筑前国博多）に

　万一納所不埒之節ハ我等抱田地之内御望ニまかせ御引上可被成候

前段註（10）所引文書の中の同十年二月の篠原村卯七の「貴殿御抱之畠私下作仕候ニ付右之銭借用仕請取証文之事」（筑前国）に

　万一少ニても致不指引候ハ、所持之品何品ニよらず貴殿方より御勝手次第御取上ヶ可被成

前段註（11）所引『田中村文書』の同十一年二月の文七「借用銭年賦証文之事」（筑前国）に

若不埒之儀も御座候ハヽ、私家屋敷并馬御勝手次第御請取可被遊候

前段註（11）前段所引文書の中の同十一年十二月の坂本直助「借用申証文之事」（筑前国）に

万一不納仕候ハヽ、何所ニよらす相当分御支配可被成候

前段所引『釜惣文書』の中の同十二年十一月十九日の内山弥助「借用証文之事」（筑前国博多）に

自然日限及延引候節者私抱田地相当⍰御引上ヶ可被成候

前段註（19）所引『西原家文書』の同十三年二月の波多江尚次郎「借用証文事」（筑前国）に

万一及限月相滞候節ハ拙者抱田畠之内何方成リ共其許御気寄之地所御引上ヶ御支配可被成候

『久留米市文書』の同十四年十二月の甚七「借用証文之事」（筑後国）に

若万一不埒等仕候節は右之書入地方御引揚被成候共一言之儀申間敷候

(25) 前段註（19）所引『西原家文書』の一葉。

(26) 家蔵『安高家文書』（福岡県遠賀郡安高家旧蔵）の一葉。

(27) 九州大学法制史研究室蔵『大分県速見郡荒木村荒木家文書』の一葉。

(28) 前々註所引に同じ。

(29) 前段註（19）所引『西原家文書』の一葉。

元治元年の例を出すと同上文書の中の同元年十二月の善七「借用仕証文之事」（筑前国）に

万一不埒等仕候節ハ私抱田畠之内御望次第御引揚御指引可被成候

(30) 前段註（26）所引に同じ。

慶応二年の例を出すと、九州大学法制史研究室蔵『福岡県宗像郡福間町大庄屋井原家文書』の中の同二年十二月の勘二郎「御上納米借用仕証文之事」（筑前国）に

若万一延引之節は家屋敷并蔵一切御勝手ニ御引上可被為下候

(31) 前々註に同じ。

(32) 前段註（20）所引『古野家文書』の一葉。

(33) 前段註（9）所引に同じ。

(34) 前段註（29）所引に同じ。

(35) 前段註（24）所引『久留米市文書』の一葉。

(36) 九州大学法制史研究室蔵『福岡県文書』の一葉。

(37) 明治二年の例（筑前国）を出すと、前段註（11）所引『福岡県糸島郡文書』の中の同二年十二月の大浦喜惣太「金子借用証文之事」に

若万々一約定相違不埒之義茂御座候ハヽ、私抱田畑之内右元利ニ相当候丈勿論御勝手ニ御引上可被成候

明治七年の例を出すと、前段註（15）所引文書の中の同七年七月の生田宗十郎「金子借用証書之事」（筑前国）に

万一其節ニ至リ勘定相立不申候得者店品物は不及申家財等御引揚御勘定被下候而茂其節一言御断申間敷

明治九年の例を出すと、九州大学法制史研究室蔵『福岡県山門郡瀬高町西村家文書』の同九年三月の石橋吉兵衛ほか三名の「証」（筑後国）に

万一及遅滞候節者不寄何品ニ押取可被成候

前段註（15）所引『濱中家文書』の中の明治九年旧十二月廿七日の吉水善吉「借用証券」（筑前国）に

返済違約仕候ハヽ、私共居家脇家共悉皆御引揚ハ勿論其他如何共御存意次第御取斗可被下候

明治十一年の例を出すと、前段註（24）所引『久留米市文書』の中の同十一年九月一日の永溝要吉「借用証書」（筑後国）に

若万一及遅滞候節は右之品物御勝手次第御引上被成下候共一言之義申間敷候

なお若狭地方にても、明治に入ってからなおこの種の契約が行われたらしいのである。それは『法例彙纂』民法二、一〇七九頁以下に

明治四年五月中……石灰竃……譲受期限ニ至リ元金ヲ以指戻ス約定取極メ社長等ト証書取替ハセオキ社中申合セ社則相立犯則ノ者有之候ハヽ、竃始メ可取揚ノ契約書へ調印致置云々

と見えることによってこれを知る。

（38）『明治大正大阪市史』六、一五七頁。
なお並合の語義は『日本商事慣例類集』八五頁に「又商事上に於ては抵当を併（並の誤）合と云ふ慣語あり」とあるによって明白。

（39）中田薫『法制史論集』第二巻八五四頁以下。

（40）同上七九四頁以下。

第三編　徳川時代の他人の行為に対する責任制

一

徳川時代の法律には、その公法的方面においてもあるいはまた私法の領域についても、他人の行為に対して、法律上当然に責任を負わねばならないとせらるる事例が、相当屢々見出されるのである。彼の刑法上の縁坐、連座制の如き、殆ど周知の事実といってもいいくらいであろう。

さて本編において、私法の領域におけるこの種の類例を、幕府の成文法及び判決について点検し、次いでその結果に基づいて、他人の行為に対する責任は幕府の私法的法制の上では、一般原則であったか、はたまた特例と見るべきものであったかという点、進んで、当時の他人の行為に対する責任の基礎如何の問題を考究して見ようと思うのである。

なお考究の結果を前以ていうならば、少なくとも幕府の私法的法制の上では、他人の行為に対する責任は特例であり、責任は行為者その人だけに問うべきものであるというのが、なおこの時代の一般原則であるという結論に到達するのである。しかしこれは、勿論法律上即ち制定法、判例法上の原則であって、社会生活の規準の多くが、一般慣習または慣習法の形で存立する場合の多い当時としては、この法律上の原則を以て直ちに、当時の私法的法律生活全面の一般原則をトすることは出来ない。否反って、この種の事例に関する一般慣習、一般社会思想は、実にこの法律上の原則とは正反対であったように思われるのであるが、果たして然りとすれば、何が故に、この方面の法律上の原則は、社会一般の慣行、思想に追随しなかったかという問題が出て来よう。この問題につき、私も多少考うるところがあるので、併せてこの点も少々述べておきたいと思うのである。

二

幕府あるいは地頭等の一般人に対する貸附金においては、その返済の責任が、借主以外の者にも及ぶという制度が見られるのである。なおこの場合の責任関係の内容は、後段附説において見る租税の場合に、甚だ類似するところがあるのであるが、これはこの種貸附金の貸主が、政治的支配者であるところから、自然その関係を租税的ならしめるものがあるからであろう。

『翁草』の中巻に

吉保権に誇て大名旗本の屋敷を無体に所望し或は繁昌の市店を追退で己が下屋敷とし、又賄賂の金銀推く層巒を成せば、用達（活字本違とあるは勿論誤なり）菱屋庄右衛門より、江府中へ貸附させ、高歩を取り、若し返済滞るときは、其町より弁へさせ其厳なる事、公儀御為替銀にも過たり、[1]

と見えるが、これはその代表的事例の一つであったであろう。また『経済問答秘録』に

官金ハ年賦ニシテモ、公威ヲ以テ一銭モ宿負セズ、若シ債主死スレバ一族ヨリ収ム、云々[2]

との記載があるが、これまた官の貸附金にあっては、その責任が一族に及ぶということを示すものであるらしい（この一族とか後に屢々出て来る親類とかは、如何なる範囲の血縁者を指すか判然しないが、中田博士の所謂狭義の親類と見れば大過なかろう。当時の親類の観念については、同博士『法制史論集』第一巻五四九頁以下。）。蓋し、この官金とは狭義の即ち盲目金[3]ではないらしく、官の貸附金の意味であるらしいことは、その前後の文章から推測されるところであり、またこの一族とは相続人たる一族の意味ではなく、一般に相続人以外の親族をも指すものと考えられる。というのは、当時相続人に被相続人の負担する責任の移転することは一般原則で、敢えて異とするに足りないものであるから、この意味においては、前掲の如き記事を特筆大書するはずがないと考えるからである。

これを法律的淵源について見るも、その事例を見出し得る。例えば寛政十年四月のある付札に

御書面貸付返納滞候儀格別不届之次第も在之候者建家田地等欠所申付候義も在之候得共身上不如意ニ相成無拠納難成事ニ候ハヽ、御領分百姓を潰し候得は人別も相減不容易義ニ付田地御取上村惣作りニ御申付年々之作徳米を以御取立御返納切候ハヽ、右田地返可被遣様之御取斗方も可有之哉ニ候得共是以右返納中は地所ニ離候義故年賦抔ニ御申付御取立之勘弁之可在可有之（六字ママ）事ニ存候云々[4]

と見えるものこれで、これはその伺書に「領分百姓町人之内為融通依願貸附金或は預金等致置候」もので、領主等の貸附

金と見らるべきものであるが、この種の貸附金を返納せざる場合には、右の如くある場合には、村がその不納者の田地を惣作し、その不納分を代償せねばならなかった訳である。幕末ある地方の

公借ニテ分散スル者財産売却ノ金額不足ナルトキハ親類組合一村ト順々ニ弁償スル事ナリ(5)

という慣例は、全く同旨の制度となし得るものであろう。

(1)『日本随筆大成』本、九三頁下巻五四八頁参照。
(2)『日本経済大典』本、三九三頁、著者正司氏安政四年歿。
(3)拙文「徳川時代の特別民事訴訟法」(一)(『国家学会雑誌』四二巻一一号)四三頁。
(4)『東論語林』十一巻所出「寛政十年午四月青山大膳亮様より御家来山脇治右衛門を以根岸肥前守様江御伺并御付札」の条。
(5)『全国民事慣例類集』、『明治文化全集』本三二八頁。

三

次に村役人がその管理するところの年貢(貢租)米金を引き負いし場合は、その親類、身寄りの者あるいはまた村がこれを賠償せねばならなかった。

天明五年のさる伺に対する回答書に

一摂州生瀬村欠落庄屋吉兵衛御年貢引負取斗伺石原清右衛門書面吉兵衛所持之田畑家屋敷家財質入ニ致置候分并書入候分共取上御払之上右代金を以御年貢引負之分為相納不足ニ候ハ、村方江弁納申付残金有之候ハ、夫々金主江割合相渡候様相心得吟味詰可被相伺候以上

天明五年巳五月　久世丹後守(1)

なる記事が見え、またある下ヶ札に

御書面文右衛門馬場村小前年貢米取立津出致候俵数之内五拾七俵引負其上田嶋村年貢米六俵之払代金右村名主より請取割元役之者江可遣所途中ニ而取込候段名主之身分ニ而は別而不届ニ付田畑家財取上御知行払御申付田畑は親類身寄之者歟又は村惣作ニ御申付作徳を以引負俵数納残り之分年々為償家財は払ニ御申付右代金義引負償之方江引取……

申七月(2)

とあるはその例証である。

(1)『諸公事取捌方』なる書の「一　御年貢諸役等取立方之部」。『公裁評定伺済書』四「御年貢諸役等取候方之事」四にも同文見ゆ。

(2)『勘要記』一「三八　名主引負致候儀ニ付問答」の下ヶ札。

四

『検法秘鑑』出火之部六三、「一御高札場其外類焼之火元御咎之事」の条の文化十四年の御附札に

書面重右衛門義火之元之義ハ可入念ニ所灰小屋より及出火ニ高札場并多分之家数類焼いたし候段不埒ニ付入寺之儘押込申附日数三十日相立候ハ、不及伺差免高札場焼失之分者村入用を以為仕立被差出候……

丑二月

と、即ち右の如き事例の場合は、村が賠償の責に任ぜねばならなかったのである。

五

『大坂式目』の十月十七日〔○明暦元未年〕道具を預り売候ハ、死罪に申付之事、諸職人刀脇指を請取、質ニ置候ハ、死罪ニ申付候事」の条に

一人之道具を預り売候て銀子を取、道具主のかたへハ不相渡者多、切々道具主訴訟致候、左様之者ハ其身死罪に申付、銀子者五人組に出させ可申候間、能々可致吟味事、
一諸職人刀脇指をうけ取、質に置候もの、本人ハ死罪、道具ハ町中より請出させ可申候間常々可致吟味事
右二ヶ条町中可相触者也
十月十七日[1]

なる規定が見えるが、受託者が縦に受託物を売却あるいは質入などなしたる場合、町方五人組あるいは町中は、その売却代金の引渡及び質物請出等の責任を、当然に負担せねばならないという制度が、少なくとも大坂地方に施行せられたことを知り得るのである。

（1）『大阪市史』第三、五一頁。

六

徳川時代二重書入は禁止されているが[1]、この種の不法行為を敢えてし、債権者に損失を蒙らしめた場合には、行為者の町内の者が弁償の責に任ずるという慣行が、幕末ある地方に存在する。三河国渥美郡の

町方ニテ家屋敷地ノ売買書入質ノ証書ニハ庄屋組頭ノ奥印ヲ要ス若シ庄屋ノ見込ニテ二重書入ノ奥印ヲ為シ借主ニ損失ヲ加ルトキハ一町内惣持ニテ弁償スルノ義務アリ。庄屋ハ町内一道ニテ撰挙スル理由アルヲ以テナリ[2]。

なる慣例がそれである。もっともこの種の関係は一地方の慣例に過ぎなかったか、法律上の制度としては見ることが出来ないか、この点今全く分明でないのであるが、他人の不法行為に対する責任制度は、以下にも述べる通り、法制の上に屢々見出されるものであるが故に、右の慣例は慣例たるに止まらず、法制化されたことがありはしまいかとの想像も、強ち無

理とばかりもいえなかろうと思うので、右の慣例をここに参考として掲げて見たのである。

（1）中田薫『法制史論集』第二巻五五七頁。
（2）『全国民事慣例類集』三三三頁。

七

徳川時代雇傭者は、その被傭者の不法行為が惹起した他人の損害につき、法律上当然に賠償の責に任ぜねばならなかったらしいということは、既に別の拙文において述べておいたところであるが[1]、『商事慣例類集』に

……数多の手代を使用するものは官庁の属官に於けるが如きものなり、若し手代故意錯誤に拘はらず自家又は他人に対し損金不都合の行為あれば損害は主人負担にして、手代の進退は主人の権内に任す慣例なり

と見えるものは、この種の法制を伝うるものであり、また一般慣例を物語るものであろう。

なおここに、数ヶ村の契約に基づく「牧庄六ヶ村請所山法法度書之事」に

一村之奉公人主人の山より外の山を盗み候ハヽ、主人より米壱俵其奉公人より米壱俵宛取可申事

正徳六丙申年三月廿五日[2]

なる規約が見えるが、これは雇傭者が被傭者の行為に対し、相並んで責任を負担する関係と解せられ、本節に参着すべき事例の一つと考えるのである。

さらに寛政元酉年四月三日の「道中筋小揚所通日雇之儀ニ付触書」に

一通日雇受負候者共……万一金銭等ねたり取候日雇之者共有之ハ宿方共申出次第其受負人より金銭相弁差出候筈云々[3]

なる規定が存するが、もしこの受負人と日雇之者との間に雇傭関係ありとすれば、本節に参考すべき制規であろうが、しかしその詳細は今定かでない。

（1）拙文「徳川時代に於ける雇傭法の研究」（二）（『国家学会雑誌』四一巻八号）一四二頁以下。
（2）『近江栗太郡志』二、四四〇頁。なおこれについては、次節初段の叙述参着。
（3）『徳川禁令考』第六帙一一〇頁。

八

『公事方御定書』下巻「人殺并疵付等御仕置之事」の条下に

（追加　延享元年極）一人ニ疵付候もの療治代疵之不依多少　（町人百姓ハ）銀一枚(1)

なる規定が見え、御定書上傷害人は療治代なるもの銀一枚を差し出さねばならないのであるが、疵之多少によらず、常に銀一枚とその額が法定されているところから見ると、この銀子は一の罰金として徴せられたものの如く見えるのである。しかし、一面それは被害者の療治代となるものであり、その後の実際について見るに、「文化七年御渡大坂町奉行伺豊後国竹田村音五郎其外之もの共口論上疵受候一件」の処置が、

……音五郎右之もの儀……不埒（〇疵付）ニ付療治代銀一枚孫平（被害者）江為相渡候上三十日手鎖(2)

の如くであること、即ちその額が法定されているにせよ、療治代は加害者の手より直接被害者に交付されるものであり、また同件につき別に手鎖の刑が科せられるところ等からして、この療治代支弁は、実害の塡補ではないが、その実質においては、なお民事上の損害賠償責任であったといって差し支えなかろう。果たして然りとすれば、これまた損害賠償責任制度の、進化過程の一節を如実に示すものであろう。

さて、この療治代支弁の責任は、前掲法文に見える通り、御定書上にてはただ疵付行為者のみにこれを問い、他については何らの規定がないのであるが、天明時代の著作にかかる『官中秘策』二十八の「武家之かかり」の条に、

武家方家来、町人を切害立退候者は、同家中に尋申付、疵平癒候得バ、親類江療治代申付ル(3)

なる記事が存するから、少なくとも武士にして町人を傷害せる者ある場合、その療治代支弁は、親類の責任ともなるという制度が行われたことを知り得るのである。百姓、町人等の場合については、今これを明らかになし得ない。しかし恐らく同様の取り扱いを受けたものではあるまいか。事が不法行為に基づく責任であり、武士階級においてのみ親類の責任を問わねばならぬという、特別な理由を発見されないと思うからである。

（1）『徳川禁令考』後聚第三帙六五五頁。『御定書』下巻七七条「酒狂人御仕置之事」の条にまた同旨の規定見ゆ。
（2）『徳川禁令考』後聚第三帙七八七頁。
（3）『古事類苑』法律部第二、八一三頁。

九

奉公人が主人の金銭を引き負いし場合、

一引負金百両已上已下共ニ当人并ニ親類又は可弁筈之者へ弁金申付少々も相済候ハヽ、引負其分ニ差置其者身上取立候様主人於願出ニハ当人身代限り弁させ身上持の度々幾度にも弁させるなり

一引負人之親類其外ニモ弁金致候者無之当人ニも可済手立無之者江五拾歟百敲追放申付ル[1]

ものであったことを、元文年間に成れる『庁政談』は伝えている。さて右の文にいう「親類又は可弁筈之者云々」の中「可弁筈之者」は、請人及び後述のある場合に請人に代わって法律上当然に責任を負う者共を指すものであろうが、「親類」とは何を意味するかというに、これは少々考究を要するのである。既に拙文において述べたように[2]、雇傭契約の保証人の中人主の如き、最も普通に親類がこれに当たったらしいので、この親類またこの種保証人としての親類を意味するに止まるかとも思われようが、保証人としての親類は、右の「可弁筈之者」の中に、保証人という側から包含されており、この親類とは保証人という地位に立たざる親類を指すものとして解するのが、適当であるように思われる。この解釈にして果

たして正当なりとせば、結局奉公人の引負金弁納の責任は、親類一般にも及ぼされるものであったということになるのである。なおこの制規は、御定書上にては、

享保六年極　一引負いたし候もの一向弁金於無之ハ　金高ニ応シ　五十歟百敲

寛保元年極　但当人并親類之身上に応し引負金高三分一或ハ五分一又ハ十分一相済候ハヽ当人出牢之上追而身上持次第
幾度も主人方より相掛り候様可申付事

となるのである。(3)

寛政十二申年根岸肥前守の指令に、

書面太助儀（義か）兵衛被雇大坂表問屋江義兵衛売渡候笠持参り右代銭七貫文請取候分義兵衛不相渡同人下女さき一同不沙汰ニ村方を罷出伊勢参宮いたし右代銭路用ニ遣捨帰村之上償候心底之由は難立右始末不届ニ付敲申付さき義は主人江無断太助申合罷出伊勢参宮致し候段不届ニ付急度叱り主人江引渡勿論右笠代は太助親十兵衛より償云々(4)

と見えるが、もしこれ親十兵衛にして、保証人に立っていないとするならば、前段に述べたところの例証となる訳であろう。

右と同じ意味において参照すべき事例に次の如きものがある。即ち

一内淡路町壱丁目阿波屋清右衛門手代源七取込銀有之遣方知候而主人御吟味之趣承届無残所候間此上御穿鑿被指止御裁許被仰付可被下旨願候ニ付請人ハ身体倒候故源七ヲ兄源兵衛ニ主人より渡置候其儘手鎖ニ而源兵衛ニ御預源七源兵衛同母三人として取込銀立後ハ（?）残ル分ハ請人仁兵衛ニ懸り惣並之分散可取旨主人清右衛門ニ被仰付候事但
此書面ニ而ハ請人へ可掛銀高難知候
元禄十五年九月廿三日御用帳にて相知也(5)

（1）なお『争訟吟味之心得』なる書の「但欠落奉公人取逃引負盗も准之」の条に同旨文見える、しかし両者相当出入するところあり、ここに本書所載を掲げておこう。「引負金百両以上以下共ニ当人入牢申附置親類又ハ可弁筋之者江弁金申附少も相済此上可弁手立無之類ハ、引負人之出牢之上其者身上取上ル節主人願候様申附一引負人之親類—以下同文—」。

（2）拙文「徳川時代に於ける雇傭法の研究」（三）（『国家学会雑誌』四一巻九号）「担保制」の条。
（3）『徳川禁令考』後聚第二帙七一三頁。
（4）『類例秘録』巻之八所出「根岸肥前守懸リ寛政十二申年羽倉権九郎出一摂州中川村重兵衛悴太助外壱人帰住伺」の条。
（5）『御仕置雑例抜書』（大坂関係の記事収録）の「身体倒」の部の「手代之請人身体倒手代并母同兄ニ取込相立残ル分請人ニ被仰付候例」の条。

十

年貢米（貢租米）払い下げの場合、その買入代金を弁済せずして、犯行のため所払仰せ付けられ行衛不明となれる者ある場合、その親類に当該代金代償の責任が負わせられた事実がある。

寛政三年の付札に、

水野左近将監領分肥前国唐津松浦郡滞嶋孫兵衛と申者天明七未年揖斐造酒之介御代官所同国横田下村庄屋栄六組頭数右エ門長蔵方より御年貢米買受代銀壱〆三百五匁七分ハ申二月十一日相組残而ハ百五匁七分滞候由依之右庄屋栄六組頭数右エ門長蔵より訴出……然ル処孫兵衛と申者先達而不埒之筋有之咎之上所払申付候者ニ御座候右両人此節相糺候処当時相知不申償申付候親類も無御座候然ル処弟条吉義居所相知候ニ付捕入牢申付置候尤此者日雇稼致候者ニ而償等引受候身分ニ而は無御座云々(1)

とあるものこれである。

（1）『東論語林』十一、「同年（寛政亥三年）五月水野左近将監様より御家来井上八郎右エ門を以御勘定根岸肥前守様江御問合御付札」。

十一

少なくとも徳川前半時代には、借屋（店借、棚借）人の奉公人出入、諸借金、買掛り等純私法的契約上の債務、殊に就中金銭債務につき、その家主または店請人等が、代償の責任を負わねばならないという制が行われた。

慶安四卯年三月に、

一棚之者致二欠落一候はゝ棚請人ニ御懸り可レ被レ成との御事ニ候間、能々吟味いたし、慥成請人を取可レ申事(1)

なる法律が定められた。しかしこの法文のみにては、何を店請人に懸るか明瞭でないのであるが、明暦二申年十二月の法令に、

一……欠落者連々借金多不及是非者も可有之候又ハ兼々之存意にてあたハぬ買掛仕にハかに立退ものハ自今以後店請人にかかり捕急度可遂穿鑿者也(2)

と見え、この「かかり捕」が懸り取の意と解せられるとすれば、借家人の金銭貸借上の責任を店請人が負担せねばならない場合があった訳であるが、果たして然りとすると右の慶安度の法令もまた同旨のものではあるまいか。

徳川初期既にこの種の制度が事実存在したか否かは、右の如き漠たる推測以外、何ともいえないのであるが、少なくとも享保元文の交には、この種制度が実施せられたこと充分明瞭である。享保四年七月の中山出雲守及び大岡越前守の諸制度改正に関する意見書に、

一諸借金可済本人金子差出候義難成ものは家主立替相済申候此分は当人の店請人へ相懸り申候(3)

と見え、また元文四未年三月の町触に

一奉公人出入并諸借金買懸り等之儀本人滞候得者家主又者店請人江近来段々申付候得共云々(4)

と見える通りである。

しかしこの制度は中山出雲守大岡越前守の

諸借金の儀畢竟相滞の儀に御座候間御役所にて済方申付候節当人計りへ証文申付家主加判仕候儀は無用に可仕候[5]なる意見書に基づき、元文四年三月全然廃止され、家主、店請人をこの種の責任から解放するに至ったのである。[6]

（1）『享保集成絲綸録』三十九所出、『古事類苑』政治部第三、一二九九頁所引による。
（2）『徳川禁令考』第五帙四三一頁、「名主役無之町々名主を見立可申上事」の条。
（3）『徳川時代警察沿革誌』上巻四五六頁。
（4）『徳川禁令考』後聚第二帙六六四頁。
（5）註（3）所引。
（6）註（4）所引。なお『徳川時代警察沿革誌』上巻四五七頁によると、享保四年八月十四日同旨の改正法が、樽屋茂左衛門より惣名主へ申し渡されているのであるが、今ここには禁令考所出に従っておいたのである。

十二

先に私は、徳川時代の人請契約における請人が、逃亡したりあるいは人請義務を履行しない場合には、その請人の家主、五人組、店請人、借家人、人宿等をして、法律上一定の責任を負わしめ、以てある場合には請人の義務履行を分担せしめ、あるいは特に請人に代わってその義務を履行せしめたものであることを述べ、而してこれを法律上の担保と観念しておいたのであるが、[1]かくの如き関係は他人の行為に対する責任制の一類例となし得よう。

もっとも、私はまた先に、「徳川時代に於ける債権債務の移転」なる論文において、法律上の債務移転を考究し、九つの事例を挙げて、当時の法律上の債務移転の存在とその内容の略説を試み、その中に本節に述べた請人の保証義務に対する家主乃至人宿の責任制をも算入して、これを以て法律上の債務移転の一例と考えたのであったが、[2]前論文に挙げた九例の中これを除く他の八例は、皆新たに義務を負担する者の公法的、私法的行為を原因として、他人の義務に代当するものであって、何ら自己の行為なくしてこの種の関係が生まれるものではない。即ちこの八例においては、他人の義務に代当する者の責任は、法律上当然に問われるものでなく、代当者の一定の行為があった場合、初めて発生するものであるが故に、法律上の債務移転と観念して差し支えないと思うのである。然るにこれに反し右の人請契約上の関係は、家主乃至人宿等は、何ら自己の行為なくして、なお責任を問わるるものであるが故に、債務が移転すると見るべきでなく、なお法律上当然に他人の行為に対して責任を負う場合と解すべきであると考える。従って少なくとも人請契約上の関係については、前説を訂正することになるのである。

(1) 拙文「徳川時代に於ける雇傭法の研究」(三)(『国家学会雑誌』四一巻九号) 一一二頁以下。
(2)『法政研究』第一巻第一号六一頁以下。

十三

さらにまた私は「徳川時代の特別民事訴訟法—金公事の研究—」なる別稿において、所謂金公事に属すべき金銭債権関係の中に、訴訟のために村方より出府せる者の飯料あるいは宿賃等の江戸宿、百姓宿における宿泊料、及び出府中の宿泊料以外の諸費用即ち雑用金なるものがあり、この宿泊料及び雑用金の支弁義務者は、原則としては勿論訴訟当事者であるが、特に他の者が弁償の責任を果たさねばならなかった場合があることを指摘しておいた[1]が、この後の場合はまた、他人の行為に対する責任の一類例としてここに挙ぐべきものであろう。

しかしこの関係につき、前文の叙述は極めて簡単であるが故に、本節において少しく詳説を試みておきたい。もっともこの種制度の沿革については、今これを悉くし得ないが故に、以下には、比較的その制度の整えられたと思われる、『公事方御定書』時代以降の一班を、述べるに止まるのである。されどここにまず以て紹介しておきたいのは、『御仕置雑例抜書』の「身体倒」の部「割符」の条に、寛文七年未十一月十九日の定として、

公事宿ニ而雑用銀倒人之町人より出之但負せ方一所ニ居候へハ半分宛出之也

一公事宿賃ハ負せ方と倒人之町人と出之候但右同断

と見えるもので、これは同旨の制度の一例と考えられ、この種制度の沿革の一端を示すものではあるまいか。

さて、『公事方御定書』下巻「村方出入ニ付江戸宿雑用并村方割合之事」の条に、

寛保三年極

一都而公事或願之儀ニ付江戸宿江詰居候内之雑用ハ双方共ニ……其身一分之出入ハ当人より可為出若難差出身上ニ候ハヽ親類割合ニ可申付候然共邪成不届之儀願候を五人組之もの共乍存異見をも不加其分ニ捨置為相願候ハヽ不埒に候間右之類ハ五人組も割合可申付候

一公事相又ハ願等之儀ニ付吟味之内江戸宿預ニ成雑用……其身一分之儀ハ当人より可為出候其もの御仕置ニ成候ハヽ身体限ニ可償之(2)

とあるが、まず最初に樹てられた最も整える一般原則であったようである。これに続いて、後次第に訂正増補が行われていくのである。

しかし、右御定書の規定は、直接には雑用金についての原則であったので、「寛政四年壬子二月晦日先達而御掛合御座候江戸宿共方其外飯料出方無ㇾ之節之儀町年寄樽与左衛門へ取調申付置候処、則相糺、帳面壱冊差出候間差上申候書面」に見える通り、

一、公事訴訟に罷出候者御預ハ無之、相対にて宿致し候もの御裁許相済、縦当人御仕置に相成飯料出方無之候得は、身寄無ㇾ之候共附添罷出候村役人へ相懸り、不㆓相済㆒候得ば、其代官領主地頭へ相願、飯料請取候儀も有ㇾ之、附添人無ㇾ之当人計罷在、其者御仕置に相成候ても、其村方へ相懸り、其上向々願出候ても不㆓相済㆒候節は、村役人親類等相手取、町奉行所へ訴訟仕候心得に有ㇾ之云々(3)

なる飯料に関する制規が、整えられるに至ったのである。もっとも右のような制度の主旨は、既に早く御定書制定当時、雑用金に関する責任法の上にも実現せられんとし、その草案まで出来たのであったが、遂にそれは御定書上の規定となるに至らなかった事情が存するのである(4)。従ってこの飯料に関する規定は、雑用金について準用さるることはなかったものではあるまいか、また右の如き御定書制定時代の法律思想（雑用金に関する）を考え合わす時は、この飯料に関する制度

は、既に早く御定書時代より、少なくとも実際の取扱方の上には成立していたものかとも思われよう。

次いで「寛政五丑年公事出入諸入用之儀一座評議之事」を以て

……当人難差出身上ニ候ハヽ、他領之ものニ候共親類江割合可申筋ニ候云々(5)

と増補されるに至った。

先に拙文「徳川時代の特別民事訴訟法」の中に掲げておいた『公裁随筆』所収文(6)は、以上の如き制度の要旨を筆録せるものであるらしい。もっともこの『公裁随筆』所出文には、「尤前々より割合之定有之村方は仕来ニ任せ可申候」とあり、かくの如く慣行に従う旨の記事は、少なくとも私には、これを以て初めて見るところであるが、これは従来の一般の仕来りを伝うるものであろう。

なお和泉国大鳥郡の旧慣では、「総テ失踪人ニ付テノ過料金雑用金の費用ハ一切家主ヨリ償フ(7)」ものであったというが、この家主とは家長の意であったとするならば、これまた本節に参考すべき慣行であろう。

(1)『国家学会雑誌』四二巻一一号一六八頁。
(2)『徳川禁令考』後聚第二帙九八頁。
(3)『日本財政経済史料』巻八、三五七頁。なお大坂方の記事を載せている『諸届願出方式』なる書の「訴訟願届ヶ取捌之事」の条下に、「寛保三年改一公事宿飯料滞候由訴出候共不取上相対次第申付候事」なる記載があるが、これに従えば飯料債権の訴権は認められないことになる。果たして然るか、然りとせば本文所説との関係如何、いずれも未詳、後考に譲る。
(4)その草案とは「一公事相又ハ願等之儀ニ付吟味之内江戸宿預ニ成候雑用……其身一分之儀ハ当人より可為出候其もの御仕置ニ成候ハヽ身体限りニいたし不足之分ハ親類并五人組より可為出科之品ニより家財妻子江被下候類ハ跡相続成候様ニ取計不足之分ハ五人組之ものにも可為出若又闕所ニ相成候ハヽ、村中割合可差出或水呑ニ而田畑屋敷之地借店借等ニ而住居いたし候体之もの家財計ニ而不足ニ候ハヽ、其もの之地主家主江可申付尤過分之儀にて地主家主格別及難儀候程之不足ニ候ハヽ、品により村中割合ニも可申付事」(『徳川禁令考』後聚第二帙九九頁)なるものであり、これは「右雑用等償之儀是迄―身体限償之―ニいたし親類五人組以下之事ハ役所より差図ニ及間敷哉あまり委く候ハヽ、又出入も出来可申哉」(同上一〇一頁)との「御好御書付」を以て採択されるに至らなかったのである。
(5)『徳川禁令考』後聚第二帙一〇一頁。
(6)註(1)所引。『青山秘録』巻之一ノ下「吟味物取捌方之部」五、同文。
(7)『全国民事慣例類集』二九三頁。

十四

徳川幕府私法の領域において、他人の行為に対して、法律上当然に責任を負わねばならないとせらるる場合をば、私は以上第二節乃至第十三節において述べた十二の事例について、これを見出すのである。もっともなお探究するならば、他にその類例を見出すことが出来るかもしれないが、以上の十二例は、まずその大半を悉くしたものと思うのである。また以上十二例の説明は、節によりあるいは詳細にあるいは簡単に、甚だ統一のない叙述を試みているのは、蒐集せる史料の多い少ないに制約せられた結果とはいえ、甚だ不完全な研究といわねばならないが、少なくとも徳川時代、この十二例に見るような法律関係が、存在したという事実だけは、充分了解し得ると思う。そこで私は、以上十二の場合を基礎として、他人の行為に対する責任制は、当時の責任法上通則であったか特則であったかという問題を、少しく考究して見ることにする。

さて、以上の十二例を通覧してまず、責任発生の根源となる法律関係が、あるいは租税に准ずべきような公法的性質を帯びるものであったり（第二節）、あるいは不法行為に基づく関係であるものが（第三節乃至第九節）、その過半を占むることに気付くであろう。

次に、然らば残りの第十乃至第十三節の法律関係は如何。これらはいうまでもなく、純私法的契約に基づく法律関係である。当時においても、民事責任を発生せしむる、最も普通な典型的な原因は契約であるが故に、この第十乃至第十三節の法律関係は、民事責任を発生せしむる法律関係としては、全く原則的な法律関係であった訳である。しかしながらこれはその法律関係が、契約に基づくという方面からの観察で、法律関係全体としては、この第十乃至第十三節のそれは、普通一般の法律関係に比し、特異な色彩を帯ぶるものである。即ちまずこれを第十節の場合について見るに、その債権者が村役人であり、その客体が官物であるという点において、これを第十二節の場合について見るに、当時人請制度は、その警察的目的から、他の一般保証制に比して、重要視された法律関係であるという点において、これを十三節の場合について見るに、訴訟行為遂行のために生じた法律関係であるという点において、典型的な私法関係に見られざる特色を、それぞれ帯びているのである。

かくの如く見て来ると、徳川時代他人の行為に対して責任を負担するを要すとせらるる場合は、典型的な私法関係には見られないものであるということになる。もっとも第十一節の法律関係は、全く典型的な私法関係であるに係わらずなおそこには他人の行為に対する責任関係が見られるのであるが、これは前説の通り、元文年代以降は消滅するのであるが故に、徳川私法全般としては他人の行為に対する責任制は、特異な私法関係にだけ見られるものであるといって差し支えないのである。

さて、以上の事実に基づいて、他人の行為に対する責任制は、当時の民事責任法としては、特則であったという推断が、一応下し得られるであろう。

しかし、この事実を材料としただけでは、未だ充分なる根拠に立つ推断とはいい得ないであろう。然るに幸いにして、典型的な一般私法関係において、行為者以外に責任が及ぼされることはないということを積極的に指示する一二の事例にも接し得られるので、私は以下この事実を述べて、以上の推断をして、より根拠あるものとなしたいと思う。

『御当家令条』所出明暦元年十月の「江戸町中定」に

親之負物可㆓相済㆒事勿論也、子之負物不㆑可㆑掛㆓其親㆒、雖然親加判於㆑有㆑之者、不㆑可㆑遁㆓其償㆒事(1)

と見える。これは中世末の制度であり、徳川時代の債務相続の原則であるのであるが、この後半に見えるところの、子の債務は親の加判がない限り、原則として親に責任がないという制規は、また一面財産法上の原則でもあったのではあるまいか。しかしそれはいずれにせよ、少なくとも享保頃には明瞭に、右の相続法上の原則は、また一般財産法上の原則ともなっているのである。即ち

享保六丑年改　一親懸り子供分之金銀出入親加判無之分者訴訟不取上候事

享保六丑年改　一右同断親加判無之候共外ニ請人有之ハ本人者除置請人江定式之通申付候事(2)

なる原則が、幕府法として行われているのである。未だ親の扶養の下にある子といえども、子の金銭債務については、親

加判せざる限り、親無責任であったのである。故に所謂親懸りにあらずして、独立の生計を営む子の債務について、

書面忠蔵与要助与同町ニ別宅与有之然ル上は身上も別段相立商筋父子打込ニ致候事与は不相聞存候ハヽ、荷主共も忠蔵江引合候旨要助品物相渡候儀共不相聞証人も不取置相対を以商物取引致し代金不相渡要助出奔致候迚父忠蔵に済方御申付候は筋違ニ付要助を見逢次第可相掛旨願人共江御申渡候方与存候以上

戌十月(3)

との下ヶ札があるのは当然のことであったのである。

以上は実の親子間における、子の債務に対する親の責任如何という問題に関する制度であるが、同じ親子であっても養親子の場合のそれについては、養親子関係というところから、養子の債務に関する事案にして、法律上の問題となる場合が多かったためか、関係史料が、実親子のそれに比較して、やや多く見出される。而して、その大綱においては、実親子の場合と同様であるが、史料の関係からにしても、ややその詳細を究め得られ、また多少異なれる原則も見られるので、養子の債務に対する養親の責任如何ということは、これを次段に纏めて考察することにしたのである。

まず、元文年間の『庁政談』の「借金家質」の条に、

一養子之借金養父之家来手形致置といふとも養子実父方帰居候上は不及沙汰古例也(4)

なる武士の借金の場合に関する原則が見えるのであるが、これは右の文の末段に「古例也」とあるところから、従来行われた原則であったことが知られるのである。何時頃からこの原則が行われたか、今私は『公事録』所出の全く同旨の古判決によって、少なくとも貞享時代からの原則であったことを知り得るのである。即ち

養子借金

貞享五辰六月廿五日

一須田町弐丁目庄右エ門方より松平因幡守養子能登守方江金拾両貞享三寅十二月預ヶ置因幡守家老堤新五左エ門大野五郎右エ門手形取置候処末相済旨訴之付各評議之上能登守用事ニ而因幡守家老共手形遣置候段雖無紛能登守儀因幡守嫡子不継之実父伊勢守方へ相返候得は右之金不及裁許

これがその判例である。ところでこの原則は如何なることを意味するかであるが、まずこの「養父之家来手形致置といふとも」とは何の意味か。当時高級の武士が借金する場合には、その家来が借用証書を作成し、家来自らが署名するという形式を採るのが一般例であったのであるが、これを称して「家来手形」というのである。そこで養子の借金に当たり、「養父之家来手形致置」とは、全くこの一般例に従った訳で、当該借金証書が、正式の形式を備えているということを意味するのである。さて次に右の原則の意味であるが、これは正式の形式を備えた養子の借金であっても、彼が離縁されて実方へ帰った場合は、「不及沙汰」即ち少なくとも裁判所これを受理せずということを意味する訳である。然らばその反面として、もし離縁されない場合は、当然に受理されるのであるが、その場合弁済を命ぜられる者は、証書面の名義人たる養父の家来である。[5]而してこの場合の家来は養父の代理人的地位に立っているもので、裁判に従って家来が養子の債務を弁済するのは養父がその責任を負うのに他ならないのである。故に右の原則の実際に意味するところは、「家来手形致」したる養子の債務については、養父に責任がある、しかし養子が離縁になった場合は、この種の借金についても養父は全く無責任なりというのである。従って「養父之家来手形致」（先の親加判に当たるものであろう）さない場合は原則として、養父は養子の借金につき全然責任がないという原則であったのである。なおこの封建法上の原則の後来の運命については未詳。

次に一般庶民法上の、養子の借金に対する養父の責任に関する原則は、（御定書時代以降か）次の如くであった。

是は養子借金有之欠落いたし候歟又は相果候以後養父を相手取済方願出候節家督相続為致候養子ニ候ハヽ、養父引請可相済筋ニ相聞へ家督不相譲親掛りニ而罷在候内之借金ニ候ハヽ、相対事ニ付養子病気ニ而死去いたし候ハヽ、済方不及沙汰欠落ニ候ハヽ見合懸之積吟味諸相伺可然事

一養子親懸り之内之借金ニ候共たとへハ養父材木屋を渡世ニいたし材木売買之滞ニ候ハヽ、養父家ニ付候商之滞ニ付養父引請可相済筋ニ相聞候余事之借金ハ前条之通取斗可然候事

一家督相続為致候養子借金有之候処難捨置訳有之離縁いたし候以後養父江掛り吟味願出候節其家之渡世ニ拘り候滞金候ハヽ、養父可引請筋ニ相聞候得共親懸り之内相対を以借請候通例之借金ニ候得は当人并実家を相手取願出候は格別

養父之可差構筋ニ無之間其心得を以可取斗事[6]

すなわち親懸りの養子の借金については、養父において全然責任を負う必要なく、養子の欠落した場合においても、「見合懸」即ちあくまで彼を発見して彼にのみ責任を問うべきであったのである。しかしその借金が、「家ニ付候商」「其家之渡世」のためになされたものである場合には、養父に責任があったのであるが、この家商のためになす借金は、先の親加判の借金と結局同じものであろう。ただ右の条文によると、離縁せる養子の親懸り中の借金については、離縁後は当人並に実家に責任を問うものであったのであるが、この実家が責任を負うということは、原則として養子たりし者の実父が責任を負うことになるであろう。然る時は子の債務に対して、親が責任を負うことになり、当時の一般原則と相容れざる制度となるのであるが、これは、その債務が養子に行った者の、養家に在る間の債務であるがために生まれた特則であろう。しかしその理由の詳細は未だ考えず。

これを要するに、当時親は子の借金に対し、法律上当然には、責任を負うものでないという原則が行われたのである。

次に然らば、親の債務に対する子の責任如何というに、相続法の原則としては、前出の明暦元年の定にも見える通り、子は親の債務につき、当然責任があるのであるが、一般財産法上の原則としては子は必ずしも親の債務につき、法律上当然に、責任を負わねばならぬものではなかったらしい。少なくとも、親が出奔した場合においても、その借金に対して相続の子は全く責任なしという原則の存在を看取出来るような当局のある相談書があるのである。『目安秘書』（東大法学部所蔵本）一、「出訴取上有無之事」の部「貸金跡相続人与有之分取上右之文言無之候ハ、跡株相立候上可願出旨申渡不取上」の条「文政十一子年四月二日一座評決御相談書」に

都而貸金銀売掛等之出入出訴之節相手之内当人致欠落候ものは当人見当り次第可相掛期も有之候ニ付跡相続人を相手取候与も是迄裏判は不差遣心得ニ有之右は相続人有之候与も確与相続いたし候との治定も無或は断絶いたし親類内抔ニ而暮方引受候類も間々有之畢竟困窮ニ迫り候而欠落いたし候体之ものを相続人有之候迚為相手取候も如何之義より裏判不遣仕来も可有之云々

とあるものこれである。

さて以上の如くとすれば、親といえども子の借金について、また子といえども親の借金について、いずれも責任がないのであるから、勿論一般親類が族人の借金につき、責任を問われることはあるまいとは、直ちに想像されるところであろうが、次の付札は正にこれを実証するものである。即ち天保三年八月の付札に

……文右衛門……年貢不納之分は親類共エ御申付、……其外之諸借財は証人等も可有之儀ニ付右之者共ニ而文右衛門（当時出奔）行衛見当候迄は、済方手段可取計義ニ而、云々[7]

と、即ち「諸借財」上の責任はその保証人に及ぶに止まり親類にまで及ぶものでないとあるがそれである。なおさらに一歩を進めて、地縁者にもこの種の責任が問われることはないということを、積極的に物語る資料が欲しくなるのであるが、今適当な史料に接することは出来ない。しかし家族その他親類にこの種の責任が及ばざる限り、地縁者には当然及ぼされるものではなかったと解するも、まず以て誤りなきものと信ずるのである。

（1）『古事類苑』政治部第四、六七三頁所出による。『大阪市史』第三、四八頁。『徳川禁令考』第五帙四四五頁等にも見ゆ。
（2）『諸届願出法式』なる書の「訴訟願届ヶ取捌之部」。なお本書は大坂関係の記事を載せたるものであるからその収むる法規は、大坂地方に施行のものと見るが、一番無難である、それにしてもそれが幕府法であることはいうまでもない。
（3）『勘要記』三、四十一条。
（4）『古事類苑』政治部第四、六七二頁には「公事取扱」所出文を掲ぐ。
（5）拙文「徳川時代の特別民事訴訟法」（三）（『国家学会雑誌』四三巻七号）一〇五頁以下。
（6）『公政秘録』補遺下「一養子之借金済方願之事」の条。『徳川禁令考』第二帙四五九頁所載『地方聞書』所出文参照。また『聞伝叢書』（『日本経済大典』本）八〇二頁。
（7）『三奉行問答』巻二九「町奉行問答之部」、中田薫『法制史論集』第一巻五六六頁註23所引による。

十五

以上の推断にして過誤なきものとすれば、幕府法上の民事責任制は、個人責任を原則としたものであったのである。しかしこれは上来屢々いうように、あくまで法律制度の上のことであって、これを以て当時の一般社会における責任思想を、推し測ることは出来ない。否反って当時の社会一般としては、普通一般の私法関係についても、一定の地縁者、血縁者が団体的に責任を負うべきものであるという慣習法または社会道徳が、遵奉せられていたと思うのである。この思想この慣行は今なお、ある程度現代の常識でもあるであろうが、以下この事実を、具体的史料（幕府法の直接施行される地方以外の土地の慣行をも引照して、当該関係をより明瞭にしよう）を通じて窺って見よう。

子の一般債務について、親が責任を負うというは、当時の社会においては常態であったらしい。従って

近来御用金を弐千両上げたる者の内証を聞くに、其もの悴放埒にて数多の金銀を遣ひ捨し故勘当をいたし、其悴浪人にて一ヶ年程他所にありしが、是懲しめの勘当なれば永き事にあらず、頓て本家へ帰るべし、仮令帰らずとも公辺の御沙汰にも成りし事なれば捨置事にあらず、金銀を貸たりとも大丈夫なりと見込て所々より貸者多く壱万四千両余の借金出来て此事親の元へ聞ゆれば、難儀いたさんとなしたり。夫は以の外なる事と驚て呼返し座敷の内に押込、先にも返済せしと云[1]

というようなことになり、あるいはまた

大尽金与唱へ、身元よろしきものゝ同居悴抔、放埒ニ而金銀自儘難成もの江高歩ニ而貸付、其外口入世話料之由を申、借り入候銀高之内、相対とは乍申、過分ニ引落候へ共、多少ニかゝはらす、当座ニ手廻り候を勝手与心得借り入、貸附候ものハ、滞候ハゝ其親元を目当ニいたし候ゆへ、公儀を恐れ、且ハ外聞を厭ひ、出訴ニ及ハす相済セ候儀存量り、右体高歩ニ相当り候不実之銀子、貸附候ものも有之[2]

りし訳である。されば

店借共の忰共も……或は格別の借金を拵へ、親の身上を傾け、家族一同へ難儀をかけることになったのである。[3]

この種の関係は、親子その他家族間のみならず、広く一般親類についても見られるのである。相模国足柄郡地方の旧慣では

証人受人ハ必ス組合ノ者ヲ立ル例ナリ。然レトモ弁償ノ義務ハ先ツ親族ニテ引受ケ若シ整ハサルトキハ証人受人ニ及フ事モアリ[4]

しというが、これは当地方独特の慣行ではなかるべく、否寧ろ当時の一般慣例であったであろう。河州地方関係の記事を載せたる文政四年十一月の『諸証文并諸願書覚控帳』なる書に、

差入申一札之事

一当村五郎右衛門殿家名之儀ハ其元殿御親類之間柄ニ御座候処追々身上向不如意ニ相成既ニ中故文化元子年中右五郎右エ門殿家出被致跡式御取調相成候処莫太之借財ニ而所持之品ニ而済方難整引足兼候分者御親類廉を以其元殿より御弁銀ニ而借財済方相成候処云々

とも見えるように、親類廉を以て代償するは当時の道徳であったであろう。ある借金証書に

借用申証文之事

一金百両也

右は此度入用ニ付当午年より来申年迄三ヶ年之内貴殿方ニ而借用申所実正也……万一之節違変有之候ハヽ、諸親類は不及申加印之我等引請急度埒明貴殿江少も御苦労懸申間敷候為念一札仍如件

文政七申年九月

証人　勘次郎　印

借主　市郎右衛門　印[5]

と諸親類の担保を書き入れているが、これはまた右の如き社会道徳の発露であるであろう。

さらにこの種の関係は、当時の土地の小作料支払いの場合にも見られるのであるが、これにあっては親類のみならずあ

る種の地縁者すら、その代償の責に任じたものであるらしい。以下小作料債務のこの種の関係を、小野武夫博士がその『土地経済史考証』の中に引用せる、「旧藩に於ける小作に係る制度規則なる書」（農商務省明治二十年編）所出の各地慣行について、窺っておこう。即ち

小作人に於て作徳米怠納或は不納の時は十村役所に於て財産を売却し、皆納せしめ、尚不足を生ぜし時は、親戚より弁納せしむる

のは富山県上新川郡の旧慣であり

納期に至り不納せば、直に家財悉皆を村吏立会ひ売却し、尚不足を生ずるときは親戚より弁納せしむる

のは滋賀県坂田東浅井両郡の

期日に至り皆納の運に至らざるに於ては組親類を庄屋宅に呼立て本人所有の財産不残売却なさしめ、尚不足するときは、組親類のものより償却せし（め、又）皆納の日、地主より申込たる米量を小作人に於て皆納せざる時は、これを年貢未進と唱へ、庄屋は其不納人の組親類等を呼出、償納せしむるの手続を為す、組親類にて償納する能はざる時は、地主と協議之上年貢未進を借用証文と為

すのは滋賀県蒲生郡の旧習を、それぞれ伝うるところである。(6)

さて、以上の如くにして、まず以て、徳川時代の一般社会の通念は団体責任をその道徳としていたといっていいと思うのであるが、然りとせば、ここに徳川法制は、実にこの社会通念を排して、個人責任制を採用したことになるのである。如何なる原因からこの種の法制が生まれるに至ったか、この問題に関する答案は、勿論簡単にこれを決定することは出来まいが、一つの側面観としては、次の如き考え方も許されはしまいか。即ち、それは既に前に掲げたところであるが、雑用金支弁の責任を、親類、五人組のみならず地主、家主、村中までに及ぼさんとする御定書草案から、地主、家主、村中の責任に関する条項を削除せる場合の理由が、

親類五人組以下之事ハ役所より差図ニ及間敷哉あまり委ク候ハヽ又出入も出来可申哉(7)

即ち訴訟の増加を顧慮した結果であるのであるが、而してこの種の立法方針は、本書別編にも述べるように、(8)屢々看取せ

られるところで、責任法一般についても、当時の為政者、立法者が、同様の方針を以て、その責任を行為者その人に止め、団体的責任制による訴訟の増加複雑を避けんとした結果、この種の社会通念に背反せる制度が生まれるに至ったものではあるまいか。

（1）『世事見聞録』（『改造文庫』本）一七九頁〔岩波文庫版・二五一頁〕。
（2）『大阪市史』第四上、四三四頁、文化二乙丑年五月六日の条。
（3）『世事見聞録』二〇一頁〔岩波文庫版・二九〇頁〕。
（4）『全国民事慣例類集』三三四頁。
（5）『類例秘録』四、巻三八の二十二枚所出。
（6）『土地経済史考証』四三九、四四〇、四四一の各頁。
（7）第十三節後段の註（4）に掲出。
（8）本書第四編第四節〔本書二六〇頁以下〕。

附説

徳川時代租税滞納の場合には、一定の地縁者または血縁者が、これを代納せねばならないという制度が行われている。私はこのことを少しく、幕府法について調査しておきたい。

当時の租税納入の義務といえどもこれを法律的に観察するならば、勿論公法上の義務であるのである。従って滞納者のある場合、その責任が他に及ぶという事例を、私法の領域における、他人の行為に対する責任の一類例となし得ないことはまたいうまでもない。しかし、今その詳細をここで云々せんとするものではないが、徳川封建社会の租税関係には、殊にその経済的実際的方面から見るならば、即ち当時の租税徴収者の徴収振りは、その負担者の収入の中から出来るだけ多く、恰も徴収者自身の収益の如くに、搾り取ろうとしたものであり、また所謂財政は私経済的原則により支配されたもので、財政と租税徴収者の家計との区別甚だ明確を欠くものであるというような点―本庄博士『日本財政史』等参照―から見るならば、その間私法関係的分子の存在を認識されはしまいか。果たして然りとすれば、以下の叙説は、前段本文に参考すべき事例となる訳である。もしそれこの推量にして全く誤れるものとすれば、以下は、公法の領域における、他人の行為に対する責任の一類例を示す、独立の文章となるのである。

徳川時代の租税は、村高を標準として、法人たる村に賦課せらるる村自身の負担という形式を採るのであるが[1]、その内部関係において、事実上租税を負担する者は村民各個人である。この場合村民にして、年貢未進あるいは不納[2]即ち租税の納付を怠った場合には、村即ち村民全体あるいは村役人または不納者の五人組員、親類等が、彼に代わって租税を納めねばならないという制度が存在する。もっとも当時の村は中田博士の説かるる如く、実在的総合人の性質を有する[3]ものであって、村民と村なる人格者とは、相対立する別個の存在ではなく、従ってこれを厳正に解するならば、村民の年貢未進ということは村の年貢未進であるが故に、村民の年貢未進に当たり、村が責任を負い、あるいはまた村役人が村なる法人の代表機関たる資格において、補償の責に任ずるということは、何ら他人の年貢未進という行為に対して責任を負担するものではないとなさねばならない。ただその年貢未進をば、親類または五人組等をして補償せしむべしとなす制度に至っては、自ずからその性質を異にし、明らかに他人の行為に対する責任担当なりということが出来るのである。

さて、右に述べたように厳格には、村民の年貢未進に対する、村またはその代表者としての村役人の責任は、彼自らの責任と見ねばならないのであるが、少なくともその内部の事実的関係にあっては、なお他人の行為に対する責任関係に類似するものと見てもいいと思われるから、以下にはこの場合をも包含せしめて村民の年貢未進の場合における責任関係一班を、略叙して見ることにする。

少なくとも寛文年代（後述の如く五人組帳には、既に早く承応年代、この種制度の規定されたるものあり）以降幕府時代を通じて、年貢未進者の属する村または村役人あるいはその五人組とか親類等が、未進者に代わって、貢租納入の責任を負わされたのである。

以下この点を論証するのであるが、この種制度の沿革及びその内容の詳細はこれを後日に期し、ここには私の手元にある関係史料を年代順に列挙して、年貢未進の場合における責任関係の一班を窺い、他人の行為に対する責任の一類例を、理解する程度に止めねばならない(4)。

寛文六丙午年十一月十一日の幕府の「御勘定所下知状」によると

……若年貢致引負、百姓欠落仕候ハヽ、年貢は五人組又は村中として皆済仕、其上百姓可㆓尋出㆒事、云々(5)

と、即ち五人組または村中は、欠落百姓の年貢代償の責任を負わねばならなかったのである。

下って安永三年午五月幕府は、年貢未進問題についての下司よりの伺に対し、

書面伝兵衛九兵衛儀御年貢未進いたし償不相成候ニ付田畑家財差出度旨申立候段不埒ニ付田畑家財取上伝兵衛九兵衛は親類五人組へ預置押込置取上置候田畑は村惣作ニ申付作徳をも取上為相納候様申渡証文取立被差出云々(6)

との指令を発している。而してなお、この問題につき直接右の指令送達の任に当たれる安藤弾正小弼が、まず以てその上司に上れる相談書には、

……是迄御年貢不納致し候ものハ一ト先手鎖申付置其上ニ而も致不納候へハ所払申付不納之分は親類村役人等に償申付来候云々(7)

と見え、従来の制度を物語っているのである。

安藤弾正小弼はさらに翌安永四年未四月に、次の如き指令を発している。

……潰百姓之田畑可引受親類無之候ハヽ、村方惣作ニ申付其作徳の内を以て未進為償候筋に候間云々(8)

天明五年五月桑原伊予守は、

……同書面他支配私領之者御代官所ニ出作地所持致御年貢相滞候ハヽ、其支配領主地頭役人共へ懸合之上呼出可被申吟味中家出致候ハヽ、尚又可申聞其村々支配領主地頭役人へ懸合置弥行衛不相知旨申聞候節ハ其者所持之田畑ハ親類村役人江預ヶ年々御年貢諸役無滞相納其余之作徳を以て出作年貢不納之分為納候積可申付云々(9)

との指令を出している。

また

御書面常学院〇板倉内膳正領分年貢未進之義触頭よりも納方之義申付候而も相納不申上は御在所役所より常学院呼出右未進日延

之上も不相知段不埒之旨吟味詰り之上口書印形御取候上所持之年貢地田畑御取上村惣作ニ御申付以来之年貢為納作徳之内を以未進之分年々割合取上云々(10)

との下ヶ札また幕府の回答である。

「寛政二年七月御年貢諸役不納いたし候もの御咎御下知」には、

……丹後国公庄村なつ御年貢諸役……不納いたし……致不納候段に付田畑取上所払申付……取上候田畑はなつ親類共へ引受作付いたし御年貢諸役償可申段滞相納作徳米を以なつ未進の御年貢諸役償可申段申渡証文取之差出可被申……

曲甲斐守
根肥前守

野村権九郎殿(11)

と見えている。

なお寛政初頭の著作である彼の『地方凡例録』に見える、この方面に関する記事は、少なくとも寛政前後のこの種制度の実際を、相当詳細に伝えるものと思われるが、今その概要を転載すると次の如くである。村民が

出奔イタシ、跡株相続人無之節ハ、親類之内身近者引請、年貢諸役相勤、親類無之者ハ縁者好身之者、吟味之上引請サスルト雖、好身ノ者モナク、跡株引請人ナケレバ、無レ拠上リ田地ニ致シ、年貢未進有之分ハ、田地入札ヲ以未進丈相払、年貢償残ノ田畠村惣作ニ付オ(12)

く（もし田地売却代金が未進分に満たない場合は、従来通り村に代償の責任が課せられるのではあるまいか、残余の田地は村惣作に付せられるのだから）のであるが、出奔の場合ではなく

年貢未進等有レ之、亦ハ連々作倒ニナリ潰百姓出来、上ゲ田地ニ相願、無レ拠上リタル分、是又総作ニ申ツケ、亦ハ小作ニ為致、連々ト未進分トリ立(13)（なおこの「小作ニ為致」云々の記事であるが、この小作が強制的に親類等に申し付けられるものとせば、本節の一類例となるが、未詳）

てるものであった。

然るに寛政九年十一月松平丹波守が松平周防守に対して、

書面百姓共年貢不納いたし候ハヽ早々可相納旨申付実々相滞候ハヽ所払御申付不納之分量を積り田畑家屋敷家財欠所御申付払代金を以不納之年貢諸役償候方与存候当人所払ニ相成候上はたとへ右代金ニ而年貢諸役不納分ハ引足不申候

共親類江済方申付ハ、（か衍）勿論村算用申付候筋ニは有之間敷候⑭

との回答を下しているが、これがそのまま行われたとするならば、寛政九年を以て、年貢不納の責任は、不納者その人に止まり、全く他に及ぶものでないという制度に改まったもので、従来の伝統を破る画期的立法といわねばならないが、事実はこれに相違し天保三辰年八月の町奉行付札には、

御書面文右衛門不埒有之、永尋申付置候ものニ候上は跡田畑家屋敷家財等迄、欠所同様之御取計ニ成候は如何ニて、右は年貢不納之分は親類共エ御申付、文右衛門所持之田畑質入いたし、夫ニ而も不足ニ候ハヽ、親類共より何様ニもいたし可相納筋ニ付、其旨御申渡御取立云々⑮

と見え、『地方大概集』九「未進不納之事」の条には、

……若当年の年貢、来年五月迄不納いたすにおいてハ、所持の田畑取る法なり、尤払ニハ致さず村惣作申付云々⑯

と見えるが、この場合恐らく未進分につき、村に弁償の責任があったものであろう。また『勧農策』にも

極貧者ども年貢高掛り年々未進及び借銀嵩高にて得償ひ不申者は、其未進を村方へ割付相弁へ申候、此村まとひに相成候者は、一列の百姓より格を引下げ云々⑰

などと見え、また次段に掲出するように、村方五人組帳の規定の上にも、さらにまた幕末各地の慣習の上にも、村民の年貢未進に対する、村、村役人、五人組、親類等の責任負担の事実は、なお多くこれを見出し得られるので、右の松平丹波守の意見は、法規となる機会を得なかったものであろう。

以上は幕府の基本的法制上に見える、年貢未進の場合の責任法一班であるが、この他各地の五人組法規及び一般慣例について、少しくその類例を求め、以てこの種制度の存在をより充分に立証しておこう。

『承応四年武州新倉郡小檜村五人組帳』に、

一……若郷中に而未進欠落抔仕候者郷中にて弁納可申事

『寛文五年金崎村五人組帳』に、

一……致油断欠落致候而も五人組之もの共急度御年貢払方相究可申候事（寛文十一年同村五人組帳また同じ）

『寛文十一年日野沢村五人組帳』に、

一……油断仕為欠落候ハ、其者之御年貢五人組にて弁納仕云々

延享四年の『御料所五人組前書』に

一……致油断御年貢収納以前遣捨欠落抔致候ハ、村中として御年貢弁納致させ候云々

寛延四年の『越前国丹生郡杉本村五人組御仕置』に、

一……若納方不埒之者於有之は当人は不及申五人組並庄屋長百姓急度可申付候云々

文政五年の『羽後国大町五人組御仕置帳』に、

一御年貢米……皆済不成百姓有之者其もの御年貢並諸役銀迄村中より弁納可申付云々

文政六年の『摂州川辺郡万善村御仕置五人組帳』に、

一御年貢米……若致未進欠落仕候百姓在之は其五人組庄屋年寄可弁納云々

嘉永元年『出羽国置賜郡米沢御預所一本柳村五人組御仕置帳』に、

一……御年貢上納不仕欠落仕候もの有之候はゝ名主組頭五人組百姓弁納可仕候云々

『嘉永三年武州多摩郡下恩方村五人組書上帳』に、

一御年貢……相滞過怠申付候而は村方之痛にも相成候云々

『嘉永六年五千石領新田村百姓五人組帳』に、

一……年貢未進致し欠落候者有之は五人組弁納たるべく云々

『慶応四年越前国坂井郡清王村御仕置五人組帳』に、

一……油断仕欠落逐電仕候はゝ其者之御年貢品に寄其五人組或は為其所弁納可被仰付事

などと見えるが、いずれも前段と同旨の制度であったのである。以上は穂積陳重博士の『五人組法規集』について見た[18]のであるが、この他各地の五人組法規にして、同種の類例を載せたるものなお少なくはないが、今繁を避けて省略に従っておく。

次に『全国民事慣例類集』の記載するところによって、幕末のこの種慣例を窺うに、

五人組ハ親類ニ亜ク義務アル者トシテ吉凶相助ル事一般ノ例ナリ故ニ貢租未進等ノ節ハ第一ニ親類第二ニ組合第三ニ村内一同ニテ代納スル

は越後国刈羽郡の旧慣であり、

村方ニテハ貢租未進ノ節ハ組合ニテ代償スル義務アリ

とは越前国早良郡那珂郡の、

貢租未進アレハ組合ニテ弁償スル義務アリ。

とは豊前国宇佐郡のそれぞれ慣例であり、

村方ニテ貢租滞リ身代分散シ其不足ヲ一村ニテ代償スルのであり、

村方ニテ貢租滞レハ親類一村相扶助スルヲ以テ身代分散スル者稀ナリ。

とは、備前国深浦郡紀伊国名草郡海部郡の旧慣を、それぞれ伝うるものである。(19)

次いで、町方租税滞納の場合の責任関係如何というに、徳川時代においては村方租税が租税の中枢であり、最も重きを置かれたものであるのに反し、町方租税は比較的軽視されたのであるが、そのためかこの方面の関係史料は余り見当たらないので、前節に述べた村方のそれの如くには、到底その実情を充分了解することは出来ない。しかし貢租滞納者に代わって、他の者が法律上当然に納税の責任を果たさねばならないという制度が、町方にもなお行われたということだけは窺い知られる。

慶長九年十一月七日身延山から、その門前町に対して公布せる「町中掟」に、

一打擲禁制若此旨背むくにおゐては一年追放あるべし退出の間は其組として家役あいつとむへし、(20)

とあるは、この種の制規としては最も早期の部に属するものであろう。

また少なくとも江戸の町方五人組は、組員の貢租代納の責任を負ったものらしく、(21)さらにある時代には宿場一統の者が

その住民の貢租未進につき、当然責任を負わされたものらしいことは、既に高柳真三氏の指摘するところである。(22)

（1）中田薫『法制史論集』第二巻九六三頁、一〇一〇頁以下。

（2）『地方大概集』九「未進不納之事」の条下に、一部不納を未進、全額不納を不納というとあるが、必ずしも厳格にこの用例に従ったものではないらしい。

（3）註（1）所引。

（4）以下列挙する個々の関係史料面によると、親類、五人組、村役人あるいは村が常に責任を負うべきものとなすものではなく、また親類乃至村の間における責任担当の順位も、必ずしも確たる標準があったらしく見えず、極めて雑然たる関係に当面するのであるが、ただその責任の及ぶ範囲は、親類即ち血縁者及び村を限度とする一定の地縁者に止まるということが、幕府時代を通じての一般原則であったということだけは知り得るのである。しかし今関係史料を概観して、一応の想像をなして見るならば、村民の年貢不納の場合には、まずその親類が、而して五人組に、次いで村役人、村という順序で責任を問われたものであるらしい。ただこの制度が年貢徴収を直接の主眼とする制度であるが故に、よし右の如き順位が存在したにせよ、もっとも早く年貢の完納を見得るような事情の認められる場合には、勿論この順位は守られることはなかったものらしく、ために個々の資料の上に見える順位が、統一を欠いているのではあるまいか。而して親類中まず近きより遠きに及んだものであろうがこの場合また年貢徴収が最も早く実現されるような場合には必ずしも近きより遠くに及ぶものでもなく、初めから遠き親類に責任を問うこともあったであろう。少なくとも寛文年代前後からの制度には、親類乃至村に責任を問い、これらの者の間からともかくなるべく早く年貢完納を見ようとする意図が、露骨に現れているように感ぜられる。徳川初期には不納者の家族を人質に取り、その完納を間接に強制せんとする方法を採ったのであるが、右の如き寛文前後以降の制度の特徴を考え合わせるならば、この種の人質制が寛文前後からは消滅してしまったのは、この人質制が年貢徴収の手段としては、必ずしも効果的でなかったからであるという見方が許されはしまいか。年貢不納者の家族を人質に取ることは、既に中田博士が『法制史論集』第三巻三三〇頁以下において述べられている。なおその他この種人質制に関して、『古事類苑』政治部第四、三四四頁、『近江栗太郡志』二巻四〇五頁、『近江坂田郡志』上巻六四〇頁、『信濃史料叢書』五「真田家旧記」一九頁、『徳川禁令考』第四帙五七二頁以下等参照。なお「未進之儀は向後御代官之可㆑為㆓弁済㆒」というような、代官に責任の及ぼされることもある。『古事類苑』政治部第四、三四五頁、『日本財政経済史料』巻四、六五一頁、同巻五、一〇頁一一頁等参照。

（5）『古事類苑』政治部第四、三四四頁。

（6）『青山秘録』巻三一の下「御年貢諸役取候方之部」四。

（7）同上。

（8）『公裁評定伺済書』四「御年貢諸役等取候方之事」八。

（9）同上書同上条三。

(10)『勘要記』三、四十八条。
(11)『徳川時代警察沿革誌』上、八三六頁。
(12)『日本経済大典』本一八八頁。四三三頁参照。
(13)同上一八九頁。
(14)『律例要鑑』巻三四。
(15)第十四節註（7）所引。
(16)なお、『古事類苑』政治部第四、三四三頁参照。
(17)本書の著者文政三年歿。『日本経済大典』本六七七頁。
(18)二三、二五、三三、四一、二一九、二三三、四一三、四二六、五〇一、五二八、五四三、六二三の各頁。
(19)二八三、三三一、三三二の各頁。
(20)『社会経済史学』三巻三号所載平沼淑郎氏『身延山採訪記』所出に従う。
(21)後藤新平『江戸の自治制』二二六頁。
(22)「徳川時代欠落考」(『法学協会雑誌』四八巻七号）一二八頁。

第四編　徳川時代の「仲ヶ間事」制

一

徳川幕府法上の民事訴訟は、その中葉以降本公事と金公事の二部に分かたれ、金公事訴訟の客体たる各種の私権は、その法律上の保護において、本公事訴訟のそれよりも遙かに劣るものがあること、先に「徳川時代の特別民事訴訟法[1]」なる拙文においてこれを述べた通りであるが、さらに「仲ヶ間事」なる法律術語を以て総括されている一団の法律関係上の私権、即ち（一）連判証文有之諸請負徳用割合請取候定、（二）芝居木戸銭、（三）無尽金の三者は、少なくとも寛保元年以後原則として、全然裁判上の保護を享受する機会を与えられることなく、ただ自然義務の形において存在するに止まったのである。[2]「仲ヶ間事」（仲間事）なる名目とその制度とは、下って明治初年の法制史料の中にもこれを見出し得るのである。もっとも維新草創未だ諸般の制度の制定改廃の遑を有ち得なかった明治初期においては、徳川旧来の制度にして、そのまま存置せられたるもの多きを見るは当然で、同○明治五年壬申二月七日指令同四年辛未四月五日新潟県伺[3]に、

金銀取引ニモ品々有之内旧来既ニ金公事ノ本公事ノ名目有之方今ニ至リテモ右等ノ区別有之哉

指令　追而御規則彼（恐らくは被の誤記）仰出候マテ従前ノ通リ可相心得事

とある通り、明治新政府においても、民事訴訟の客体を金公事本公事に分類する制を踏襲しており、而して「同○明治七年八月三十一日本省甲第十八号達　各裁判所[4]」なる文に、

本年一月ヨリ六月迄半ヶ年間取扱候民事刑事共別紙表ノ通取調書面到着ヨリ五日ヲ限リ浄写ノ上可差出候条此旨相達候事

となし、その別紙表に

何府県裁判所裁判件数表　…………		
裁判件数		
民法	金穀ニ関スル	何件
	金穀ニ関セサル	何件
刑法		何件

という如く、金穀ニ関スル件金穀ニ関セサル件の名目を以て、これに代えるまで行われたのであるが、さらに本公事金公事と並んで、仲間事の名目とその制度もまた、この時代旧態依然として存続したことは、後段論証する通りに明瞭なる事実であるのである。

（1）『国家学会雑誌』四二巻一一号、四三巻二、七、九号。
（2）本編所説の要点は、『法律時報』三巻八号所載拙文「我古法に於ける「無尽金」不受理制」において、極めて簡単ではあるが既に紹介したところである。
なお、大坂地方については、既に早く、少なくとも慶安年代から仲間事不受理制が行われた。事実、後述の如き江戸法の仲間事概念に比して、大坂のそれはより広いものであったらしいことを知り得た。その委細は、拙文「判例近世大坂私法一斑」（『中田先生還暦祝賀法制史論集』所収）一〇四頁以下参着。
（3）『民事要録』甲篇五七頁第二条。
（4）同上四三頁第三十三条。

二

所謂仲間事不受理（無取上）(1)の原則は、寛保二年に成れる『公事方御定書』下巻「借金銀取捌之事(2)」の条にいう、

従前々之例　一連判証文有之諸請負徳用割合請取候定
同　一芝居木戸銭　　仲ヶ間事ニ付無取上
同　一無尽金
寛保元年極　但証文慥ニ有之候共仲ヶ間事ニ相決候付而ハ一向取上申間敷事

なる法規を以て確立されたのである。しかし右法文に「従前々之例」とあるところからして、さらにまた右御定書の規定制定の参考とせられた制度を示し、且つその制度から右の法文成立への経過を物語る、

極　連判証文有之諸請負
一徳用割合請取候定
芝居木戸銭　　仲ヶ間事ニ付無取上
無尽金
▲但仲ヶ間事と相見候而も慥成証文有之分ハ品ニより済方可申付事
朱　書
是は只今迄之取捌之趣を以相認申候
懸紙
▲　極　但証文慥ニ有之候共仲ヶ間事ニ相決候付而ハ一向取上申間敷事(3)

なる文によって見るも、御定書以前にも仲間事不受理制が行われたことを知り得るのであるが、右掲示の二例を対照比較する時自ずから分明なる如く、『公事方御定書』以前の制度によると、以上列挙の如き仲間事であっても、「慥成証文」が存在する場合は、その訴訟は裁判されたものであって、「慥成証文」なる条件を欠く場合にのみ受理されないというだけのことであり、金公事本公事の各客体について、その出訴条件を備えざる場合にこれを受理しなかったのと、何らその本質を異にするものではなく、仲間事といえども「慥成証文」の存する限りは、法律上当然に保護されたものと解し得られるのであるが、公事方御定書は俄然これを一変し、「証文慥」なりといえども全然これを受理せずと規定するに至り、御定書以降は所謂仲間事に属する私権は、仲間事たることを以て当然に、裁判上の保護を享受し得られなくなったのである。

かくの如き原則は、徳川時代を通じて明治初年に及び、明治五年十一月廿八日附を以て廃止されるまで行われたのである。もっともこの種制度に関し、明治時代に入ると間もなく、社会思想法律観念等の変遷につれて、その適用に疑義を生ずるに至りしものの如く、その廃止令の出る以前において、頻々と各地方官庁は中央官庁に向かって伺を提出し、仲間事不受理についてその指令を仰いでいるのである。即ち明治五年壬申二月七日指令同四年辛未四月五日新潟県伺(4)

　芝居木戸銭遊女揚代金其外仲間事勘定滞訴出候節如何可取計哉

　指令　追テ御規則被仰出候迄従前之通リ可相心得事

司法省指令壬申〇明治五年四月福岡県伺(5)

　頼母子講掛金滞出入又ハ芝居木戸銭或ハ仲間事ノ類ハ取上マシク候歟……

同〇明治五年壬申六月二日指令同年四月日不詳福岡県伺(6)

　六月二日指令　伺之通

　頼母子講掛金滞出入又ハ芝居木戸銭或ハ仲間事ノ類ハ取上間敷候歟

　指令　伺之通

同〇明治五年壬申九月十四日指令同年七月二十二日鳥取県伺(7)

　頼母子講掛金滞出入又ハ芝居木戸銭等ノ類ハ取上ヶ申間敷哉

指令　伺之通

などとある如くである。かくの如き情勢を経て、同五年壬申十一月二十八日指令同月十二日新潟県伺(8)

無尽講仲間事ニ属スル金銭差引ヨリ起ル訴ハ旧幕府中不及裁判候得共証拠明瞭ナル分ハ裁判可及哉

指令　伺之通

を以て、証拠明瞭なるものは仲間事に属する私権たりともこれを受理すと改められ、徳川時代来の原則、仲間事たるの故を以て当然に受理せずという規定が、停廃せられることになったのである。なおこの指令が、中央官庁の仲間事不受理制廃止の意志の表現であることは勿論であるが、右の如く新潟県のみに対する一部的指令であったことから、直ちに一般に徹底するに至らなかったものの如く、翌明治六年になって滋賀県が、堂々と正面からこの制度の不合理を指摘し、その存立の理由奈辺にありやと、伺い出ている事実があるのである。即ち同〔明治〕六年三月二十七日指令同年二月三日滋賀県伺(9)

壬申七月二十二日鳥取県ヨリ伺書中頼母子講掛金滞出入或ハ芝居木戸銭等訴訟ハ取上ヶ申間敷哉伺之通ト御指令相見ヘ候右ハ如何ノ訳ニテ取上裁判不致儀ニ候哉就中芝居木戸銭之如キハ現在税金モ取立候上ハ右ニ付金銀滞訴出候節ハ取上裁判不致候テハ彼渡世ノ者ノ権利ヲ妨ケ候様存候頼母子講ノ如キモ人民互ニ確実ノ約束ヲ結ヒ相当財本ヲ出シ衆力ヲ合シテ行ヒ候事ニ付前途諸事業ヲ起シ諸職業ヲ創ムルニモ此等ノ儀ハ専被行可申利用厚生ノ道ニ於テ妨ナキノミナラス或ハ有益ニ属シ可申世ノ所謂富並ニ鬮ニ類スル講ノ如キ僥倖ヲ以財ヲ釣ル等ノ類トハ大ヒニ異ナリ候様存候右等裁判不及ハ如何ノ訳ニ候哉

指令　頼母子之儀ニ付鳥取県ヘ指令ノ節迄ハ旧幕ノ成規ニ因リタル者ニテ昨壬申十一月十二日新潟県ヨリ無尽講仲間事ニ属スル金銭差引ヨリ起ル訴訟ハ旧幕中不及裁判候得共証拠明瞭ナル分ハ裁判可及哉之段伺出之節詮議ノ上改テ伺之通ト指令致シ置候間其心得可有之就テハ芝居木戸銭等ノ儀モ同様証拠明瞭ナル分ハ取上裁判ニ及フ可キ事

とあるはこれである。さらに明治七年に至ってもなお、同〔明治〕七年二月廿八日指令同年一月二十日鳥取県伺(10)に、

頼母子講掛金滞出入又ハ芝居木戸銭等ノ類訴訟ハ取上申マシキヤノ旨壬申七月相伺同九月中伺ノ通御指令相済候処明治六年第三百六十号公布出訴期限規則第一条ノ内芝居等ノ木戸銭又ハ桟敷銭等ハ六ヶ月限ト有之候ヘ共頼母子講掛金

ノ儀ハ右御規則中ニモ無之上ハ従前ノ通取上ヶ申マシキ哉
指令　証拠明瞭ナル者ハ取上ヶ裁判ス可シ尤モ丁卯ノ分ト可心得事

とある如く、未だこの制度の廃止されたことを了知しない官庁が、存在する状態であったのである。しかしこの種制度を不適当と見る思想は、右掲出の各文に徴するも、一般的なものであったのであるが故に、仲間事不受理制停廃の主旨は、その後間もなく一般に了解せらるるに至ったものと思われるのである。

(1) ここに「無取上」とは、単に当該私権を裁判所受理せずの意味で、それを無効とする効果を生ずるものでないが、この点については中田薫『法制史論集』第二巻五三五頁、前掲拙稿「徳川時代の特別民事訴訟法」第三節、拙稿「徳川時代に於ける債権及び債務の移転」(『法政研究』第一巻第一号)二八頁等参照。
仲間事不受理の原則が、私領にまで行われたか、あるいは同種の制度が私領にも存在したか否かは後考を俟たねばならないが、『東論語林』巻之十一「同年申(寛政十二年)十二月本田豊後守様より御家来大星源吾を以甲斐庄武助様江御問合并御付札」に「領分百姓町人之内無尽取立右連之内百両手取リ掛返金仕筈之処追々越三拾両も滞講元より致催促候得共難渋之趣ニ而掛返金不仕候尤金百両受候筈帳面ニ受取印形仕候由右無尽分当リ鬮之節懸返金不足之分講元より相弁候義ニ可有御座哉懸返銀不致者より為差出義可有御座候哉右体之儀者所役所江訴出候而も無尽相対之儀不取上筋ニ可有御座哉御書面無尽は相滞之儀ニ而講元連印兼而之極又は対談次第故済方定法も無之候尤右体之儀御領主役所江訴出候ハヽ無尽ハ仲ヶ間事ニ付証文慥ニ候得共相対ニ而可済は格別御取上難成旨御申渡吟味裁許等之不及沙汰筋ニ候奉行所江願出候も同様取上不申事ニ候已上」とあるところから、少なくとも無尽については、幕府法の原則が諸藩にも及んだものではあるまいか。なお芝居木戸銭については、黒田家『収租税沿革書』なるものを見ると、「営業税　諸芸興業運上　角力歌舞伎ヲ始其他種々ノ芸芝居興行等ノ冥加ニシテ其品ニ依リ上中下ノ等ヲ区別シ日数ニ応シ収納ス」とあって、黒田藩においては芝居に対し営業税を課したことを知るのであるが、これに反し後述の如く幕府租税法上は芝居に対し課税することなく、これが芝居木戸銭不受理の一理由でもあったらしいのであるが(先に掲出せるところの註(9)所引文参照)、もし然りとするならば、黒田藩において芝居に課税する以上、黒田藩内には芝居木戸銭不受理制が行われなかったのではあるまいか。
(2)『徳川禁令考』後聚第二帙三〇五頁。
(3) 同上三〇九頁。
(4)『民事要録』甲篇七一七頁第一条。
(5)『法例彙纂』民法二、一〇一一頁。
(6)『民事要録』甲篇七一七頁第二条。

（7）同上第三条。
（8）同上七一八頁第十五条。
（9）同上七一九頁第六条。
（10）同上二八二頁第九条。

三

徳川幕府法上の民事訴訟法はまず訴訟の客体を、先に掲げた拙文「徳川時代の特別民事訴訟法」において既に述べておいた通り、普通民事訴訟たる本公事の客体と、特別民事訴訟たる金公事の客体とに分類し、両類族に属すべき客体を個々列挙し、さらに本編にいう「仲ヶ間事」なる一団の民事関係を列挙類別しているのであるが[1]、かくの如き類別の生ずるに至れる理由、及びその名目の拠って来る所以を究明することは、当時の民事訴訟法を理解し、ひいては当時の民事法の本質を窺うに、有力なる手段たるを失わないことは言うを俟たないであろう。よって自分は前掲拙文において、金公事の客体についてはすでにこの種の考究を試み、金公事なる名の拠って来る所以は、金公事訴訟の客体が、過半物的担保を伴わない利子附金銭債権であったことにおいて存することを明らかにし、さらに金公事債権が他と類別され、先にも一言した如く、本公事の客体よりも法律上の保護において欠くるところありという制度は、当時金公事債権に属する私権は、相互の誠意を信じて取り結ぶ契約の結果であって、元来官の手を籍りてその間の問題を解決すべき性質のものでないという思想が一般に存在したこと、金公事訴訟が繁多なりしこと、債務者保護の立法精神、以上の三者が少なくともその主たる成因として構成されるに至ったものとの観察を下しておいたが、今自分は本編においても、同じく金銭債権でありながら金公事の客体よりもなお一層法律上虐遇されている仲間事について、その名の生ずるに至れる理由、及び何が故に仲間事不受理の制度を設けるに至ったか、これらの点について少しく考究して見たいと思うのである。以下序でを追うて、仲間事に属する諸法律関係の各々について、まず一応その法律関係の内容を理解し、次いで以上の諸点に関する考察を試みることにしたい。

なおここに一言すべきは、「仲ヶ間事」とは本編の初めに列記したところの三者だけを指称するに止まり、仲間事なる字句の普通の意義即ち仲間内の法律関係一般を、広く包摂するものではなく、一方右の三者必ずしも仲間内の法律関係ではなかったということ、換言するならば、当時の仲間事なるものは、厳格な列挙主義によって、しかも異分子が個々選定されて一団をなしていたものであるということである。前述の如く、厳格な意味の仲間事不受理制が廃止されるに至った明治五年十一月廿八日以前に、即ち同〇明治五年壬申十月十三日指令同年七月十九日愛知県伺(2)によると、

会社等都テ仲間ニテ取極官ノ許可ヲ受サル規則議定等ヨリ相生スル差縺ハ訴出ルトモ条理紊乱セルモノハ取揚間敷哉

と伺い出で、

確拠の証書ヲ以テ訴出ル時ハ取上裁判ス可シ

と指令しているが、右伺は所謂仲間事が会社の如き社団あるいは組合即ち仲間内のあらゆる法律関係をも包含するものとの誤解に出でたものであり、その指令はよくその正当を認識した上でのものであるということが出来るのであるが、これは仲間事が一般的な意味の用法に従ったものでないことを立証しているものといえるのである。また以下に述べる通り仲間事に属する法律関係は、必ずしも仲間内の法律関係のみではなく、殊に芝居木戸銭の如き全く仲間内の法律関係上のものではないが、なお仲間事の一つに算入されている如く、仲間事の普通の字義からする時は、明らかに当然入るべからざる異分子を包含していることは、所謂法律上の仲間事なる概念が、簡単な単一的内容の概念ではなかったことを示すものである。さらにまた以下に述べるところであるが、所謂遊女揚代金の如き、芝居木戸銭なるものとその法律上の本質を全然等しくするに係わらず、芝居木戸銭とは別扱いを受けて、仲間事に属せしめられなかった如き、また以て仲間事私権が個々列挙法定されたものであったことの、徴証といい得るであろう。

（1）拙稿第一節。民事訴訟の客体を本公事金公事と分類し、その各々に属する各民事関係を、それぞれ金公事本公事の款項の下に列挙せる事例は、各書についてこれを見ることが出来るが、仲間事に至っては、第二節註（2）所引文の如き形式を以て、表現されているのが普通である。ただ家蔵の『目安秘書』第五十一条「金銀取捌本公事金公事差日之差別之事」の条下には、

本公事
一……（以下各条列挙）
仲ヶ間事
一連判証文有之諸請負ニ徳用割引請取候定
一芝居木戸銭　　一無尽金
金公事
一……（以下各条列挙）
の形式を以て、三者を併立せしめている。
（2）『民事要録』甲篇一八頁第四条。

四

仲間事に属する個々の私権について説述する前に、仲間事不受理制定の第一次的にして一般的な而してまた基本的な立法理由が、考え得られると思うので、まずその点をここに述べておきたい。それは他でもない、訴訟の整理という司法行政上の事由である。

仲間事に属する各種の私権は全部、次節以下に述べる通り、当時の一般観念上反道徳性の度合いの比較的濃厚なもので、そのことが彼らをして法律上の保護を受け得ざらしめた、一般的原因の一つであったことが、著しく目立っているのである。然らば彼らが、当時の道徳上歓迎すべからざる存在であったが故に、特にこの種一団の私権を受理せずとなし、法律上虐遇するに至ったものであるかというに、そうではなく別個の目的から彼らの反道徳性という本質に着眼し、これを受理せずとなすことによって、その目的に添わんとしたものであると考えるのである。換言するならば仲間事私権が反道徳性を保有するがためではなく、一定の目的を達成するがために、反道徳性を有する一団の私権が利用された形であるというのである。その目的というのが、先に述べた訴訟の整理なのである。前掲拙文にいう通り、当時健訟の風興り裁判所は事務の繁多に困惑し、その対策を講じているが、金公事訴訟制がその立法理由の一に訴訟整理なる条項を有つものと解し得られることは、その対策の一の現れであるのであるが[(1)]、この種の政策がまた仲間事不受理制成立の根底をなすものと考える訳なのである。それは厳格な意味の仲間事不受理制なるものが、寛保元年突如成立するかに至ったものであるが故に、もしその立法理由の根幹がその反道徳性にありとするならば、この時を以て当時の道徳意識が突然一変して、仲間事を反道徳性のものと観念するようになったと見なければならないが、道徳観念がかく突然に変化するものとは、その本質上考え得られない、然りとすれば寛保元年以降反道徳性ありとするものは、それ以前においても遠き過去ならざる限り、殆ど同様であるべきであろう。かく考えて来ると、どうしてもその直接の根幹的立法理由は、これを他に求めなければならなくなるのである。ここにおいて、当時の裁判制上の一要請である訴訟数整理の事実に思い当たったのである。繰り返していうならば、仲間事不受理制の第一の而して一般的基本的立法理由は、訴訟の整理という司法行政上の要請であって、この要請を充分に満たすにたまたま恰好のものとして、反道徳的色彩を有する仲間事私権が、利用されるに至ったものであると考えるのである。

仲間事私権のそれぞれに特異な立法理由と考えられるものについても、前段同様のことがいえると思うのである。故に以下各節において述べる立法理由は、各仲間事私権の個別的理由であり、且つよしそれが倫理的方面の一般性を有つものであっても、仲間事制度の立法理由としては第二次的のものであって、その一般的根本的理由は本節所説の如きものと解せられるということを、銘記しておかねばならない。

(1) 拙文「徳川時代の特別民事訴訟法」の結論参着。

五

仲間事の一つとして挙げられる「連判証文有之諸請負徳用割合請取候定」とは、『律令要略』の「借金売掛金銀」の条に

一惣而無尽并仲間出入無取上　但仲間出入は普請其外請負事大勢申合徳用分散之致約束勘定無差引不相済出入相対次第ニ無取上

とあり、『青山秘録』一、第十三条に

一仲ヶ間事出入之事芝居木戸銭無尽金其外連判有之諸請負徳用割合勘定合等之義を申立仲ヶ間内ニ而之損益勘定合を申争候出入は都而不取上定例ニ候

とあるところなどからして、協同請負者間（「大勢申合」、「連判有之」）の利益（「徳用」、損失の場合も同様）分配上の金銭債権を意味するものであったことを知り得る。但しこの場合の請負とは、法律上厳格な用例にいうところの請負（もっとも前示の如く「仲間出入は普請其外請負事」とある通り、これを目標に立法せられたものと考えられるが）のみではなく、一般広義に行為というくらいの意味に用いられたもので、ために連判証文有之諸請負徳用割合請取候定とは、一般協同行為者間の内部関係上の債権をも、広く意味するものであったらしい。それは後段所引の寛政十一年の判決例によって、仕送金なる貸金共同債権者間の内部的請求権が、場合により仲間事となる場合があり得ることを知るところあるが故であり、また『新正御評定所御載許御留書』(1)の「仲間出入」の条に

一田所町弥市左エ門店馬喰町太郎左エ門儀深川八幡ニ而勧進相撲有之候節青山久保町浅右エ門方より桟敷請負浅右エ門方より金子相渡候処差引残金不相済旨雖申出勧進相撲仲ヶ間出入ニ相聞候条不及裁許

との判例も見られる。これを要するに右の如き冗長なる名を以て表現される私権は、協同行為者の第三者に対する対外関係上の債権ではなく、対内関係上の即ち多数協同行為者相互間の利益分配上の請求権をいうのであったのである。

これを以て見る時、まずこの種の法律関係が仲間事の一に算入される根拠が、一団の多数者内即ち所謂仲間内の法律関係という点にあることを理解出来るのであるが、のみならず仲間事なる総括的名称は、実は元来この種の法律関係に冠せ

られた名称が、その内容実質に必ずしも適合した用例でないことは先にも一言しまた後にも述べる通りであるが、立法技術の上から一般化せられ、無尽金、芝居木戸銭の二者をも包摂するに至ったものであり、且つ従ってこの種の法律関係が仲間事の代表であったということを知り得るのである。それは前示御定書の法文について見るも、この種の法律関係が列挙上第一の順位に置かれていること、前掲『律令要略』の文に

一惣而無尽并仲間出入無取上　但仲間出入は普請其外請負事云々

「寛保元酉年七月町奉行より書抜来候例書之内」(2) 条々中に

一……芝居木戸銭……町方無尽金出入仲ヶ間事出入ハ裁許不申付候……

「闕年号大坂表金銀出入取計之事（原書ニ「此書面天明五巳年之取計と相見候事」トアリ）」(3) の条々中に

一講銀頼母子銀等之滞願者仲ヶ間事ニ准無取上

また既に所引の如く明治初年の関係資料にも、「頼母子講掛金滞出入又ハ芝居木戸銭或ハ仲間事ノ類ハ」、「芝居木戸銭……其外仲間事勘定滞訴出……」(4) などと見える通り、芝居木戸銭無尽金と併立せしめる場合にも、なお連判証文有之諸請負徳用割合請取候定を仲間事あるいは仲間出入と略称した事例の存すること等によってこれを知るのである。

以上二段の説述にて、仲間事なる名称の源流を尋ね、連判証文有之諸請負徳用割合請取候定なる法律関係の内容を知ったので、次いでこの種法律関係上の私権不受理の立法理由如何を説明したいのであるが、その前に究明しておかねばならぬことがあるのである。それは、仲間事不受理制度の原則に影響するところ大なりと考えられそうな史料が見られるのであるが、その史料とこの種制度の原則との関係如何ということである。御定書の原則によれば、たとえ「証文慥」なりとも、仲間事私権は絶対にこれを受理せざるもので、御定書以前の制度が「慥成証文」の存する場合は仲間事私権たりともこれを受理したのと、制度の本質において全く異なるところがあったこと、既に第二節において詳論した通りであるが、本節の連判証文有之諸請負徳用割合請取候定については、次の如き例証の存することから、少なくとも寛政十一年以降、よし証書が存在するもその協同行為者間の権利関係（「割合」）を明確に記載せざる限り、これを受理しないというに止まり、明確な内容の証文が見られる場合は当然これを受理するものであり、さらに証文を以てしてはその内部関係明瞭なら

ずとも、それが他の証拠方法によって判然する場合は、直ちにこれを取り上げ裁判するの意味に、前記御定書の規定の解釈を、変更することになったものと解し得られるのである。即ち「寛政十一未年六月下野守掛武州千住小塚原町伊兵衛相手品川町裏河岸卯兵衛店久右衛門外壱人仕送金割合出入」(5)なる文中の御相談書に、

……久右衛門〇相手方（被告）伊兵衛〇訴訟方（原告）両人名ニ而相馬因幡守……勝手向賄方引請候……仕送リ引請候……仕送リ金高之内四分三ハ久右衛門四分一ハ伊兵衛より差出候段者双方申口符合いたし候尤右割合之儀議定証文にも無之伊兵衛久右衛門内相対之極メニ候得共双方出入金高帳面にも四分一四分三之割合相記因幡守方江も差出有之上者仲ヶ間事共難申依之収納米三万五千俵払代之儀ハ四分一四分三之割合を以勘定いたし不足之分ハ双方より因幡守方江可相願筋ニ而相互ニ不実之儀無之様和熟いたし可取計旨云々

とあるがこれである。これを要するに連判証文有之諸請負徳用割合請取候定なる多数者間の法律関係上の私権についてはその内部関係であっても、よしそれが証文上明瞭でないにしても、ともかく他方面からして明確なる限り、これを裁判するものであるとなしたもので、ただ御定書以前の制度は証文上明確を必要としたらしく、寛政十一年以降は単に明確なれば充分で、証文上明確ということは必要とされなかったという点において二者多少の差異を見るのであるが、寛政十一年度の御定書規定の解釈変更は、御定書上の仲間事不受理制度を廃止して、御定書以前の仲間事不受理制の精神を復活せしめるに至ったものであるといえるのである。しかしながらこの寛政十一年度の解釈が、永く支持されたか否かは頗る疑問で、同種の類例を他に見出し得ざるのみならず、前掲明治初年諸伺文による時、即ち明治初年始めて内部関係明瞭なればこれを受理すとなされたもので、それ以前は以下に明瞭なりとも裁判されなかったものであったこと充分疑いのないところであるから、なお徳川時代を通じて御定書の規定が原則規定として行われたものと考え得るが故に、右寛政の制はあるいは前例としてその後援用されるということなく、一時的に解釈を変更したに止まり、その後直ちに御定書の原則に復帰したのではあるまいか。否この寛政十一年度の解釈は、御定書の規定の誤解であったのではあるまいか。

さて何が故に、この種協同行為者の対内関係上の私権を仲間事に算入し、その裁判上の保護において全然欠くるところあらしめたか。その理由については、当時の立法者の意思を明らかに窺うに足るが如き史料は、今全く見出し得ないので

あるが、諸種の関係資料を以て考うる時、大体左の如きものであったろうとの推量をなし得るのである。

この種の債権繋争は、前掲の如く「仲ヶ間内ニ而之損益勘定合を申争」[6]うものであり、「金銭差引」[7]より起こる訴訟であって、その債権が金銭債権たることは明白であるが、その金銭債権たりという側からのみ見るならば、本公事あるいは少なくとも金公事の客体の一つとして、当然に受理されねばならないのである。故にそれがなお且つ裁判されないのは、その債権関係が所謂「仲ヶ間内」に存する金銭債権であるという点に、かかって存するものと考えられるのである。果たして然らば何が故に「仲ヶ間内」なる性質が、その私権の裁判上の保護を却けしむるに至ったものであるか。前出寛政十一年の文によって見るも、「仲ヶ間内」の権利関係は往々にして不明確なものであると、当時の法曹も考えていたものであるらしいが、また普通に考えても「仲ヶ間内」の権利関係は、即ち多数者の共同行為の結果たる法律関係における内部関係は、その相手方に対する対外関係より、不明確なる態様を呈する恐れが充分あること想像に難くないのであるが、かくの如くその法律関係が明瞭を欠く嫌いが存するという点が、この種私権不受理の一理由であったものと考え得られると思うのである。さらに次の如き倫理的立法理由を求め得られると考える。仲間の各員は、協同行為者であり共々受益者であり（あるいは損失者）、また人的にも密接親密な間柄にあることが常態であったであろうから、共同の相手方に対するよりも、遙かに人的に親密な関係にあったというべきであるが、この種親密なる者の間の権利抗争は、裁判所において受理すべからざるものとなす思想が存在して、この種制度の一立法理由をなしているのではあるまいか。かくの如き親密なる者の間の訴訟は受理しないという思想の存立は、既に前掲拙文において述べた通り、奉公人あるいは家来の主人に対する訴訟、家主の借家人に対する訴訟、その他一定の親族間の訴訟はこれを受理せずという法理が存すること[8]より推考するところであるが、この推量はその当を得たものと信ずるのである。なおさらに、当時前述の如くこの種の法律関係を成立せしめるにつき、最も普通の行為と考えられ且つ予期せられていたものと推測し得られる、法律上いうところの請負を以て、正道と見ない傾向が存したことを、併せ考うべきである。即ち『世事見聞録』（文化十三年頃の著作）[9]七の巻「日本神国といふ事」の条に、

中人以下は更に義理も恥辱もなく偏に奢侈・淫欲・貪欲を心とし、行状は潜上売買・諸勝負・請負事・拵公事……流

行するなり

とあり、佐藤信淵の『復古法概言』（弘化二年の著）(10) 三二八頁に

且又諸普請等の樸買《うけをひ》することを禁ずべし、凡樸買といふ者は、数十家の産業を奪ひ、一人にて大利を貪り取るの業にして、姦民の最たるものなり

以上二例は仲間事不受理制成立当時より遙か後代のものであるが、右二例を以て逆推して、この種制度成立時代、即ち享寛時代また同様なりとなすも大なる誤りを犯すものではあるまい。

以上約言するならば、当時裁判上相抗争すべきでない親密者間の権利関係であり、その関係の拠って来る行為が場合により正道と見られざる底のものであり、且つその権利の内容が往々にして明確を欠きやすいものであるということが相俟って、連判証文有之諸請負徳用割合請取候定なる法律関係上の私権の不受理制が、出現するに至ったものと思うのである。

（1）註（5）参照。
（2）『徳川禁令考』後聚第二帙六七一頁。
（3）同上四六二頁。
（4）第二節註（4）及び（6）所引。
（5）『徳川禁令考』後聚第二帙四八一頁。本文にいう仕送金とは、その法律上の性質は貸金に他ならない。ただ借り手が武家であるところからこの種の特称を冠したに止まる、このことは前掲拙稿「徳川時代の特別民事訴訟法」第一節「金公事の客体」第廿「仕送金」の条に述べておいた。なお一二例証を附加すれば、『翁草』（『日本随筆大成』本）巻之百九十八、八六七頁に「元文寛保の頃、……山本中弥……同組の与力へ仕送と称し、録を貸附、……元銀は損失にして仕送りを断……」、同上巻之六十三、七九一頁に、「甲斐守の仕送りに、大分金銀を失ひ、……。」。
（6）本節初段所引。
（7）第二節所引明治初年諸文参着。
（8）「徳川時代の特別民事訴訟法」第三節第二の一「当事者」。
（9）『改造文庫』本、以下同一本による。
（10）『佐藤信淵家学全集』中巻。

六

仲間事の一つとして挙げられる「無尽金」とは、所謂頼母子無尽（頼母子無尽はその沿革上は必ずしも同一ではないが、徳川時代においては異名同事）関係上の掛金請求債権と、当たり金請求債権の二者を意味するのである。(1)

頼母子無尽は、既に早く少なくとも中世鎌倉室町時代に存在し、当時においても相当一般に流布していたようであるが、徳川時代に及んでは著しき流行を見るに至ったもので、既に早く慶長年間来その風ありしことを、三浦浄心はその著『慶長見聞集』(2)巻之二「江戸にてむじんはやる事」の条に

聞しは今、関西大坂堺にてのはやりもの、関東江戸まで流行しは、たのもし無尽と名付て、ひんなるものが有徳なる者をかたらひ、金を持寄座中へ出し、百両も二百両も積置、皆入札を入是を買とる、うとくなる者は貧なる者に高ふ買はせ、毎月金の利足をとるを悦び、貧なる者は持ぬ金を得るここ地して、歓ぶはやりものなれば、云々

と記載している。而して右三浦浄心の述ぶるところについて見るもわかるように、徳川時代の頼母子無尽もまた、中世と同様大体一の共済的あるいは相互収益的意味を以て行われたものであるが、徳川中葉前後からこの種慣行に模して、所謂「取退無尽」という賭博類似の射倖的無尽が発現し、その流行著しきものがあったので、幕府は賭博厳禁の根本方針に従って、取退無尽の禁止関係者処罰に関し、屢々法令を発布しているのである。この種法令にして、幕府の制定にかかるものの初見は、享保元年の「一取退無尽宿并頭取之家主身上ニ応シ過料之上百日手鎖(3)」であるように見えるが、既に京都においては、牧野佐渡守によって早くも「明暦元未年十一月廿六日条々(4)」

一博奕頼母子一切之勝負又は辻小路におゐて銭勝負等堅令制禁之殊宿仕候輩ハ別而可処重科事

なる法律が発布されているのである。大田南畝の『一話一言』「講習余録」の条に、

講習余録宝永丙戌三年晩秋二十六日夜網齋識の序あり……ハクエキハ天下ノ御制禁タノモシハ京都ナドハ御制禁也、云々(5)

とあるは、右京都の法令の存在を叙述したものであるが、この場合の頼母子が射倖的なものを意味するか如何かは、確証のある訳ではないが、右の法文及び南畝の叙説の字句の配置の上から、博奕と同視された頼母子を指称したものと推考せられるので、敢えてここにこの禁令の説述を試みたのである。さて幕府はかくの如く従来断片的に発布されたこの種禁令を、整理統一し、寛保元年その一般的原則規定を制定し、以来断然この種の射倖無尽に関する取締も厳重にしているのである。『公事方御定書』上巻「寛保元酉年取退無尽之儀ニ付御触書(6)」の条がこの統一された原則規定であり、同所下巻「三笠附博奕打取退無尽御仕置之事(7)」の条は、その細則処罰例を定めたものである。次に多少長文に亘る嫌いがあるが、寛政七年における当局の一評議文を掲げて、この間の事情と、取退無尽と普通の無尽（「一通之無尽」）との差異の法律的標準を理解しておこう。即ち「寛政七卯年御渡町奉行小田切土佐守伺頼母子と名附候無尽吟味取計之儀ニ付評議(8)」に

……寛保元酉年之御書付（前段の御定書上巻の法文を指す）ニ取退無尽と号三笠博奕同前之儀有之停止相触候処今以不相止寺社建立講又ハ品々之講と名附取退無尽致し候ニ付顕候分は御仕置被仰付向後右体之儀有之ハ三笠博奕同前之咎可申付と有之（本件は）三笠博奕同前之仕方故御仕置も同様被仰付候儀ニ而兼而連中を極賭金会日を定候迄ニ而望之ものハ札を買講会日に罷出当鬮之者江金子相渡其日限之取計ニ致し候類三笠博奕同前故右之類を取退無尽と相心得罷在候……一件吟味ノ趣ハ賭金并人数之定有之右取極候人数ニ為合会日定置終会迄之内連中不残手取致し候積リニ而当鬮之者ハ跡賭之代リ手取金之内残金致し右金子貸附利足を以跡賭を致し候積ハ連中之者之申合ニ而取退無尽とハ難申博奕三笠附之類とも趣意違可申……（故に）……一件之儀も一通之頼母子無尽ニ候……都而無尽頼母子等之儀名目ハ其通ニ而も内実之取計ニハ品々之不正も可有之哉畢竟連中江損金を掛候趣意に候得ハ右ハ取退無尽之方江附候も可然云々

と、正にその委曲を尽くすものである。さてかくの如く、「連中江損金を掛候趣意」の無尽ではなく、相互収益的な「一通之頼母子無尽」については、何ら禁制するところなく、その慣行は法律上認容されていたのである。『天保集成絲綸録』百四所収文化九申年九月の条(9)に

市中ニ而頼母子講と号し、親類又は懇意之もの申合、違変之節、且ハ相続方之為二取計一候ハ、全く之頼母子ニ而、跡掛金も有レ之、如何之筋も無レ之間、右之類ハ、是迄も差留候儀は無レ之処、云々

とあるはその積極的な明証である。而してこの「一通之頼母子無尽」、即ち典型的な且つ法律上認容されている無尽関係上の金銭債権が、法律上いうところの「無尽金」であり、取退無尽関係上のそれは当然に包含しないものと考える。何となれば、今その具体的例証には接しないが、取退無尽関係上の金銭取引関係は、この種無尽の禁止されていることから当然に無効であって、訴権を伴わざる私権としても、存立を許されざるものと、推定して誤りなきものと思われるからである。

さて次に無尽金とは、掛金請求権と当たり金請求権の二者をいうものであることを論証するならば、『勘要記』三、二十条「頼母子無尽之義ニ付近藤隼人より問合之下ヶ札」に、

下ヶ札御書面之趣は頼母子無尽掛金滞候義を及出入候事と相聞申候無尽金之義は及出訴候共於奉行所取上不申事ニ有之候以上

戌二月石川左近将監

「同断之義ニ付井上内膳正より問合之下ヶ札」に

下ヶ札書面見継講と申者頼母子無尽之義と相聞申候頼母子無尽鬮当り之金子会主より不相渡候は不届ニ相聞候得共夫ニは次第も可有之義ニ而素と相互之申合之義借金滞とも訳違候事故出訴候共於奉行所は取上不申義ニ有之候

云々

また寛政元年己酉五月四日御勘定奉行へ問合、同七日御付札[10]に

無尽取建候者有レ之、追々相催候処、故障之儀有レ之、暫中絶仕候、然処連中之内より、右掛金相滞候由申出候ば取上、講元之者へ済方申付候儀に御座候哉、連中之内も是迄当鬮之者へは、為二差戻一候様可レ致儀御座候哉、又は一体相対之事に候間、相対に済候はゝ格別、願出候ても取上申間敷儀御座候哉、御内々御問合申上候、……御付札御書面無尽掛金等之出入は、取上不レ申候に付、相対にて可レ済は格別、難二取上一段御申渡可レ然と存候

とあり、さらに前掲の如く明治初年各県よりの伺文に、「頼母子講掛金滞出入」あるいは「頼母子講掛金」[11]はこれを受理するや否や等の文句を見ることが出来るが、これらに拠って特別の説明を要せず、直ちにその然る所以を理解することが

出来よう。

最後に、かくの如き無尽金は何が故に受理されなかったのであろうか。その立法理由については、これまた各種の理由を考え得られるが、就中主要なる中心的理由は、頼母子無尽が当時の道徳観念と相容れざるところがあったということ、簡単にいうならばその反道徳性という本質にあったと解せられ、前節において問題とした仲間事私権の倫理的立法理由の、その立法理由中における地位とは、自ずから異なるところがあるように考えられるのである。この中心的立法理由は後段これを詳説するところであるが、その前にこれ以外の理由を尋ねておきたい。

頼母子無尽関係は、前掲公文にもいう通り「……親類又は懇意之もの中合……(12)」って成立せしめるものであり、また『一話一言』「護花関随筆二編抄」の条に

はるか昔はしらず、中頃迄は知音親族の中故ありて困窮なるものあればこれを救ふために会をむすび、金銀を持よりて見継侍るゆへ、頼母子と名つけし云々(13)

『撈海一得』に

今人患難アル時ハ親戚朋友社《コウ》ヲ結ヒ金ヲ彙テ相救ヲ頼母子《ムジン》ト云云々(14)

などとある如く、主として親族知友等の親密なる者の間に存する相互収益団体の関係であったのであるが、然りとすれば無尽金と前節の仲間事債権とは、よし前節のそれが第三者より受領する利益の分配上の関係であって、この場合とその形式においては必ずしも同一ではなかったとはいえ、共に親密者間の利益分配を縁由とする金銭債権であるという点において、相共通する性質を有っているということが出来るのであるが、果たして、然りとすれば、前節の仲間事私権について述べたと同様、無尽金についても、それが親密者間の法律関係であったという点に、その立法理由の一条款を求め得られると思うのである。

次に前述の如く、当時取退無尽の流行著しく、当局これが禁遏に腐心しているのであるが、これとその形式の類似から紛れやすき普通の無尽関係上の金銭債権は、その判別の繁を前以て避くるために、一律に受理せずということにしたのではあるまいか。

第三にその中心的立法理由と考えるところの倫理的理由とは、如何なるものであったかを見よう。前掲『慶長見聞集』に

　夫無尽といふ事は、ひんなるもの丶たくみ出せる悪事なれば……是により無尽のある年は、かならず国さはがしきこ
　とあり、云々[15]

とありて、少なくとも徳川初期において頼母子無尽を目して悪事と観念する傾向のあったことを、推測し得られるのであるが、その初期のみならず以後相当期間、同様であったことは想像に難くない。さればにや当時の制度によると、社会の儀表たるべき武士が無尽の関係者たることをいたく嫌い、関係者はこれを厳重に処罰しているのである。即ち「武家之家来ニ而も取立候儀ハ致間敷趣意を以明和元申年評議之上軽も御咎附可然旨……被仰渡[16]」れているのであり、またその処罰例に至っては、これより早く少なくとも享保年代から見ることが出来るのである。而してその後の処罰例について見る時は、右の如く無尽の「取立」、即ち会主となり発起人となる場合のみならず、「無尽連中ニ成」る場合も、さらにまた自己の家来が無尽講を起こしたのを放置していた武士すらも、それぞれ処罰を免れ得なかったものであることを知り得るのである。以下その例証を示すと、『嬉遊笑覧[17]』巻五、四九八頁に

　享保二年十一月廿六日今度天野左十郎儀無尽を企……むさぼりたる儀共有之付て死罪被仰付是又神尾五郎兵衛神尾外記神尾弥五兵衛事無尽金の連中に罷成追々掛金迄遣之侍之仕間敷儀ニ付追放被仰付云々

『庁裁録』巻之一、五五条「御家人ニ而無尽之連衆ニ成会江出入金子取候者」の条に

　依田和泉守懸り　御書院番松平下野守家来与力村上弥三郎
　右弥三郎儀遂吟味候処此者舅本条又三郎申ニ任セ無尽連中ニ成度々会へも罷出金子請取候段不届ニ付堀田相模守依御差図宝暦三酉年九月十一日大目附石河土佐守御勘定奉行一色周防守御目附鵜殿十郎左エ門立会中追放申付候

とあり、また、『翁草[18]』五二頁所出評定所一座の判決にも

　小堀和泉……其方儀伏見奉行勤役中、……備用金返済の手段に支配の町方の者へ、頼母子無尽之儀家来共相企候を承届、其分に致置……重々不埒の次第に被思召候、依之領知被召上、云々

と見え、さらに当時の武士の刑事判決例の摘要書たる『以上竝武家御扶持人例書[19]』の条々中に

一頼母子講と存、連入いたし候もの、急度叱り

また

一無尽相催、不正之儀と乍心付、右場所江罷越、世話いたし、木綿一反貰受候もの、中追放

などとあるはこれである。これを要するに、頼母子無尽を以て反道徳的のものと思考したことは事実で、かくの如き思想が無尽金を裁判上の保護に浴せざらしめた一理由、否主要なる理由であると解するのである。

しかしながらかくの如き無尽に対する思想傾向と並んで、やがて少なくとも一般社会には、主としてその経済上金融上の効用という側から、この種慣行を高く評価する気運が生ずるに至ったのである。その徴証二三を挙げれば、まず享保の初め田中丘隅〔休愚〕右衛門がその著『民間省要』[20]において

世上に無尽といふ事に一得一失にして、其品様々なれば、善悪邪正一概に論じ難し、

といっているように、その「一得一失」を勘考して、頼母子無尽を冷静に観察するの傾向が見えるようになり、この態度から『民間省要』の著者は、なお武士の頼母子無尽を「好む心は士の本意にあらず」、しかし「百姓の無尽…はなくてはならぬ物の一つ也、……」などといって、この制度に対して少なくともその効用という側から、ともかくその価値を認めているのであり、さらに『政談』の如きは一般的に

……扨人ノ有余不足ヲ通ズル道ハ、無尽ニ及ハナシ、云々[21]

といい、また『滄浪夜話』に

一頼母子講正路の法を建て免すべし、財を融通するの道なり[22]

とあって、金融制度として最上の讃辞を以て迎えられるようにすらなったのである。されどなお未だこの種の観念を、為政者法曹の間において明瞭に見出すことは、徳川時代にあっては殆ど不可能であったらしい。もっとも

元来頼母子講之儀ハ、金銀融通之一端ニも相成候事ニ付、是又仕来候儀を差止候ニハ不及候

なる文辞が、天保十二年の達書面[23]に見えるのであるが、しかしこれとて漸く「金銀融通の一端」という程度の評価を、与えられたに止まるのである。しかし、かくの如き時世の変遷は、原則はともあれ、武士の無尽に関係することを黙過する

の止むなきに至らしめたものの如く、海保青陵の記述は大名が無尽講に関係したことを伝えているのである。即ち『稽古談[24]』二二八頁に

……扨民よりとりて、やわらかにゆくものは講なり、無尽こうのことなり、たのもし講なり、近来はこのたのもし講殊の外はやりて、京大坂へ持出して大名皆講をすることの風なり、云々

とあり、また『善中談[25]』二〇頁以下には、財政策として無尽を行いし諸侯のあったことを述べているがそれである。さてこれが明治初年代になると、当時の公文たる伺指令に関する文にいう如く、

頼母子講ノ如キ……前途諸事業ヲ起シ諸職業ヲ創ムルニモ此等ノ儀ハ専被行可申

きものと、奨励の意を示すに至り、且つ

利用厚生ノ道ニ於テ妨ナキノミナラス或ハ有益ニ属[26]

するものであると、その存立価値を認められ、また

頼母子講……全ク富ト唱候方法ト相異リ其実民間融通ニモ相成候哉ニ付云々[27]

と金融方法としての効果を買われ、かくして頼母子無尽関係を高く評価し、これを礼讃する思想が、屢々法曹の筆端にも窺われることになり、この種慣行の反道徳性がその経済的礼讃と高き評価とに阻却され、従って無尽金の裁判上の保護が、当然に要請せられるに至り、遂に前記の如く明治五年無尽金不受理制が停廃せられたのであった。

本節を終えるに当たり前掲仲間事令の但書「証文牘ニ有之候共仲ヶ間事ニ相決候付而ハ一向取上申間敷事[28]」にいう「証文」とは、少なくともこの無尽金の中の掛金請求権に関する限りにおいては、その間の法律関係を記載するあらゆる証文という意味ではなく、少なくとも「預証文」即ち前掲拙文にいう通り借金証文（あるいは寄託証文）を包含するものでない、換言すれば無尽金の実質を具うるに係わらず、その証文が預証文の形式を採っている場合には、裁判所当然にこれを受理したものであるということを説明しておきたい。ただこの種の制度を規定せる法令としては、大坂に対して発布されたものだけしか見当たらないのであるが、恐らくこれは幕府法上の一般的原則として、各地に施行せられたものではあるまいか。前掲「大坂表金銀出入取計之事[29]」（天明五年か）の条々中に

一講銀頼母子銀等之滞願者仲ヶ間事ニ准無取上併預証文ニ直置候分者相手方講銀（掛金の意と解す）之由申候共定例之済方申
付ル

とあるがそれである。なおこの種の法令は、その実例をば屡々見受け得られるところからして、当時実際に行われたものであること充分明らかである。今その実例の一二を摘記すれば、『奥印帳』二十枚に

相渡し申一札之事

一金　四両也
此書入上田《さら地にて》壱反五畝歩　入口六俵　孫三郎

一金　八両也
此書入中畑《字門屋にて》六畝廿歩　入口（貫六百《?》匁）　助左エ門

右之田地書入貴殿相続無尽金前書之通り
金弐拾四両預リ申所実正也然ル上者当秋会日より年々之会掛送り可申候壱会金六分つゝ無尽終迄掛送り可申候若又相
滞候義も御座候ハヽ、右書入田地貴殿方江御所持可被成候此田地ニ付何方よりも構人無御座候為後日一札相渡し申候所
仍而　如件

寛政四
子十一月　新町
預り主　孫三郎
〃　助左エ門

松本清兵衛殿

同上書二十九枚に

預申無尽金書入証之事

印一上田《字上さつぎ》七畝歩　中町組　入口米五俵

印一上田《字油田》五畝廿歩　入口〆弐俵ト
三斗也
右は田地書入ニ仕貴寺様祠堂無尽金弐拾両也
慥預り申処実正也依之組合役元奥印相添申候通相違無座《ママ》候然上は壱ヶ年ニ三会つゝ無尽満尾迄無滞かけ返し可申候仮
いか様之凶年御座候とも懸金之儀候得は毛頭相滞り申間敷候為後日之証文仍而如件
寛政五年　　預り主
丑十月　　彦太郎
右書面之通り無尽金預り申ニおゐては我等請人相立金子無相違請取申候然上は万々一取人かけ合相滞り申儀も有之候
ハヽ書入之田地我等引請田徳を以会毎かけ合相滞り申間敷候為其請判仍而如件
請人
嘉兵衛
無量院様
要右衛門殿
惣旦那（原文転倒は誤写）中方

（1）本節所説の要領は前掲拙文「我古法に於ける「無尽金」不受理制」において、既に述べたところであるが、本節はその詳論であり、且つ増補である。但し右拙文に詳述を譲ったところもある。
（2）『江戸叢書』本、著者三浦は正保元年に死去。
（3）『徳川禁令考』後聚第三帙二一九頁「三笠附博奕打取退無尽御仕置之事」なる条。
（4）『徳川禁令考』第六帙五頁。『未刊随筆百種』第十二所収『洛水一滴抄』上四〇八頁「牧野佐渡守被二定置一候条目之事」は同旨文。
（5）『新百家説林』本、前編四三五頁。浅見絅斎の『識劄録』にも同旨文見ゆ（『日本経済大典』本）。
（6）『徳川禁令考』後聚第一帙三五二頁。
（7）註（3）所引。
（8）『徳川禁令考』後聚第三帙二七七頁。
（9）『古事類苑』法律部第三、七四頁所引による。

(10)『日本財政経済史料』巻六、八八二頁所出。
(11)第二節註（4）乃至註（10）、第三節註（1）乃至註（5）所引。
(12)註（9）所引。
(13)註（5）所引前篇二一頁。
(14)明和八年刊巻上三九六頁（『日本随筆全集』本）。
(15)註（2）所引の条次段。
(16)註（8）所引。
(17)『日本随筆大成』本。『享保通鑑』（『未刊随筆百種』第十七）五〇頁にも同文を見る。
(18)同上。前掲『享保通鑑』四、四八頁にも同文見ゆ。
(19)三浦周行『続法制史の研究』一四一七頁以下所収。
(20)『日本経済大典』五巻四六二頁。
(21)同上九巻八四頁。
(22)同上四五巻巻之一、三一頁「借金」の条。
(23)『大阪市史』第四下一四六〇頁所出の口達。
(24)『経済大典』二七巻、著者文化十四年死去。
(25)同上。
(26)第二節註（10）所引。
(27)『民事要録』甲編四七九頁所出、同（明治）七年三月三十一日指令同月七日の広島県伺。
(28)第二節註（1）所引。
(29)第五節註（3）所引。

七

仲間事の一つに所謂「芝居木戸銭」とは、その名の示す通り原則として芝居入場料を意味するのである、しかし芝居木戸銭とは厳格に入場料だけを指すものではなく、芝居内における諸売掛をも広く包含するものであって、いわば観劇諸費

用を代表するものであったらしいのである。少なくとも大坂については前掲の大坂における取計方を記せる文に、

一芝居桟敷酒肴其外諸雑用等売掛願取上無之(1)

とあるによって明らかである。なおこの「桟敷」とは、『近世風俗志』下巻五一四頁に、「観席料を京坂にて桟敷代或は場代と云……」うものに当たるものであろう。『画証紙(2)』八〇四頁に「……諸芸太平記は元禄十四年の草子なり。其内にも、江戸の芝居は京坂に替りて三重のさん敷賑ひ、聞しにまさる繁昌、札銭、場銭も上方に二倍して、……」の札銭、場銭また同種のものであろう。

さて右の如き芝居木戸銭即ち観劇諸費用債権を、仲間事として裁判上の保護を与えないのは何故か。仲間事の第一協同行為者間の内部関係上の債権が、仲間事たるは前述の通りその名に適合する法律関係であることというまでもなく、またその第二の無尽金も、その形態が相互収益者間の債権関係であって、第一のものに准じて仲間事たるは、これまた前記の如く容易に納得出来るのである。然るに芝居木戸銭に至っては、仲間事の概念に適当する性質を何処にも見出すことが出来ず、当時においても前段に掲げた如くこれを「売掛」と観念していたもので、第一第二の仲間事の如く、集団的関係にある者の間の債権関係という特質を有するものでなく、普通の個々人間の債権関係と観念していたものであったのに、なおこれを仲間事に算入せるは如何なる事情からであるか。以上を以て見る時、芝居木戸銭を受理せずという理由には、前二者におけるが如き仲間内の法律関係という事由を欠く訳で、この点からいうと芝居木戸銭を仲間事に属せしむることは合理的でないのであるが、この仲間内の関係という理由は、前記の如く第二の無尽金においては必ずしも第一位の立法理由ではなく、むしろ第二義的のものであり、また先に述べた通り仲間事制度の一般的基本的立法理由は訴訟整理に存して、仲間事という点にあるのではないのであるから、この制度の実質、内容からいうならば、芝居木戸銭を仲間事となしたことは、何ら不合理ではないといえるのである。ただ仲間事なる語句の有つ字義からいうならば、その立法技術の上から、芝居木戸銭また前二者と同じく受理されないのであるという性質の側からその擬制を行い、以て仲間事の範疇に属せしめたものというべきであろう。然らば芝居木戸銭不受理の理由は、何処にこれを求むべきであるか。その拠って来るところは、大体次の如きものであると思うのである。

その一は周知のことであるが、芝居そのものに対する社会的倫理的評価が、低劣であったことであると思うのである。この間の消息を示す材料は数多く存するが、今少しく掲出して見るならば、『寛天見聞記』[3]に

前に図する芝居町と、後に顕はす処の深川其外料理茶屋水茶屋、また宿場のめしもり女と吉原町とをさして、世に悪場所とす

『世事見聞録』[4]に

芝居は前にいふ如く放逸無悲の事にて、見るも汚らはしきものなり

同じくまた

芝居狂言……今此道にて渡世のもの幾万人と云数を知らず、偏に天下の遊民となりて、年貢もなく、歩役も勤めず、……剰へ尊卑の風俗を乱、弥増淫犯を勤め、殊に飢饉凶年又は世上異変の事ある時は、国家の邪魔なる事大方ならず、此上も猶日を追て盛んに成行べし。停止せずんば有べからず。

『主従心得書』[5]に

……凡当世といふことは皆芝居者遊女などのまねなり、さやうのもの丶まねすることは恥づべきにあらずや

等々。従って法律上でも役者は劣等人種視され、一般人と雑居することを許されず[6]、また士分の者は観劇のため芝居小屋に入ることすら、禁ぜられていたのである。[7]されば前掲『以上竝武家御扶持人例書』[8]に見える

一芝居見世物等有之節。不如意ニ候迚、被雇賃銭取候御家人の隠居……重追放

また

一従弟甲府勤番出立之砌、供いたし罷越、町人之娘と密通いたし、其上所々見世物芝居等ニ被雇候御旗本之弟　軽追放

の如き処罰例は、当然であったのである。これを要するにかくの如き芝居そのものの反社会性、反道徳性が、芝居木戸銭に対する訴権拒否の結果を招来した一因であろう。

その第二の理由は、当時一般営業者には冥加運上等と呼ばれる営業税が賦課されていたのであるが、芝居営業者は前段

掲出文にも「芝居狂言……渡世のもの……年貢もなく、歩役も勤めず」とある通り、何らの公課を負わしめられることがなかったということにあると思うのである。即ち芝居営業者には租税免除の特権を付与するが、その代わりその営業上の債権たる芝居木戸銭の裁判上の保護は、これを全く顧みないとなしたのではあるまいか。なおこの租税免除の特権付与は、芝居を劣等視することから、その営業者は公課負担の資格なきものとの認定に到達した結果ではあるまいか。

なおこの芝居木戸銭はいうまでもなく少額債権であり、且つその債権関係は証書面に表明されるということなかるべく、ためにその証明に際し殆ど不可能に近い場合も多いであろうが、この種の性質もまた前二者と併せ考うべきではあるまいか。

以上の如き理由から受理されなかった芝居木戸銭も、明治初年に至っては、

芝居木戸銭之如キハ現在税金モ取立候上ハ右に付金銀滞出訴候節ハ取上裁判不致候テハ彼渡世ノ者ノ権利ヲ妨ケ候[9]

即ち営業税を課することになった以上は、その営業上の債権を保護する要が当然あるとの法理論が生ずるに至り、遂に不受理制が廃止せられるに至ったのである。もっとも弘化二年の一文「一遊女揚代金出入」の条[10]に

……芝居桟敷代等願出候儀は差向無レ之候得共、是又前書揚代金に准じ候儀に付、此上右体之類願出候はゝ、同様済方申付候様可レ仕哉に奉レ存候

と、次節に述べる遊女揚代金と同様に、これを受理しようという意見が既に早く法曹の間に存したことがあるのであるが、これは未だその実現を見るに至らず、そのまま明治初年に及んだのである。

（1）第五節註（3）所引。
（2）『日本随筆大成』本。
（3）阿部次郎『徳川時代の芸術と社会』五一頁所引による。
（4）六の巻二四五頁（岩波文庫版・三四九頁）。
（5）伴嵩蹊著、寛政五年、『通俗経済文庫』巻十二所収本、三二六頁。太宰春台の「独語」、「浪花の風」（『日本随筆大成』本）等。
（6）『日本社会事彙』第三版上、一五〇九頁参照。
（7）『古事類苑』楽部第二、一六頁以下参照。

（8）第六節註（19）所引。
（9）第二節註（9）所引。
（10）『日本財政経済史料』六巻九四四頁所出「　年　月　日」の条弐拾三ヶ条目。本文は欠年号であるが、本文の一部を摘記せるものを『古事類苑』政治部第四、六五一頁に収めており、それによってこの文が弘化二年乙巳十二月二十二日のものであることを知り得るのである。

八

以上仲間事に属する三種の法律関係を述べ終わったが、その中の芝居木戸銭と法律上全く同性質のものと観念せられたものに、遊女揚代金なるものがある。即ち前掲の如く「芝居栈敷代……揚代金に准じ候」(1)ものであり、また弘化三年丙午閏五月三日の文(2)には、「遊女揚代……芝居桟敷代等も趣意は同様に相聞候」と見え、さらに「芝居木戸銭遊女揚代其外仲間事……」(3)また前出文にいうところであり、また次段掲示の天保十三年文(4)にも同様の思想を見ることが出来る通り、芝居木戸銭と遊女揚代金とは正にその法律上の本質を、等しうするものと考えられていたのである。

しかしながら遊女揚代金は、芝居木戸銭の如く仲間事の中に加えられることなく、原則として法律上の完全なる保護を享受していたのである。それは遊女制度そのものから来る社会政策的事由に基づいて、この種の特殊扱いを設けるに至ったものであろう。しかし前述の通りその法律上の本質という側からのみ見る時は、芝居木戸銭と遊女揚代金とを差別待遇する根拠が見当たらないので、当時遊女揚代金受理制が色々論議され、ある場合にはこれを受理せずの制を布いたことすらもあったのである。本節においては以上のことを、少しく沿革的に詳述して見たい。それは、芝居木戸銭の本質並びにその仲間事編入の消息、ひいては仲間事制度の本質実相を理解するに相当有益であり、併せて遊女揚代金受理不受理に関し法曹間に交わされた論議は、極めて興味多きものであり、また如何に当時の立法の態度が用意周到であったかを示す好個の材料であるので、本節を設けて敢えてこれが論議を試みる次第である。

遊女揚代金は当時売掛代金と観念せられていた。即ち前出文(5)の「一遊女揚代金出入」の条に

右は、多分之売掛致し候に付……遊女買揚候もの、其身之不慎より多分之売掛等も出来候筋に候云々

同上文中御触書の条の一節に

一、売掛之儀、拾ヶ年以上之滞は相対済申付、……遊女揚代滞等も、是又……

さらに前掲別文に(6)

……遊女揚代金之儀……遊女渡世之もの自然多分之売掛をいたし候筋……

また

遊女揚代金滞、……追々多分之売掛云々

また次段所出の如く天保十三年の書付「遊女揚代金出入」の条に(7)、「右ハ多分之売掛いたし候に付無益之金銀遣捨候もの も出来候……」などとあるが如くである。元来売掛代金は先に拙文中に述べた通り、金公事の客体として当然受理されたのであるが故に(8)、売掛代金に過ぎない遊女揚代金、また金公事の一つとして裁判上保護されたのである。前掲弘化三年の文中に(9)

借金銀出入（これは右拙文にいう通り金公事を意味する）取捌之内、遊女揚代金之儀云々

とあるはその明証である。また前出せる『以上竝武家御扶持人例書』(10)に

一似せ役いたし、金子可借受と、加役方と偽、町人を捕、無心申懸、又ハ遊女揚代金不相払武家之家来、重追放

とある参照。

然るに諸般の制度の大改革を行いし天保度に、遊女揚代金についても従来の原則が改められ、「天保十四卯年五月廿五日　金銀貸借之儀ニ付御書付并取扱方申合」(11)を以て

一遊女町傾城町等より願出候遊女揚代金滞之儀向後相対ニ可済ハ格別奉行所ニ而ハ取上申間敷事

と、遊女揚代金不受理制が樹てられるに至ったのである。その立法理由は「天保十三寅年十月朔日越前守殿江御直上ル　金銀出入取捌之儀ニ付勘弁仕候趣申上候書付　鳥居甲斐守」(12)なる書付の「一遊女揚代金出入」の条下に

右は多分之売掛いたし候に付無益之金銀遣捨候ものも出来候間以来芝居町吉原町等より、桟敷代又は遊女代滞等願出

候共無取上相対済可申付候

とある通り、浪費防止の目的にあったのである。

然るにまた間もなく前掲弘化二年文中[13]二十三ヶ条目に

一、遊女揚代金出入

右は、多分之売掛致し候ニ付、無益之金銀遣捨候もの出来候間、以来芝居町、吉原町等より、桟敷代又は遊女揚代滞等願候とも無二取上一、相対済可二申付一旨相伺、評議之上存寄無レ之旨申上、其通被二仰渡一、右之趣御触有レ之候、此儀遊女揚代金之儀は、遊女買揚候もの、其身之不慎より多分之売懸等も出来候筋に候を、相対に申付、取上済方不二申付一候は丶、右へ附込却て堕弱もの丶心底増長いたし候様成行可レ申哉、其上相対にて不二行届一、損金而已いたし候様にては、自然渡世向衰微いたし、遊女御免之詮も無レ之候間、右は前々之通取上済方申付候積、今般御触返し有レ之候方可レ然、且芝居桟敷代等願出候儀は差向無レ之候得共、是又前書揚代金に准じ候儀に付、此上右体之類願出候は丶、同様済方申付候様可レ仕哉に奉レ存候

と、即ち遊女揚代（金を）取り上げないとかえって遊び人をますます遊蕩に陥らしめ、一方遊女屋が衰微するから、これを取り上げ裁判すべきであるとの意見が現れるに至ったのである。而して同上文中御触書の条に見える

一売掛之儀……都て前々之通取上、遊女揚代滞等も、是又取上裁許可二申付一候

との触書案すら、出来上がるに至ったのであるが、これに対し前掲弘化三年の評議[14]の条々中に

一、借金銀出入取捌方之内、遊女揚代金之儀、此度評論之趣、一通り尤には相聞候得共、右は素々無益之遊興に遣捨候金子に付、右様之分以来取上可レ及二裁許一旨表向触書差出候ては、一体之取締にも拘り、且は右体相成候得ば、遊女渡世之もの、自然多分之売掛をいたし候筋に付、放蕩堕弱之徒弥失二産業一候基に可二相成一哉も難レ計候間、是迄之通不二取上一方、相当には無レ之哉、左候は丶芝居桟敷代之儀も、同様取計方可レ有レ之候事

と、即ちこの種の債権を保護すると、遊女屋がますます多くの売掛をなすに至り、産を傾け業を失う徒輩の簇出の恐れがあるとの理由から、なお遊女揚代金不受理を適当とする反対論が現れて来たのである。以上遊女揚代金を取り上げ裁判す

べしとの意見、受理すべからずの論各々理由があるために、ここに遂にその折衷意見が出て来るのである。同上「借金銀出入取捌方之内遊女揚代金之儀云々」の条下に

此儀、遊女揚代之儀は、其身不慎より買懸りも出来候筋に付、右を相対に申付、取上済方不二申付一候はゝ、却て堕弱もの之心底増長いたし候成行可レ申哉、且は遊女御免之詮も無レ之儀と見込、御触返し之儀評議いたし申上候得共御書取之趣も御尤に付、猶取調勘弁仕候処、一体吉原町遊女揚代之儀、遊女屋へ直に参り候客之分は、揚代現金に受取、茶屋より案内いたし候客之揚代は、茶屋より遊女屋へ毎月拾四日、晦日払に急度勘定いたし候仕末にて、万一右払方滞候節は、客案内差留候議定に有レ之、右体厳重之申合有レ之、遊女屋直相対之分は不レ及レ申、茶屋共儀も勘定日之限り有レ之候間、懸ヶ先厳敷催促いたし可二受取一は勿論、若滞候節は其もの再び罷越候とも、猥に案内は致間敷筋にて、素々多分之売掛等も出来可レ致様も無レ之様に付、当時之姿を以不二取上一候とも、強て差支も有レ之間敷候得共、事実右申合之通にも難二行届一哉に相聞、既御触以前は時々及二出入一候儀等有之、右出訴不二取用一候はゝ、茶屋遊女屋共客を引留置、親類好身之ものより揚代為償候不法之取計も追々相募、且内々立入候武家、出家之類は、公訴を深恐候処より、自然身分慎方之一助にも罷成候処、右体之念慮を去候はゝ、おのづから気弛を生じ放蕩もの増長致間敷とも、難レ申、殊御免之遊女揚代金滞、出訴不二相成一段も相当不レ仕、旁古復いたし候方可レ然哉、追々多分之売掛取上候様にては、前書議定之趣も相弛み、御沙汰之通、是又放蕩堕弱之徒、失二産業一候基相成間敷とも難レ申儀に付、右体之分は不二取上一、糺之上聊不実之取計無レ之、無レ拠筋にて滞候分は、如二以前一取上、済方申付候ても、不取締之儀も有レ之間敷哉。……依レ之別紙御触案取直、入二御覧一申候

とあるこれである。而して、その御触案文に

……一、売掛之儀……但、遊女揚代滞之儀、追々多分之貸に相成候分は、向後共只今迄之通、奉行所にては不二取扱一候得共、当座之儀にて不実等も無レ之、借方之もの不埒之分は、於二（如か）已前一取上裁許可二申付一候

の如き案文の形で存するだけで、その間多少の疑いがあり得るが、恐らく実施されたものであろう。なおこの種の高額遊女揚代金不受理制の精神は、勿論未だ法規として顕現するには至らなかったが、既に早く寛政七年の公布といわれる『新

吉原定書[15]四七二頁所引の条に

一揚代金之儀は茶屋引受に相成若不埒明出訴之儀も有之候得共揚代金之儀は外貸借とも違恐入候儀に付兼而心懸余慶之金子貸不申様其外勘定いたし成丈及出訴不申様可致事

と、訓令の形式で存在しているのである。かくの如く高額債権は受理しないという制限が、加えられることにはなったが、なお弘化三年以後の遊女揚代金受理という原則規定は存続し実施せられたことは、次に掲ぐる幕末吏の手記によって実証せられるのである。即ち『大奥秘記』[16]五一一頁以下に

（武士が遊女揚代金を滞ると）吉原の引手茶屋から、女郎揚代金滞りの訴をすることがある。すると町奉行から、明幾日尋ねる儀があるから、家来を差出せと達しがあると、家来のあるものはよいけれども、ろくな家来のないものは、そんな人には相応之懇意悪る仲間があって、其次三男又は厄介を頼み、家来として差出すと、貸借だから附合せ吟味で、引手茶屋は白洲の小石の上、其家来は椽側に居て、奉行が吉原何町引手茶屋誰、小普請組何の誰支配何の誰と呼で、其方主人何の誰遊女がよひを致し不埒のみならず、遊女揚代金滞りの訴を、吉原何町誰より致した、相違なきかと云ふと、私主人は身持宜しく、遊女屋がよひなどは決して致しません、私儀独身であるを以て、度々遊女屋へかよひましたを、主人と彼等存込まして、右様なる訴を致しましたに違ひありません、甚だ不都合の仕合、主人へ対し不二相済一と云ふと、引手茶屋へ、主人と家来と相違訴出る段、甚だ不埒なることだ、又家来は速に揚代金払致し遣せ、畏りましたと云ふと、すぐ訴人へ対し、同心どもがたちませい、夫で帰って来る

先に述べた通り、徳川時代遊女揚代金は、芝居木戸銭とその法律上の本質を等しうするものと観念せられていたために、よし一時的にその不受理制が布かれたとはいえ、原則としてはこの種債権は完全なる法律上の保護を受けていたのにも係わらず、明治初年の法曹の中には、なお遊女揚代金は芝居木戸銭同様受理されなかったものと、速断誤解したものが往々あったかの如く見えるのである。前出の如く「芝居木戸銭遊女揚代其外仲間事勘定滞訴出候節如何可取計哉[17]」の伺文の如き、また大阪府達第三百六十六号明治五年壬申十月「遊女営業規則」の第五条に、「一花代ノ儀ハ銘々客ト相対之上取極メ一切際限ナキ事但花代滞リ候迚訴出候共取揚不申候事」、同上「娼妓芸妓席貸規則」第六条に「一貸座敷代滞リ候迚訴

出候共一切取揚不申候事」などの規定が見えるが、これらは徳川時代遊女揚代金不受理制が、原則として行われたものと速断した結果の立法ではあるまいか。なおまた同〇明治六年十一月五日第三百六十一号御布告[18]を以て、明治政府は早くも出訴期間制（同時に消滅時効制である）を設け、その最短期として「出訴期限第一条……一芝居等ノ木戸銭又ハサシキ銭等一男女芸者ノ揚代金　右ハ六ヶ月限」なる規定を設けているが、これまたここに参着すべきであろう。

（1）第七節註（10）所引。
（2）『日本財政経済史料』六巻九五六頁。
（3）第二節註（4）所引。
（4）註（12）所引。
（5）第七節註（10）所引。
（6）註（2）所引。
（7）註（2）所引。
（8）「徳川時代の特別民事訴訟法」第一節の第十四「売懸金」。
（9）註（2）所引。
（10）第六節註（19）所引。
（11）『徳川禁令考』後聚第二帙三四七頁。
（12）同上三三〇頁。遊里が当時においても倫理的に擯斥せられたことは、改めていう要はなかろうが、悪場所（第七節註（3））、悪性所、悪所通、悪所狂（『言泉』参照）などの用語、『治政談』（『日本経済大典』本）二三〇頁に「治平に障となる者三品の事札差遊女屋質屋」など参着。
（13）第七節註（10）所引。
（14）註（2）所引。
（15）『燕石十種』第三所収本。
（16）『新燕石十種』（国書刊行会本）第五所収本。
（17）第二節註（4）所引。
（18）『民事要録』甲篇二六四頁第十二条。

九

先にも一言した如く、徳川時代の法制は明治新政府の成立と共に、直ちに全部廃止されたのではなく、そのあるものはなお存続したのであるが、それらは新政府より明示的に確認を与えられたのである。即ち慶応三年丁卯十二月二十五日の仰出[1]に、

一徳川内府宇内之形勢ヲ察シ政権ヲ奉帰候ニ付キ朝廷ニ於テ万機ヲ御裁決被遊候ニ付テハ……徳川祖先之制度美事良法ハ其儘御変更無之旨被仰出候云々

とあるがこれで、所謂美事良法はなお存続を許されたのである。故に前述の如く明治五年十一月廿八日を以て廃止さるるに至った仲間事不受理制は、極めて形式的な訳ではあるが、右仰出の文辞をかりていうならば、右廃止の時までは、明治新政府からも美事と認められ良法と価値付けられた制度であったのである。

（1）『法令全書』慶応三年乃至明治元二年の巻一三頁。

第五編　『公事方御定書』上の損害賠償法

一

侵害せられた個人の法益の塡補賠償に関して、徳川幕府の基本法典たる『公事方御定書』にも、数多くはないが、数条の法規が設けられている。本編は、それら各法条の解読を中心とせる、二三の雑考である。

徳川時代の損害賠償法については、未だ纏まった研究の公にせられたるものあるを知らないが(1)、それには、関係史料が余り多く見当たらないということが、少なくとも一つの原因となっていると見て差し支えないようである。従って以下私の述べるところも、粗略不詳断片的たらざるを得ないのであるが、しかしなお、当時の損害賠償法の一斑を窺うよすがとはなり得るであろう。

『公事方御定書』の上に見える損害賠償法規を、被侵害利益の側から類別すると、傷害殴打に基づく損害の塡補に関するものと、財物に対する侵害の塡補に関するものとの二種に分かち得る。以下にはまず傷害殴打の場合に関するものを見、次いで財物の場合に及ぶことにする。

なおここに私の予定する本稿の要目を挙ぐるならば、まず各法条につき、その意味を解明し、併せてその沿革を尋ねて、御定書の規定と御定書以前の規定との内容を対照比較し、いずれが被害者の救済に厚かりしかを究め、而して最後に御定書上の損害賠償の本質、即ちその賠償責任は民事責任たりしや、刑事責任たりしやの問題を少しく考究して見ようと思うのである。

（1）徳川時代の損害賠償法に関する従来の論考の目ぼしきものを次に掲げておく。
中田薫『法制史論集』第三巻六六五頁以下、六八六頁以下、六九五頁以下、同上一一三頁以下、同上二七四頁以下。三浦周行『法制史の研究』九三六頁。また牧健二『法律春秋』五巻一一号所載「七両二分不義の詫証文」、小早川欣吾『日本担保法史序説』近世篇等。
拙文「徳川時代に於ける雇傭法の研究」（『国家学会雑誌』四一巻八号一二頁、一三〇頁、一四二頁、九号一〇四頁）。また本書第三編、第五編の前身（『国家学会雑誌』四七巻一一号、『法政研究』五巻一号）等。

二

公事方御定書上の、傷害に基づく損害の塡補に関する法規として、まず第一に挙ぐべきは、その下巻第七十一条「人殺并疵付等御仕置之事」[1]の条の第四十一項

追加
延享元年極
一人ニ疵付候もの療治代疵之不依多少　町人百姓ハ銀一枚

である。

この法条の意味は如何。

本条の解釈を試みる前に、ここにまず以て見ておかねばならないことがある。この御定書下巻第七十一条は人殺及び疵付に関する原則を数十項に亘って規定しており、疵付に関するものもこの第四十一項のみではなく、なお他に多くの法条が存するのであるが、しかしそのすべては純然たる刑罰規定であり、疵付行為者の責任を「療治代…銀一枚」となす、即ち被害者の損害塡補をもその目的となしている第四十一項とは、その内容を異にするものであったのである。さて然らば、疵付の場合には、この第四十一項と他の刑罰規定とが、同時に二重に適用されても差し支えないように考えられるが、幕府の法制においては、他の刑罰規定の適用ある場合は、この第四十一項は全然適用されることなく、ただ他の刑罰規定の適用に該当せざる場合にのみ、この第四十一項の適用があったものと解すべきであるらしいのである。このことは、御定書成立時代からすると大分後のものであるが、寛政元年の幕府の評議に「…此ものハ離縁之妻江疵附候段重も《ママ》之不届ニ而右ハ入墨之上遠国非人手下之御定ニ御座候尤元姑みよニ疵為負候得共妻離別之後ハ他人ニ御座候間他人ニ候得ハ人ニ疵付候もの療治代疵の不依多少町人百姓ハ銀一枚と有之候御定ニ見合みよ江疵為負候刑ハ療治代ニ相当軽キ咎ニ御座候間離縁

之妻江疵付候本罪ニ而重キ方江附入墨之上遠国非人手下[2]」とあることから、充分推察し得ると思うのである。（なおこの原則は、少なくとも御定書全般に通ずるものと解し、以下その旨を特記せざる場合も常に、この原則を前提として論を進めることにする）。

さて以上を前提として、この第四十一項の規律するところは、如何なる意味のものであったかを見ていこう。

まず第四十一項の人とは如何なる人か。同条第二項に「同〇寛保元年極一同〇古主に為手負候もの引廻之上磔」、第十二項に「従前々之例一同〇主人の親類に為手負候もの引廻之上死罪」、第十四項に「従前々之例一同〇親に為手負候もの并打擲いたし候もの磔」、第十七項に「従前々之例一同〇舅伯父母兄姉に為手負候もの引廻之上獄門」、第廿一項に「同〇従前々之例一同〇師匠に為手負候もの死罪」、第廿九項に「寛保二年極一…詮議したる人に遺恨を含手疵負せ候もの死罪」、第四十二項に「従前々之例一離別の妻に疵付候もの入墨之上遠国非人手下」等とあって、被傷害者が加害者にとって、一定の身分関係にある者とか、あるいはその他特殊な関係にあった者である場合には、それぞれ刑罰を科せられるのであるから、前段に述べた原則よりして、この種の場合にはこの第四十一項の適用なく、従って第四十一項の被傷害者を意味する人なる語は、主人、古主、主人の親類、親、舅、伯父母、兄姉、師匠、離別の妻、「詮議したる人」以外の者のみを指称するものであり、極めて限定された内容のものであったということになるのである。（なおこの点については、前出寛政元年の文も参照）。

次にまた同条の第八項に「同〇寛保二年極一同〇地主を可殺所存にて手疵負せ候家守死罪」、第十項に「同〇寛保二年極一同〇元地主を可殺所存にて手疵負せ候家守遠島」、第廿九項に「寛保二年極一自分の悪事可顕を厭ひ其人を可致殺害として疵付…候もの死罪」と見えて、殺害の目的を以て傷害せし場合は、一般に刑罰に処するという原則であったと解せられるから、この第四十一項にいうところの疵付行為は、殺害の目的を以てせざる傷害行為のみを、意味するものであったといわねばならぬ。

さらにこの第四十一項の疵付行為は、同条の第三十七項に「享保七年極一同〇車を引掛怪我致させ候もの遠島」とあり、また第三十九項に「同〇寛保元年極一同〇牛馬を牽掛怪我致させ候もの中追放」とあるところからして、少なくとも車または牛馬を引掛ける如き、特殊な行為によらざる傷害行為という意味であったことが知られるのである。

その上また同条の第四十項に「同〇寛保元年極一口論之うへ人に疵付片輪にいたし候もの中追放但渡世も難成程之片輪にいたし候ハヽ、遠島」なる規定が見えるところから、疵付の結果被傷害者が片輪になった場合には、この第四十一項の適用なく、疵付くるとも後日少なくとも片輪にならない程度に治癒した場合にのみ、第四十一項が適用さるべきものであったことが判明するのである。

なお行為者の酒狂による傷害の場合については、後節に述べるように、御定書は特に別条を設けており、その法条は後説の如く、この第四十一項の特別規定と解せられるのであるから、ともかく酒狂による傷害については、この第四十一項はそのままには適用されなかった訳であったのである。

さらになお御定書下巻第七十六条の「あばれもの御仕置之事」の追加条第一項に「寛保三年極一遺恨等を以拾人以上結徒党狼藉之上…人に疵付候におゐてハ頭取死罪…荷担人中追放[3]」なる規定が見えるところから、それが結徒党狼藉の上の傷害である場合には、この第四十一項は適用されざることになるから、この点においてまた一層、第四十一項の適用範囲は制限されることになるのである。

これを要するに、以上分説せしところを総合して、御定書第七十一条第四十一項は、次の如く読むべきものとなるのである。即ち、一定の特別な身分その他の関係のない他人に、殺害の目的なく、また酒狂によらず、徒党狼藉によらず、牛馬、車引掛以外の行為によって、傷害を加えた者にして、百姓町人たる場合には、被害者の傷が片輪にならざる程度に平癒次第、傷の多少に係わらず常に、銀一枚を療治代として差し出さねばならない。

次にこの第四十一項の沿革を尋ねて見ることにする。

本条はその添書に「追加延享元年極」とある如く、御定書成立後に追加されたものであるが、『科条類典』によると、本条に対して「是ハ只今迄人殺疵付候もの御仕置箇条之内ニ洩レ候ニ付只今迄之取計を以書入可然奉存候[4]」なる朱書を添付して、その沿革を示しているので、本条は延享二年全然創定の新規定ではなく、「只今迄之取計」があったことが知れるのである。「只今迄之取計」それは如何なるものであったか。今これを悉くし得ないが、少なくとも『律令要略』所載の「武士の召仕町人江疵付欠落不尋出疵平癒候へは親類へ申付療治代為出之被疵付候ものへ為取之[5]」とか、あるいはまた『享保度法律類寄』に「致徒党往還の者と企口論其所を騒し酒狂の外度々人に疵付候者の類は流罪仲ヶ間申合企口論所を騒し候者都て此類家財取上所払若又相手に疵付候者有之は取上候家財為療治代相渡[6]」とあるもの等が、従来の慣例を示すものであるとなし得られると思う。果たして然りとすれば、この第四十一項は、御定書以前の法例をそのまま採録したものでなく、前例につき相当広範囲の改修を施して、出来上がったものであったのである。

さて右にいう如く、この第四十一項は、御定書以前の原則と対比する時、大分異なった内容のものとなっているのであるが、傷害に基づく損害の塡補、被傷害者の直接の保護という点においては、いずれがより厚かったか、次にこの点を考えてみたいと思う。

まず第一に、御定書以前においては、前掲『律令要略』及び『享保度法律類寄』所出文の伝うる限り、疵付の場合の療治代の額は未だ法定されず、高々特別の場合に、次段に掲ぐる法令に見ゆるように、「療治代分限に応し可為出」という程度の標準が、定められていたに過ぎなかったのである。然るに御定書に至って、銀一枚と一律に法定されるに至ったのであるが、この御定書の療治代額の法定ということは、甚だ形式的であって、被害者の利益の直接の保護という点に対する顧慮の度合いが、御定書以前より薄められるに至ったことを、物語るものとなし得られはしまいか。

第二に、御定書以前においては、療治代支弁の責任を加害者の親類にまで負わしめたこと、あるいは時に加害者の主人にまでその責任を問うたものであること、前掲『律令要略』所出文及び次段掲出の法例に徴して明らかであるが、かくの如き制度は、御定書の上には全然見出すことが出来ず、あるいはまた御定書上では、療治代負担の責任は百姓町人のみにこれを問い、武士には何らこの種の責任を負わしめなかったのであるが[7]、御定書以前においては、前掲『律令要略』所出文によって、武士といえども療治代支弁の責任があったものと推測せられる（御定書以前、酒狂による傷害の場合においては、明らかに武士といえども療治代支出の責任を負わねばならなかったこと、後に述べる通りである）のであるから、御定書は療治代責任の負担者の範囲を、より縮少するに至ったということになるのである。

第三に、『享保度法律類寄』によれば、従来「馬士車引馬車にて人に疵付候はゝ宰領共流罪右主人へは療治代分限に応し可為出[8]」であったのが、御定書では、先に掲げた通り、馬、車引掛けによる傷害行為者は、ただ刑罰を科せられるに止まるのであるから、御定書においては、被害者の損害の塡補される場合が、一つ減少するに至った訳である。

以上を以て見る時、御定書下巻第七十一条第四十一項、即ち傷害に基づく損害の塡補に関する御定書の原則は、被害者の直接の保護において、御定書前代のそれに比し、甚だ備わらざるものがあり、より劣るものがあったといわねばならないのである。

（1）『徳川禁令考』後聚第三帙六五五頁以下。
（2）同上七六五頁。なお同上七八七頁所出の文化七年の判決例には「療治代銀壱枚孫平江為相渡候上三十日手鎖」とあって、加害者に療治代の責任と手鎖の責任とを負わしめているが、これは時に手鎖の如き軽き刑罰は、事情に応じて併せ科したこともあったことを示すものであり、御定書の原則の改正の結果という程のものではあるまい。
（3）同上第四帙六〇頁。
（4）同上第三帙七〇一頁。
（5）天明時代に成れる『官中秘策』にも同旨文が見える（『古事類苑』法律部二、八一三頁）。なお本書には「武士の召仕」を「武家方家来」に作る。
（6）『百万塔』本、一〇頁。
（7）武士の傷害行為の場合については、御定書は特別の法条を設けていないが、例書においては、その第七十九条に「天明三卯年六月一人に疵付候もの武家之家来ニ候ハヽ、江戸払」と掲げて、この原則を明示している（『徳川禁令考』後聚第四帙五九四頁）—同上第三帙七五九頁の天明三年の書付参照。なおこの点につき三浦周行『続法制史の研究』一四一七頁以下所収の『以上並武家御扶持人例書』参照。
（8）一一頁。
　なお先に述べたように、御定書上は他の刑罰を科せらるる特別な場合には、療治代支弁の原則の適用はなかったものと解せられるのであるが、而して御定書以前においても、恐らく同様であったと推測するのであるが、もし然らずとするならば、御定書においては、被害者の損害の塡補される場合が、さらに大いに制約せられたことになるのである。しかしこの点については、その詳細を究める余裕と準備とを有しないので後考に譲る。

三

『公事方御定書』下巻第七十七条[1]第二項乃至第五項は、また傷害塡補に関する規定である。少しく長文であるが、次にその全文を掲ぐることにする。

享保七年極
一酒狂にて人に為手負候もの
　　疵被附候もの平愈《ママ》次第療治代為出可申候
寛保二年極
但疵付候もの奉公人ハ主人江預其外ハ牢舎手疵軽ク候ハヽ預ヶ置可申候
寛保七年
延享四年極
一疵之不依多少　武家之家来 江戸払
但町人百姓ハ銀一枚軽キ町人百姓ハ右ニ准療治代為相渡可申事
享保七年極
一療治代難出者　刀脇差為相渡可申
享保七年
延享二年極
一酒狂にて人を打擲いたし候もの
　療治代難差出ものハ諸道具取上打擲ニ逢候者江可為取諸道具も無之償不成身上之ものハ所払

この四つの条項は、酒狂による傷害の塡補に関する規律であるが、その法文甚だ整わざるものがあるのである。しかしながら、この四項は、これを互いに関連せしめて見る時には、酒狂の上にて人を傷害した百姓町人は、その疵の平癒次第、原則として療治代銀一枚を差し出さねばならない。もし加害者にして療治代支弁が不可能の場合には、刀、脇差あるいは諸道具を官に取り上げてこれを被害者に交付する、この種の財物もない場合には、加害者を所払の刑に処するという旨の原則を指示するものと、解せられると思うのである。

さてこの四項の意味するところは、まず右の如きものであったとなして大過なきものと考えるが、ただこの文辞的解釈のみを以て、その充分なる釈義となすことは、早計といわねばならないと思うのである。というのは、この四項と前節の規定とは、共に傷害塡補に関する原則であるが故に、両者は相互いに独立対等の規定であったか、あるいは普通法特別法の関係にあったかの問題が生じて来るのであり、そのいずれたるかによって、この法条の意味も自ずから変わって来ることになるのであるから、即ち仮にもしこの四項が前節の規定に対し独立併存の地位にあるものとするならば、例えばその被害者を指す「人」なる語は、単に自己以外の人一般の意味と解せられ、これに反しもしこの四項は前節の規定の特別規定なりとなすならば、この四項の「人」また前節の原則が適用されて、極めて制限的な内容のものとなるのであるから、この両原則の関係如何を決定することが、この四項の原則の理解には、欠くべからざる事柄となり、この決定を参酌して初めて、完全な釈義となるものと考えられるからである。

ところで私の見るところでは、この四項は、前節の規定の特別規定であったということになるのである。何が故にこの結論に到達するか、次段においてこれを述べて見ることにしよう。

さて仮に、この四項即ち御定書下巻第七十七条の酒狂による傷害の損失塡補に関する原則をば、前節の規定即ち御定書下巻第七十一条第四十一項の傷害塡補の原則と対等独立の地位を有するものとするならば、例えば第七十七条中のこの四項の「人」なる語は、第七十七条中にはこの第七十一条におけるが如き特別な規定が見えないのであるから、自己以外の他人一般という意味にしか解せられないので、主人または親その他特別な身分あるいはその他特別な関係にある者をも含めているものというべく、その結果酒狂傷害による責任は、たとえ被害者が如何なる種類の人であっても、単に療治代支弁に止まり、全然刑罰を科せられる場合がなく、この第七十一条の場合に比較して、その責任が極めて軽減されることになるのである。ところでかくの如き責任軽減の基礎は、両原則を比較して見る時、ただその傷害が、酒狂に基づくものであるという点にのみ繫がって存するということが認められるのである。然らば酒狂という事実に、かくの如き重大なる意義を有たしめることは、徳川法制上の原則であったか。徳川刑法上では、精神病者といえども、勿論普通人と全く同様の取り扱いではないが、なお刑事責任を負担せしめるのが一般原則であるのであるから[2]、酒狂者の如き、一時的に精神の正常を失える程度の者で、勿論精神病者と同日に論ずべからざる者に、刑事責任負担の義務を免除するというが如き原則が、存在したとは考えられないのである。然る時は、酒狂傷害に刑事責任負担の義務なしとの結論に到達する右の解釈は、その当を得たものでなく、勢い右の解釈を生ぜしめるところの、両原則対等という仮定は、許されざることとなるのである。従って、本節の四項の規定には、独立の地位を与うべからざるものであり、前節の原則の特別規定なりと、解すべきであろうということになるのである。

次にこの四項の沿革を見るに、『科条類典』によれば、[3] 享保七寅年の伺書に見える「酒狂致シ刀脇差ニ而人に疵付候者之事一其主人江預置被疵付候もの平癒《ママ》次第療治代出させ可申療治代難出ものハ刀脇差取上酒狂ハ主人江可相渡事但取上候刀脇差ハ疵被附候もの江とらせ可申事一右療治代疵の多少によらす中小性体ニ候ハ、銀弐枚徒士ハ金壱両足軽中間ハ銀壱枚出させ可申事酒狂ニ而人を打擲致し候者之事一右同断但刀脇差取上に不及身上限り諸道具取上打擲に逢候もの江とらせ可申事但右酒狂者之儀主人江断候節欠落と申立候共主人方を罷出三日之内ニ而候ハ、欠落に相立申間敷候事右弐箇条町人ハ則牢舎申付候次第同断但主人無之ものハ宿所江可帰遣事」なる法例を基本とし、これに削修を加えて、御定書の原則が出来上がったのであることが知られる。而してこの法例は、多少の出入はあるが、大約同旨の記述を、『律令要略』または『享保度法律類寄』あるいは『御仕置裁許記』の「享保律改正規矩」の部[4]等にも見出し得られるところからして、少なくとも享保前後の原則を伝えるものと考えられるのである。

この享保前後のものと考えられる法例は、その文面から知られる通り、元来武家の家来を目的として立案せられたものであり、これを町人に準用せるものであったのであるが、御定書においては、これを基本としそれに多少の改修を施して、百姓町人に対する原則となしたものであるために、先にも一寸述べたように、甚だ整わざる、時に文意通ぜざるような法文ともなるに至ったものと思われるのである。

前掲の享保前後の法例によれば、当時においては、酒狂にて人を傷害せし者は、武士といえども療治代支弁の義務を負わねばならなかったのであるが、これが御定書においては、武士はその傷害に対し江戸払という刑事責任だけを負うことになったのであるから、この点においてまた、御定書の上においては、その前例に比較して、被傷害者の保護が、薄められるに至ったといわねばならないのである。

もっとも、御定書以前においては、武士と町人とに療治代支出の責任を問い、御定書に至って、武士のこの種の責任は解除されるに至ったのであるが、その代わり御定書では新たに、その数において遙かに多い百姓にもこの種の責任を負わしめることになったのであるから、むしろ御定書に至り、被傷害者の保護が高められるに至ったという観察、あるいは少なくともその低下ということは考えられないとの観察も下し得ようが、これは法文を余りに厳密に読んだ上でのことであり、当時町人という場合には、特殊の事情のない限り、恐らく事実上は百姓をもその中に包容せしめることが普通たるべく、法文の上から武士を排除したことと、法文に新たに百姓を加えたこととは、同列に考うべきものでなく、結局上に述べたように、武士を除外したことは、被傷害者の保護を低下せしめることになるものと理解すべきであろう。(5)

（1）『徳川禁令考』後聚第四帙六九頁以下。
　本条第三項は、『徳川禁令考』本にては「療治代疵之不依多少　江戸払」となっており、訓詁的にも意味が通じないのであるが、石井良助氏蔵『棠蔭秘鑑』には「療治代」の三字見えず、これ蓋し正文たるべし、今それによって改めた。この補訂をなし得るは、石井氏の教示と好意の賜物、厚く謝意を表する。
（2）中田薫『法制史論集』第三巻七三四頁以下。
（3）『徳川禁令考』後聚第四帙七五頁以下。
（4）『法律類寄』所出のものは殆ど同様であるが、他の者は文章に相当出入がある。
（5）なお同じ療治代の一律法定とはいえ、御定書以前においては、その額が多かったことは、またこの傾向を物語る証左の一つとして、併せ考うべきであろう。

四

『公事方御定書』上の、傷害塡補に関する規定は以上に尽きるので、これからは、財物に対する侵害の塡補賠償に関する規定を考究することになる。

まず本節においては、『公事方御定書』第七十七条[1]「酒狂人御仕置之事」の条の第六項

同〇享保七年延享二年極

一酒狂にて諸道具を損さし候もの　損失之道具償可申償不成身上之者ハ所払

を考察することにする。この規定はいうまでもなく、財物毀損の場合の損失塡補の原則であるが、御定書上では、この方面の規定としては本条が唯一の規定であり、他には全く何の法条も見られないのである。

本条の意味するところは、殊更註釈を加えるまでもなく、明白であるのであるが、酒狂によらざる財物毀損の場合については、如何なる原則が行われたか、この点を判然さしておかねばならない。

御定書下巻第七十六条「あばれもの御仕置之事」の追加条の第二項に「同〇寛保三年極一同〇遺恨等を以拾人以上結徒党狼藉いたし諸道具損さし候におゐてハ頭取重キ追放但荷担人所払[2]」なる法条が見えるが、これは単なる諸道具損傷の場合を規律したものでなく、各種の条件が付け加わった場合の規律であるとはいえ、なおその中において、毀損諸道具の塡補に関し何ら言及されていないことは、御定書上、普通人の諸道具毀損の場合は、加害者にその損失塡補の責任を問わないとの原則の行われたことを、示すものと解していいのではあるまいか。もっとも一面において、この第七十六条第二項は、徒党狼藉に対する刑罰責任が、毀損道具塡補責任を吸収しているという形のもので、敢えてこの種の塡補責任を問わないとの原則が存在するために、この種の賠償責任を問わないというものでないとも考えられる故に、あるいは普通人の毀損道具賠償責任が、存在したのではないかとも思われるのである。しかし御定書成立に間もない頃の元文四年八月六日の判決では、「…太郎兵衛…市兵衛と買もの之儀ニ付及口論…市兵衛家財を損さしあばれ候ニ付…為代物六百文市兵衛方江可相渡旨申渡[3]」とあって、明らかに普通人のこの種の塡補責任を問うているのに係わらず、御定書においては、かくの如き前例を生かしたと思われるような規定を、全然設けておらないところからすると、御定書では意識的に、この種の責任を抹消するに至ったものとも解せられ、現在のところでは、私はやはり、普通人の道具毀損については、その刑罰責任はともかく、損害塡補責任を問わないというのが、御定書の原則であったと解したいのである。[4]

なおこの第七十七条第六項には、「酒狂にて諸道具を損」じた場合とあるが、酒狂にて諸道具以外の財物を損傷した場合の原則如何というに、この点について今考うべき資料に接し得られないが、恐らく文字通りに、諸道具以外の場合には、加害者は刑罰責任を問われ、損失塡補の責任に至っては、これを問わなかったのではあるまいか。

例によって、また次に本条の沿革を尋ねて見るに、科条類典によれば、この法条の前例となりしものは、享保七寅年伺の「酒狂にて諸道具を損さし候者之事一過料出させ損失のもの江とらせ可申軽キ身上之ものハ身上限リニ可申付事」(5)なる法例であったのであるが、これはまた『享保度法律類寄』(6)及び『御仕置裁許記』の「享保律改正規矩」(7)の部にも殆ど同様の記載が見られるので、少なくとも享保前後御定書成立頃までの、実際に行われた原則であったと見做されるのである。而してこれが改修せられて、先に掲げたような、御定書上の法条となるに至ったものなのである。

次にまた例によって、この御定書の原則と、御定書以前の原則とを対照して見るに、まず享保の例においては、加害者に「過料出させ損失のもの江とらせ可申」とあって、「過料」の文字から、全損害の塡補ではなかったらしく見えるのに反し、御定書にては、「損失之道具償可申」であって、損害全部（毀損なかりせば得べかりし利益をも含めた全損害というのではないが、少なくとも加害行為が直接に生ぜしめし損害全部）の補償と解せられ、一応御定書の原則の方が被害者保護に厚かりしものの如く思われるのである。しかしこの「過料」はしかく厳密に読むべきでなく、以上の二文の意味するところは全く同一であり、ただその表現において、異なるところがあったというに過ぎないと解すべきではあるまいか。

ただその損失塡補不可能の場合を規律して、御定書においては、「償不成身上之者ハ所払」とあるに対し、享保の例においては、「軽キ身上之ものは（『御仕置裁許記』においては、「過料難差出身上軽き者は」に作る）身上限」となしており、ところで「身上限」責任と「所払」責任とでは、後者を以て重しとなし得るのであるから、御定書の原則の方がこの種の賠償不能の加害者に対する制裁という点においては、より重きを加えるに至ったということは出来るのである。

以上要するに、酒狂による諸道具損傷の場合における、被害者救済の内容については、御定書と御定書以前と殆ど変わるところがなく、ただ御定書に至って、賠償不能の加害者に対する制裁の度合いが、加重せられたに過ぎなかったということになるのである。

しかし右にいうところは、酒狂による諸道具毀損の場合の原則についてだけのことであり、これを広く財物毀損一般という点から考察する時は、先にいう通り、御定書上毀損財物の塡補についての規定は、この第七十七条第六項が唯一の規定であり、しかもその内容甚だ備わらざるものあるに反し、御定書以前においては、徳川初世来、勿論充分なる制度とはいい得ないが、酒狂による諸道具毀損の場合のみならず、広く他の場合につき、各様の原則が行われたことが知られるのであるから、この点からいう時は、御定書は財物毀損の場合についてもまた、その被害者保護において、御定書以前に比較して、甚だ欠くるところがあったといわねばならないのである。然らば御定書以前の諸原則とは、これは次段において、やや詳細に述べてみたいと思う。

徳川時代御定書以前に行われたところの、財物毀損の場合の損失塡補に関する法制は、今私の知る限り、その客体によって分類すると、耕作物加害の場合、家屋加害の場合、諸道具加害の場合の三種となるのである。

なお以上三つの場合の中、諸道具加害の場合に関しては、酒狂者加害の場合はいうまでもなく、普通人加害の場合についても、前段において、既にその概要を述べているので、以下には主として、作物加害と家屋加害の二場合を、それぞれ分説するに止める。

まず作物加害の場合について見るに、この方面に関しては、既に早く徳川初期に成文があるのである。即ちそれは、中田博士によって、慶長八年乃至同十七年の間に、京都所司代板倉氏によって編纂せられたるものと論断せられた[8]、徳川初期の法典『新式目』の第四十四条に見えるところの、耕作主は自己の耕地の作物に損害を加えた他人の牛馬その他の家畜を差し押さえて、その所有者より損害の賠償を請求し得る旨の規定である。

さてかくの如き作物毀損に対する賠償法は、その後に至ってもなお行われたかどうかというに、これを考うべき積極的資料に接することは出来ないが、一方において元来この新式目が、徳川時代最初期の法典として中世的原則を多分に包含する過渡的立法であり、この種の加害家畜法が、中世分国法の原則を継承せるものであること[9]、他方その後の徳川幕府の法例の上に、全くこの種の原則の行われた証跡の発見出来ないことなどからして[10]、この『新式目』第四十四条の原則は、徳川幕府法制上の支配的原則ではなく、御定書時代頃までも存続せるものでないことは勿論、ただその初期における、一原則であったに過ぎないと推考せられるのである。

しかし家畜の作物加害に関して、その後の幕府法といえども、全然これを放置した訳ではない。即ち例えば元和五年の社参法令中に「一作毛之場に馬を放置へからさる事」[11]、あるいはまた『続地方落穂集』に「一他領者不及申に、当村分雖為人田畑山林野方に猥に牛馬を繋ぎ作毛をふみ付させ草莚を食可申候縦《ママ》入相之山林たりといへども、野山法外に我儘の品一切仕間敷事」[12]（誤写誤字と思しきところありて、必ずしも文意明白ではないが、大体山林田畑を牛馬をして荒らさすべからずとの禁令と、解してよかろう）等と、作物毀損に対して禁令を発しているのである。しかしそのいずれも、毀損作物の填補については、何ら規定するところなく、高々「一作物の場に馬を放へからす違背之族有之者随其軽重可出過料事」[13]と、加害家畜の所有者の制裁を規律せるに止まるのである。家畜の加害と限らず、作物損傷一般についても、なおその禁令は見られるが、損失填補のことに至っては、徳川初期以来、全くその規律を見ることが出来ないようである。要するに、徳川時代においても、貞享二年の序ある『豊年税書』に「一他の田畑を心ならずあらしたる者は、価を以て贖ふべし」[14]と見えるように、社会道徳としては、田畑作毛毀損に対して、その損害賠償責任が要請せられたことは勿論であろうが、法制上にては、幕府時代を通じて、この種の被害の救済ということは、全然閑却せられていたということになるのである。

次に家屋毀損の場合について見るに、『御仕置裁許記』の「享保律改正規矩」の部に「一当分之借金証文日限延引候処金主貸（原「貸」とあるは誤記）付金之代リニ無相対建家を卒爾に於取壊は不届付金主より元之如く造作致させ可返之一建家を証文ニ書入金子借用候処返済遅滞すといへとも理不尽に右建家を取壊破ニ於ハ仕方不埒ニ付如元造作致させ返すへし一建家売上証文ニ而金子借用致候処約束之日限過候得共金子も不差戻右之建家を不相渡とて金主方より取壊候儀抔金主不埒ニ付如元造作為致候上金主に建家を可相渡一新規之建家造を受合候職人金子相滞候由にて右建家ヲ壊破取ニ於ハ如元造作為致其上金子済方申付例」と見え、また『律令要略』「借金売掛金銀の部」にも右の諸項の中の第一項と同旨の記載が見えるので、少なくとも享保前後には、他人の家屋を毀損せる者は、その原状回復の義務を負わねばならないという原則が行われたことが知られるのである。

ところでこの種の原則は、享保前後以後は全く行われなかったかというに、先にいう如く、少なくとも御定書の上にはこの原則が見えないのであり、御定書以後についても今のところ殆どその類例を見出し得ないのであるが故に、まずこれは御定書以前に行われた原則であったと推考するのであるが、ただ『公裁御定書』が、『律令要略』所出と同一の即ち右の諸項中の第一項と殆ど同旨の法例を、寛保二年壬戌四月日なる日附を付して収録しているので[15]、少なくともこの条項だけは、御定書成立時代前後にも、なお行われたものらしくは見えるのである。

さて、この原状回復責任の規定を見て、まず気附くところは、すべてその毀損行為が、行為者自身の被害者に対する債権の実現のために、なされた場合についての規律であることであろう。ここにおいて、加害者と被害者との間に、この種の特別な関係の存せない場合においてもまた、この原状回復の規定が適用されたか否かの疑いが生じて来るのである。しかし今は、これを判定すべき恰好の材料を知ることが出来ない。

(1)『徳川禁令考』後聚第四帙七〇頁以下。
(2)同上六一頁。
(3)同上八一頁。
(4)なお御定書以後のものではあるが、同上四七頁以下の天明六年の判決、『徳川禁令考』第五帙二九三頁の慶応三午三月の触書等参照。
(5)『徳川禁令考』後聚第四帙七六頁。
(6)一四頁。
(7)一三二条。
(8)中田薫『法制史論集』第三巻七一七頁以下。
(9)同上。
(10)諸藩法の中にも同旨の規定を見られる、例えば元和三年の吉川家法（『大日本史料』十二編之廿六、六二頁所出）。
(11)『徳川禁令考』第一帙一八一頁。
(12)『日本経済大典』本、三八頁。
(13)『徳川禁令考』第一帙一八三頁。
(14)『日本経済大典』本、六九七頁。
(15)『日本財政経済史料』第六巻八七四頁。

五

『公事方御定書』においても、自己の財物を盗取せられた者は、その返還を求め得たのであるが、[1]さらに御定書には、盗人から盗品を直接買得せる者は、一定の場合に、被盗者に対し、その損害を塡補せねばならぬとの規定を設けている。御定書下巻第五十七条[2]「盗物質ニ取又ハ買取候者御仕置之事」の第三項に

同〇享保六年元文五年極

一盗物と不存買取売払候節ハ売先段々相糺代金を以買戻させ被盗候もの江為相返盗人より初発買取候者之損金ニ可申付事

但売先不相知候ハヽ、初発買取候ものより被盗候もの江代金ニ而為償可申事

とあるが、その但書がそれである。

この法意の大要は、贓品が転々売却されて行衛不明となれる場合には、盗品と知らず、盗人より直接それを買得せる者が、「代金」の弁償をなす責任があるというのである。

この場合買得者善意たることを要するということは、法文に「盗物と不存買取云々」とあ＊るところからも知られるのであるが、後の例ながら、寛政元年御渡の評議に「盗物と乍レ存…買取候ものは御仕置に相成候間、被レ盗主損失ニ相成申候[3]」と、即ち贓物故買の場合は、買得者が処罰される結果、被盗者賠償されることなしとあることによって、充分明瞭であるのである。

次にこの「代金」とは何をいうかというに、あるいは盗品の価額とも解されようが、次段引用の判決文等に照合して見る時は、買得代金の意と解すべきであるらしい。

なおこの御定書第五十七条第三項但書の原則における、盗品が転売されて行衛不明となれる場合という条件は、厳密に文字通りに解読すべきであったと思われるが、それは次の事例により、後来少なくとも文政年代に至って初めて、盗品が

買得者の手元にて消費された場合にも、本条が適用されることになり、本条の適用範囲が拡張せられるに至ったものであるらしいと考えられるからである。文政元寅年の判例に「…買取候炭ハ遣捨候趣ニ付、盗物と不ㇾ存、買取売払候節之御定但書ニ准じ、代銭被ㇾ盗主江為償可ㇾ申儀ニ候得共、取上相渡候共、趣意ハ同様ニ付、伺之通買取候炭代銭取上(4)」とあるがその事例である。

序でにここに述べておきたいのは、この御定書の原則は、後になると、盗品質取の場合にも拡張適用されるに至り、質屋にて盗品たる質物が紛失した場合には、質取主は被盗者に対し、少なくとも質代金の限度において、弁償の義務を負わねばならないことになったと解せられることである。『諸例類纂』四、「文化七午年七月七日長崎奉行より町奉行江問合并答」に「…質ニ取置候品物質屋ニ而紛失致候所右は盗物之品ニ無相違上は右質ニ取候節之代金受人より質屋へ為償右質代金質屋より取上被盗主江相渡候方と存候」とあるは、その例証である。

さらに、ここに考究すべき事例がある。それは御定書より遙か後代のものであるが、天保十年四月四日の附札に見える、「…右食物○盗品なり…買取候もの食用に致し候は右盗物売払代盗賊所払ニ候ハ、是又被盗主江渡遣買取候者より取上候代金も一同ニ渡遣候間若二重之渡方ニ相当リ候ハ、一方は被盗主江不相渡取上切ニ相成候筋ニ有之候右は凡之振合ニ御座候(5)」なる法例である。これによると、被盗者が他より補償を受け得られる場合においても、この種の盗品買得者は常に、代金支弁の責任を負わせられたものであり、盗品買得者の代金支弁責任は、単に被害者の損失塡補のためのみに問われるものでなく、この種買得者自身に対する制裁という意味も、多分に包含せられていたものであるということになるであろう。さて、もしこれが後の新例でなく、御定書時代来の原則を伝うるものとすれば、本節の御定書の原則もまた、この意味において理解せねばならなくなるのである。しかし今はいずれとも判定を下し得ず、後日の考究に譲らねばならない。

最後にも一つ考えて見ねばならないのは、本節の御定書の原則においては、盗品が滅失したり行衛不明となれる場合と規定しているが、然らばもし盗人の手元にて、贓品が転売される間に行衛不明となれる場合は如何であったか、なおこれ御定書の原則が適用さるべきであったかという問題である。御定書下巻第五十六条「盗人御仕置之事」の条に「享保六年極一都而盗物之品ハ被盗候もの江相返可申候金子遣捨候ハ、可為損失云々(6)」、また同上第四十二条「奉公人請人御仕置之事」の条に「享保四年極一取逃之品於売払ハ買主より為戻可申但金子なとハ遣ひ捨候事分明候ハヽすたりに可致事」[7]等と見えるところから、盗人の手元にて、盗品が行衛不明となり、あるいは滅失したりした場合においては、被盗者の損失は、塡補されないのが一般原則であったと解せられ、従って、この場合には本節の御定書の原則に、勿論適用されなかったものであり、転売中の行衛不明または滅失ということは、厳格な条件であったのである。

再びいうならば、これを要するに、御定書下巻第五十七条第三項但書は、贓品が転々売却されて、その行衛知れざる場合には、それを盗人より直接買得せる者が、贓物故買でない限り、買得代金の限度において、被盗者の損害を賠償せねばならないという原則であったのである。

右の原則は、少なくとも享保前後に行われた次の如き原則に基づいたものであることは疑いがない。享保前後の原則とは、『享保度法律類寄』に見える「一盗人を捕来候はヽ被盗候品々何方のもの買取候共取戻可相返其色品買取候もの手前に於無之は代金にて償はせ可申事」[8]である。

前掲の享保前後の原則を見るに、これにあっては贓物買得者の善意悪意については、何ら規定されていないのであるが、もし当時における制度が、この法文の通り、買得者は故買の場合においても、被盗者の損失塡補の責任を負うものであったとなすならば、その故買にあらざることを条件とする御定書の原則は、御定書以前のそれに比して、被盗者の救済という点において、より薄きものがあったというべきであろう。

御定書においては、それ以前に比して、被盗者の救済が低減の傾向にあるという事実を、さらに他の法条について、看取することが出来ると思われる。他の法条とは、奉公人の主人の金銭引負に関する規定であるが、引負はまず他人の金銭の無断費消であるが故に、名は引負であるが、その実は金銭盗取と異なるところがないので、ここに他の法条に被盗者救済低減の傾向を示す事例を見出すといった訳である。

さて然らば、この種の引負の原則の如何なる点に、かくの如き傾向を見出すか、次段にその点を述べて見ることにしよう。

『公事方御定書』下巻第四十二条「欠落奉公人御仕置之事」の条に「享保六年極一引負いたし候もの一向弁金於無之ハ金高ニ応し五十敷百敲寛保元年極但当人并親類之身上に応し引負金高三分一或ハ五分一又ハ十分一相済候ハヽ当人出牢之

上追而身上持次第幾度も主人方より相掛り候様可申付事」[9]とあるが、この法条の基本となれるものは、享保六年の「引負之もの之事」なる伺書に見える「引負金いたし候もの之儀引負金百両以上以下共当人并親類又ハ可弁筋之もの弁金申付…一引負金之親類ニも弁金いたし候もの無之其外可弁筋之もの無御座当人も可済手たても無之ものハ五十歟百敲追放し可申候」[10]なる法例であり、これは『享保度法律類寄』及び『庁政談』[11]等にも収録されているので、享保前後現行の原則であったとなし得られるのである。さてこの両原則を比較する時、御定書のそれは、法文の建前が、引負人の処罰を主眼となし、従としてもし弁金したならば云々という原則となっているのに反し、御定書以前の規定は、初めから当人その他の者へ「弁金申付」、弁金不可能の場合に処罰という行き方であるので、その両原則の規律するところの内容に至っては、その実質においては殆ど異なるところがないとも考えられようが、御定書にあっては、被害者救済よりも加害者処罰に、立制の主眼を置いたものということが出来得べく、この点において、御定書の引負の原則についても、被害者救済低下の傾向を、窺い取ることが出来はしまいかというのである。

（1）公事方御定書下巻第四十二、第五十六、第五十七条等。
（2）『徳川禁令考』後聚第三帙四二一頁。
（3）『古事類苑』法律部二、七三頁。
（4）同上七四二頁。なお次段の天保十年四月四日の付札も参照。
（5）『諸例類纂』五。
（6）『徳川禁令考』後聚第三帙三〇一頁。
（7）同上第二帙六三三頁。
（8）四頁。『御仕置裁許記』の「享保律改正規矩」の部百五十五条同旨文。
（9）『徳川禁令考』後聚第二帙七一三頁。
（10）同上七二八頁。
（11）前者は一九頁。後者は本書第三編第九節〔本書二二五頁〕に掲出。
＊原文では欠落しているが、論旨・文意も勘案した上で、監修者の責任において初出論文より〔　〕部分を補った。

六

御定書に見える、財物に対する侵害塡補の規定として、最後に挙ぐるところは、『公事方御定書』下巻第九十二条[1]「質物出入取捌之事」の条第二項、即ち

延享元年極
一利足相済置候質物可請戻旨申候得共売払候由ニ而其品不渡質屋
　質物為請戻　過料
但質物売先不相知候ハヽ、元金一倍之積り代金為相渡過料可申付事

なる規定の但書である。

これは質取人が権限なくして、無断に質取品を売却し、その行衛が不明となれる場合には、質取人は質金の倍額の限度において、質入人の損失を塡補せねばならないという規定である。なおこの質金の倍額弁償ということは、当時質金は質入品の価額の半額というのが一般慣習であるのであるから、結局当該質物の価額全額の弁償という意味になるのである。[2]

なおそれは、自己の保管する他人の物を、権限なくして売却せる場合の原則であるが、御定書下巻第三十七条「二重質二重書入二重売御仕置之事」に「寛保四年極一諸商物…取次可遣品…売払…候もの…死罪…入墨敲[3]」なる原則が見えるところからすると、普通の者のこの種の行為には、この原則によって刑罰が科せられ、それが質取人の行為である場合にのみ、本節の原則が適用せられたものと解せられ、この質取人なる語は例示的用法に従ったものでなく、厳格に解すべきものであったことが知られる。

この規定は、『科条類典』によって、元文二年の殆ど同旨の判例を先例として、作られたものであることが知られる。[4]

元文二年の判決文の要点を摘記すると、「…正月…衣類…質物ニ入…五月為利上銭六貫文相渡当時可請戻旨申候処売払候由ニ而不為請戻不埒ニ付買戻可為請返候若売先不相知候ハヽ、都而質物ハ元直段より過半下直ニ取候通例ニ候間元金一倍

之積為質物代置主江相渡右之内ニ而元金可引取旨質屋新五右衛門ニ申渡」[5]である。さて右の御定書の原則と、本判決の内容とを比較すると、殆ど全く同様で、この種の被害者の保護においては、御定書は全然その前例に従ったといい得るのである。しかし、御定書においては、この種の質取品売却者に、刑事責任をも問うているのに、その前例元文二年の判決においては、彼を「不埒」とはいっているが、何ら刑罰責任を問うていないことが知られるのであるから、御定書においては、この種の加害者に対する顧慮が、前代より深められるに至ったということは出来るのである。

（1）『徳川禁令考』後聚第四帙二七九頁。
（2）次段掲出元文二年の判例参照。
（3）『徳川禁令考』後聚第二帙五七一頁。
（4）『徳川禁令考』後聚第四帙二八〇頁。
（5）前註に同じ。

七

以上第二節乃至第六節において考察した諸法条が、『公事方御定書』上の損害賠償法規であるが[1]、その法条の数において乏しく、その内容において甚だ整わざるものがあり、ここに公事方御定書は、個人の被侵害法益の救済において、甚だ間然するところがあったといわねばならないのである。

さらに各法条について、その沿革の大体を尋ねた結果として、『公事方御定書』上の各損害賠償法規は、御定書以前の同種の法例に比較して、被害者の損失塡補の度合いが、低下したものこそ多かれ（第二節、第三節、第五節）、決してその度合いの深められたものがなかったということを知り得るのである。

これを要するに、『公事方御定書』の損害賠償法規の内容と各法条成立の沿革とを考察して、ここに御定書においては、侵害せられた個人の法益の救済において、甚だ至らざるものがあったのみならず、被侵害法益の救済の度合いの高昇を以て、損害賠償制度進化の一目安とするならば、正に賠償制度退化の跡を認め得るということになるのである。

さて以上の如く、御定書における損害賠償法規は、甚だ不完全なものであったとはいいながらともかく、ある特定の場合においては、自己の法益を侵害せられた者は、加害者の一定の行為によって、その損害の塡補を実現し得たものであった。即ち加害者の負担する一定の責任によって、その損害が塡補せられたのであるが、この加害者の責任は、民事責任と解せられるものであったか、刑事責任と見るべきものであったか、換言するならば、この種の責任制度は、被害者の損失塡補を主眼として存立せるものであったか、はた加害行為に対する社会防衛的立場から、加害者に対する公の制裁という意味において行われたものであったか。以下この問題を考察して、本編の終結としたいと思う。

現在の整備せる法制上の損害賠償責任は、いうまでもなく民事責任である。しかし今日の賠償責任といえども、全然刑事責任的性質が存在しないとはいい得ざるべく、賠償責任を加害者に問うことには、社会防衛的意味が含められ、また実際においても、その機能を発揮しつつあるものであるとなし得られるであろう。ただその制度の基調が、民事責任という点にあるということに至っては、疑いの余地のないところであり、この意味において、今日の賠償責任は、民事責任であるということになるのであると考える。

ところで、民事責任と刑事責任との分化が、一般的に截然たる現今の法制上においても、損害賠償責任に至っては、その本質において、刑事責任的性質の混入が考えられること、右に述べた通りであるとするならば、一般に民刑両責任の混同の類例に乏しくない徳川法制上において、その損害賠償責任につき、これは民事責任たりあるいは刑事責任たりと、確然いずれかに判定することは、甚だ困難たるべきを思わしめ、この責任たるや、また民刑両責任混同例の一場合たらざるかとの予想が、まず生じるであろう。『公事方御定書』の損害賠償制度を検討して、私の到達する結論は、やはり右の予想に合致するのであった。

即ち、御定書上の各損害賠償法規においても、その責任の本質はともかくとして、加害者が一定責任を担当するということによって、損失が塡補されるのであること、上に分説した通りであり、この限りにおいては、加害者の責任は民事責任的であると解せられるのであるが、さらに一層詳密に制度の内容を検討する場合、そこに刑事責任的性質が認識されるのであり、結局この両性質を兼ね備えたものが、御定書上の損害賠償責任の本質であったということになるのである。

まず、御定書の賠償規定は、傷害及び財物に対する侵害の二場合に関するものであるが、その規定の全部が、傷害及び財物侵害があった場合は常に、その被侵害者の損失を、加害者をして塡補せしめるというのではなくして、ある特定の限定せられた場合にのみ、塡補責任を発生せしめるに止まり、特定場合以外は、たとえ被害者に如何なる損失が生じても、その塡補の手段を講ぜず、ただ加害者に刑罰を科するに止まるという建前にあったのであることは、前段各節（第二節乃至第六節）に述べたところによって明らかであるが、かくの如く加害行為に対する賠償責任と刑罰責任との重畳的存在を認めないことは、この両責任が、未だ分化独立の域に到達していなかったことを示すものといい得るであろう。

そこで、さらに一歩進めて、損害賠償責任の本質をば、その賠償額が一律に法定されている（第二節、第三節(2)）規定について観察する時には、それは形式的には、なお賠償責任という外貌を有するにしても、その内容においては、刑罰責任的であり、刑罰責任の担当が、実際において損害塡補という結果になるというのが、その実状であるというべく、これにあっては、両責任混同という事実が、より一層明白に認識せられるのみならず、かくの如き内容の賠償責任にあっては、刑事責任的色彩がより濃厚であるということが出来るであろう。

さらに進んで、御定書の損害賠償法規の中に見える、「償不成身上のものハ所払」（第三節、第四節）という如く、賠償不能の場合は、これに代うるに刑罰を以てする事例、及び『公事方御定書』下巻第三十七条及び第四十三条に見える、損害の賠償によって刑罰が軽減されるという原則（第五節、第六節）等を併せ考うるならば、いよいよ明白に、民刑両責任混同ということが、御定書の損害賠償責任においても、一般的傾向であり、その責任が純民事責任的性質のものでなかったことが、確認せられるであろう。

これを要するに、『公事方御定書』上の損害賠償責任は、民事責任的性質と刑事責任的本質とを、併せ有する責任であったということになるのである。

されば後世のものながら、寛政二年の幕府評議文に（第二節に掲出）「みよ江疵為負候刑ハ療治代ニ相当軽キ咎ニ御座候間離縁之妻江疵付候本罪ニ而重キ方江附云々」とあるが如きは当然のことというべく、また以て自ら当時の損害賠償責任の本質を、端的に表明するものとなすことが出来よう。なおそれは質物追奪の場合の補償関係に関するものであり、そのまま採ってここに参考すべき性質のものではないが、寛政三年の「盗物と不存置主証人ニ成候もの質代償方之儀ニ付評議[3]」の中に「償ハ過料之御咎とハ品も違ひ可申哉云々」といい、一方「償も刑ニ無之とハ強而難申との故を以云々」と称しているが如き、また当時の損害賠償責任に対する一般観念を窺う傍証とはなし得まいか。

（1）なお少なくとも、第五節に引用せる御定書下巻第四十三条の原則は、また損害賠償に関する規律をも包含しているといい得るのであるが、ただこれは一定の場合に賠償すべしという規定ではなくして、賠償したならば云々という原則であるが故に、ただ賠償に特殊な効果を有たしめるという意味において、賠償に関する規定なりというに止まるのであるから、本編においてはこれを除外したのである。第六節引用の第三十七条また同じ。

（2）『聞伝叢書』巻九「公事出入唱方之事」の条に（『日本経済大典』本、七五一頁）「疵人療治代事是は御裁許の節は銀壱枚の由に候得共、内済に成候節は、相対次第の事に付、何程差出候共不」苦候得共済口証文へ多分の金子書載の儀如何に付、内々は如何程取遣致し候共、表向者弐両より三両とし、金高少方に致度事」とありて、それが御定書時代来の原則たるや否やは不明なれども、少なくともその後においては、内済による療治代提出の場合についても、その額につき、一定の制限が設けられたことを知り得るのである。

（3）『徳川禁令考』後聚第三帙三八六頁。

第六編　明治前半期の民事責任法

一

徳川時代の法制は、明治維新と共に直ちに全部的改廃が行われたのではなく、「可成儀者旧儀ニ基」くことを施政の方針として出発し、法制方面においては「徳川祖先之美事良法ハ其儘御変更無之」を旨とし、徳川時代の美事良法はなお存続を許されたのである。しかし、徳川の美事良法も時勢の進展につれて必ずしも美事たらず良法ならざることになり、次第に変改が行われ、遂に近代法の出現を見るに至るのであり、正に明治前半期はその過渡期であったのである。

その具体的過程は、まず徳川時代来の法制に対し、立法的規則の必要とせられた事項に関しては、布告、布達を制定し、また太政官及び各省の指令を以てしたのであるが、やがて明治の新立法に「漏タルハ旧典ニ存シ旧幕府ノ法ニ存」するということになり、旧法は新法の補充的役割を持つということになり、近代法整備と共に、近世法の多くはその形影を没するに至るのである(1)。

ここに近世法の理解には、その終末期近代法への過渡期明治前半期の考究を果たさねば、全しといえないのである。それは勿論、近世民事責任法の考究についても同様である。本書に明治前半期の民事責任法の考究を附加する所以である。

さて本書第一編において考えたように、徳川時代の民事責任法は、近代法に比較するとき、多くの特調を有するのであるが、明治前半期はその特調の漸次喪失される過程にある訳であるので、以下にはその過程の観察ということに重点を置いて考えてみたいと思う。

(1) 小早川欣吾『続明治法制叢考』四〇七頁以下、中川善之助・宮沢俊義『法律史』(『現代日本文明史叢書』所収)「私法史」四頁以下。牧健二『日本法制史概論完成版』三九九頁以下。

明治時代徳川幕府法が具体的に援用せられた類例少なくないのであるが、例えば『民事要録』甲篇九二一頁以下所出「明治七年五月十四日指令同年四月四日新潟県伺」は、地所二重書入につき、『公事方御定書』の寛保二年の幕府法令を引用して伺を提出せしものであるが、これに対する指令はその旧幕府法の解釈であったのであって、これその一例証というべし。

なお、徳川幕府法典『公事方御定書』の条項を、明治中期訴訟代理人が現行法なりとして引用せる実例あり、法律的には問題にならないが、参考のために註記すべし。即ち『裁判粋誌』一〇巻三七三頁所出「窪田とよ対窪田ふし外一名債権確認証書書換（東京控訴院）件―明治廿七年第四百六十八号同廿八年六月二十日言渡」。

二

徳川時代においては、武士、寺社、能役者、御用達町人等には財産責任を問われることがなかったのであるが[1]、明治期に入ると、かくの如き特例の存在は、従来の階級制度の消滅と共に当然見られなくなる訳であるのに、その後身たる士族、卒族、社人、寺院あるいは華族等には、なおある程度の特則が行われたのである。即ち、「明治五年六月二日指令同年福岡県伺」に

華士族卒並社人寺院等へ相掛ル分ハ金高ノ多少ニ不拘三十日限リ済方申付不相済候ハヽ金高百両ニ付十両宛ノ割合ヲ以月々切金済方申付尚不相済候ハヽ精々理解申聞若不取用呼出不参或ハ済方等閑置候族ハ不埒ニ付身代限済方可申付候歟

但華士族卒ハ帯刀一腰ヲ除其他ハ平民同様売払代ヲ以済方申付候処金子不足ノ節ハ家禄ニ応シ季限済方申付社人寺院ハ其職務ニ属候品ハ相除其他所持品売払済方申付不足金ハ其身ノ分限ニ応シ年賦済方可申付候歟

指令

身代限方法被仰付候迄ハ先ツ伺之通[2]

と見える通りである。

しかし、これは特権階級者に特別法を施行するというのではなく、原則としては一般的に財産責任を問うが、その階級の特性から、一般扱いとなし得ない点について、特則を認めるという程度の特則であったのである。

（1）本書第一編第四章第一節第二項第一款。
（2）『民事要録』甲篇一〇四三頁以下。次段「身代限規則」においても特則なお存すること参照。

三

前示明治五年六月二日の伺指令面について窺われるように、明治期に入っても財産責任の範囲は、責任者の総財産即ち「田畑家屋敷家財[1]」であったのである。しかし、右指令にも見えるように、差押禁止財産制が出現するに至り、明治年代においては既に早く、責任財産は文字通りの総財産ではなくなるのである。徳川時代の財産責任制は、債権者保護に急にして債務者を考慮する遑なかりし（武士は別であるが）に対し、明治期に入ると、債務者保護の思想が高まるに至るのである[2]。

右指令によって知られる通り、その初め華士族、寺院、社人のための差押禁止財産（帯刀一腰、其職務ニ属シ候品）制が出現するのであるが、これが同五年六月二十三日の「身代限規則」以来、平民に対しても拡張せられ、またその制度一般の内容が漸次備わるのである。以下にその概略を窺うであろう。

明治五年六月二十三日太政官布告第百八十七号[3]を以て、華士族及び平民に対する「身代限規則」が定められ、八月朔日より施行したのであるが、まず「平民身代限抵償トシテ差押フ可ラサル品類」として挙ぐるものは次の通りである。（一）「一時服着替共男女共各二通宛」、（二）「一夜具男女共各一通宛」、（三）「一本人ノ職業ヲ為スニ必要ナル諸物品但学芸ヲ人ニ教ヘ又ハ農工商等職業ニ必要ナル書類器械品物等其金額五十両ニ至ル迄最モ本人ノ択ム所ニ任ス可シ其値段ハ貸主借主ヨリ監定ノ者道具屋類一人宛差出シ外入札人ト共ニ入札致サセ町村役人ニ於テ総入札ヲ比較高札ヲ以テ其価ヲ定ム可キ事」、（四）「一食料　家族ノ人口ヲ量リ一ヶ月間用キル飯米ヲ残シ置ク可キ事　但男丁ハ一日ニ五合麦ハ一升雑穀ハ一升五合婦女幼少ハ四合麦ハ八合雑穀ハ一升二合宛ノ事」、（五）「一鍋釜及炊具各一通」。

次に「華士族身代限抵償トシテ差押フ可ラサル品類」は、(一)「家禄　但人口ヲ量リ年々飯米ヲ引残シ其余分無キ歟或ハ不足ノ者ハ其半高ヲ返金済ミ迄金主ヘ渡サセ候事」、(二)「一大小類男一人ニ付各一腰宛」、(三)「一冠服男子一人ニ付各一通宛」、(四)「一時服着替共男女共各二通宛」、(五)「一夜具男女共各一通宛」、(六)「一本人職業ヲ為スニ必要ナル諸物品　但学芸ヲ人ニ教ヘ又ハ農工商等職業ニ必要ナル書類及諸器械品物等其金額五十両ニ至ル迄　最モ本人ノ択ム所ニ任スヘシ其値段ハ貸主借主ヨリ監定ノ者道具屋ノ類一人宛差出シ外入札人ト共ニ入札致サセ村町役人ニ於テ総入札ヲ比較シ高札ヲ以テ其価ヲ定ム可キ事」、(七)「一鍋釜及炊具類各一通」であった。

僧侶に対しては、翌明治六年三月廿五日太政官布告第八十八号(4)を以て「身代限規則」が公布せられ、「抵償トシテ差押フ可ラサル品類」を、(一)「食料　寺内ノ人口ヲ量リ僧侶ハ一日ニ五合麦ハ一升雑穀ハ一升五合尼及婦女幼少ハ四合麦ハ八合雑穀ハ一升二合宛一ヶ月間用フル飯米ヲ残シ置ク可キ事」、(二)「一建物　法用ニ必要ナル箇所　但本堂等ヘ建添候トモ栄耀ニ属スル箇所ハ此限ニアラス」、(三)「一寄附帳ニ記載スル部分」、(四)「一什物帳ニ区別シテ記載スル古来伝承ノ宝物」、(五)「一法衣寺主所化及尼共各一通宛」、(六)「一時服着替共寺主所化及婦女共各二通宛」、(七)「一夜具寺主並所化及婦女共各一通宛」、(八)「鍋釜及炊具類各一通」、(九)「本人ノ職業ヲ為スニ必要ナル金額五十円ニ至ル迄ノ物品ヲ差除ク等其他ノ方法ハ華士族平民ノ身代限ニ同シ」としている。

以上が明治新立法上の財産責任の範囲に関する原則であり、近代法の成立するまで、責任財産制の原則として行われたのである。ただしかし、以上の制規は成立後の布告、指令などにより多少の改廃が行われたのであり、またその条項の解釈についても、種々の指令によってその意味するところが逐次明確になっていくのであるが、それらについては註記中に説明を譲り、ここにはその原則の概要を示すに止める。

(1)『民事要録』甲篇六三頁所出「明治五年壬申十月十三日指令同年七月十九日愛知県伺」の条の指令中に「原告被告連印ニテ済方ノ日延ヲ願フトキハ幾日ニテモ聞届可申原告人承諾セサルトキハ身代限リ済方申渡シ田畑家屋敷家財等入札払ノ上負債高ヨリ不足ナルトキハ其当人ハ勿論相続人ニ至ル迄身代持直シ次第尚済方可受旨申渡云々」。

(2)次註(3)末段所引問合文参着。なお債務者というも、自然人たる債務者を指すのであり、法人の如きは保護されない。註(4)所引参着。

(3)『法令全書』明治五年一二九頁以下。本布告には、本文掲出の条々に続いて、「前条ニ記スル所ノ引残スヘキ必要物件ノ内未タ代価ヲ払ハサル分ハ売主ヨリ日限内訴出レハ現品ヲ取戻ス事ヲ得ヘシ　但現在着用ノ衣服夜具ハ此限ニアラス」とある参着。本条華士族差押禁止品の中（一）即ち家禄の条項は明治五年七月二十九日太政官布告第三百二十七号（『法令全書』明治五年二二〇頁）を以て取り消される。また同上（二）大小類の条項は、明治九年第三十八号布告（『法令全書』明治九年三六頁）を以て帯刀禁止となるまで行われ、その後は自然廃止となるのである。

本条平民差押禁止品の中（一）（二）及び華士族では（四）（五）の「男女共時服二通夜具一通宛トハ身代限受候本人並妻子等一家族各ノ分」という意味である（『民事要録』甲篇一〇五三頁以下所出「明治六年二月十二日指令同年一月三十一日足柄裁判所伺」）。而して、時服とは「冬ハ綿入レ夏ハ帷子若クハ単物等当季ノ服」であり、「士族以上ハ袴羽織モ時服ニ添候…但…一ト通」であり、平民は袴羽織の中一ト通を添え、また士族平民共に「帯、襦袢ハ…二タ通」添えるという意味に解すべきであった（『民事要録』甲篇一〇五五頁以下所出「明治六年二月十九日指令同日二日堤権大解部伺」）。夜具については「一人ニ上下二枚ヲ以一ト通ト」するのである（同上）。

本条平民差押禁止品の中（四）即ち一ヶ月間の家族の食料に関し、「飯米ノ儀貧民等ニ至ツテハ其食量日々ノ分ノミ漸買上クル如ク余日ノ蓄蔵等聊モ無之者ヘハ家族ノ人口ニ応シ一ヶ月間用ユル飯米ノ金員ヲ可為残」であるとの解釈が行われた（前掲明治六年二月十二日指令、二月十九日指令）が、翌七年十二月二十三日「食料ハ抵償トシテ差押フ可ラサル品類ノ限ニ之アリ差押トハ即チ其品物ノ現存セシ者ニ対シタル言ニシテ現品ノ之ナキ者ヲ代金ニテ残シ置ク可キ事ニハ相当セス既ニ時服夜具其他ノ不抵償品ハ其品存スレハ之ヲ残シ其品無之トキハ別段代料ヲ以テ残シ置カサルニ比准シテモ不都合ノ儀ニ付今後食料ノ儀モ外不抵償品処分同様若シ現米無之トキハ別段代金ヲ以差残ス事ハ之ナキ様相改メ」られたのである（『民事要録』甲篇一一四九頁所出「明治七年十二月二十三日指令同月九日司法省裁判所伺」）。

本条不抵償品中平民の（三）、華士族の（六）に関しては、「宿屋ハ客人ヘ差出候夜具布団膳椀水茶屋ハ茶道具ノ類農業渡世ノ者ハ農具等ヲ以職業必要品トシ家屋茶小屋田畑等」は差押禁止品に入らないという解釈であった（『民事要録』甲篇一一〇二頁所出「明治六年十二月二日指令同年十一月十九日足柄裁判所伺」）。なお、「神仏祭祀ノ具並ニ婦女ノ粧具等ヲ職業必要品ト合算シテ引残ス規則ハ無之」かったのである（『民事要録』丁篇六五七頁以下所出「明治九年二月九日鳥取県伺」）。

家屋は前段にいうように、職業必要品と認められなかったのであるが、一方一般的に住家を不抵償品となすべきであろうとの意見が出たがそれは採択されなかったのである。長文ながら次にその資料を出して参考に供しよう。『民事要録』甲篇一〇八六頁所出「明治六年八月三十一日回答足柄裁判所問合年月不詳」に「去歳六月二十三日御布告相成候身代限り御規則中華士族平民身代限抵償トシ差押フ可ラサル品類ノ内居宅ハ不相見入札払ノ掲示案ニ建家土蔵ト有之上ハ勿論居宅モ入札払致候儀トハ存候得共本人職業ヲ為スニ必要ナル諸物品金額五十円ニ至ル迄本人ノ撰ミ任セ差除候儀ニテ右必意身代限相成候トモ本人生計ノ目途ヲ不失再ヒ産業ニ復シ候様深ク保護ノ道ヲ被為尽候御趣意ニ奉存候然ルニ今モ此一人身代限リ申付家族モ老小多人数ニテ外ニ寄寓可致親類知音ノ者モ無之都下ト違ヒ僻邑遠陬ノ地ニテハ借家等モ無之目下露店致シ候情実組合役人共歎出候ハ、事情取糺シ候上風雨ヲ可凌丈ケノ居処ハ差除キ其余手広ニテ栄耀ニ属スル分ハ入札払申付可然哉　回答　裁判官ノ職務ハ厳ニ法律ヲ守リ方正ノ処分ヲナスヘク仮令如何ナル情実申立ルト雖モ其レカ為ニ法律ヲ枉屈スルノ理アルヘカラス故ニ組合役人共ヨリ嘆願ノ次第有之共聞届サル事」。

明治七年三月十日の指令によると、「華士族平民身代限ノ節抵償トシテ差押フ可ラサル品類ノ内ヲ以テ質入」「シタルハ其品物ヲ以テ償却サセ」るとあり、不抵償品といえども質入していた場合は、抵償品となるのであった（『民事要録』甲篇九〇六頁以下所出「明治七年三月十日指令同年二月二十五日新治裁判所伺」）。

（4）『法令全書』明治六年七四頁以下。前註所引鳥取県伺に続いてさらに同県三月五日伺を提出、それに対する三月二十九日の指令が存するが、それに「寺院寺号ノ証文ニシテ住職ノ私債ニ非サルハ寺院所有ノ物品ヲ糶売シテ償却」すべきであるが、「寺院所有ノ物品糶売ヲナスニ其差押フト差押フ可カラサルトノ区別ヲナシタル成文律ハ之レナ」いとあり、寺院には不抵償品制はなかったこと明瞭である。

四

徳川時代においては、責任負担者の範囲広大であり、血縁団体、地縁団体に及ぶの法であったが[1]、明治期に入ると間もなく改められるのである。

その責任が地縁団体に及ぶの制は行われなくなり、血縁団体に及ぶの制も限定的になるのである。

まず家族の責任に対しては戸主無責任となるのである。即ち、明治五年正月廿五日福岡県伺に対し司法省は次の如き指令を発しているのである。

悴へ家督譲候後ノ借財ハ父ノ名前ノ商ヒ物並其身ニ付候品物ヲ以済方可申付事

家族ノ者亭主ヘ相知ラセス商用其外私ニ借財致シ及出入候節其身ニ付候物丈ヶ引揚可申付

悴名前ノ借金ニ候ハヽ、其身ニ付候品物ヲ以テ済方申付[2]

これに対し戸主の責任は同一戸籍内の者に及ぶに止まるという制度になるのである。即ち明治六年三月廿日の指令に、

戸主身代限リノ処分ヲ受ル時ハ妻持参ノ衣類ハ勿論子弟ノ別稼ヲ以テ儲置候品ト雖モ其戸籍内ニ編入ノ者ハ規則ノ品

ヲ除キ其余ノ分ハ糶売払ニ致シ済方可申付事
但戸籍ヲ異ニスル者ノ所有物ハ身代限ノ処分ニ不及事[3]
これが明治九年になると、同一戸籍内の者の所有に属するとも、その所有の公証ある土地は、また同十年には公債証書、建造物は、戸主の財産責任を負担するの要なしということになるのである。即ち、
「地券ヲ得タル隠居若クハ子弟ハ各自其地所ヲ所有スルノ権ヲ享受スル者ニシテ設令其戸主身代限ノ処分ニ至ルモ之ニ及フ事ヲ得サル者トス……身代限トナル戸主ノ持主名前ニアラスシテ其同籍ノ隠居若クハ子弟ノ持名前ナル各種ノ公債証書ハ其戸主身代限ノ処分ニ至ルモ之ニ及ハサル……総テノ建造物戸主ノ所有ニアラスシテ其同籍ノ隠居若シクハ子弟ノ持名前ノ証拠アレハ其戸主身代限ノ処分ニ至ルモ之ニ及ハサル」[4]なり
なおこの時代、家族の財産責任が他の家族に及ぶという制度の精神は、家族であるからという団体責任の精神ではなかったものの如く、それは「所有権ノ区別……殊明」[5]であるかないかから来るもので、即ち所有権の帰属が判然しているかいないかに由来するものであり、その関係不明瞭な家族は、責任を負担し合うべきであるという精神であったように思われる。

（1）本書第三編。
（2）『法令彙纂』訴訟法八二四頁以下。この指令は、明治四年の福岡県伺に対してなされたものであるが、かくの如き伺を提出することは、その時代まで家族責任制が行われていたものということにもなろう。なお福岡県は、明治五年四月に「其身一分ノ出入（この時の宿賃、飯料、雑用等）ハ当人ヨリ可差出筈ニ候得共若当人難差出身上ニ候ハ、親類ヘ割合済方可申付哉」なる伺を出しているが、この事実また血縁者責任負担の思想の残存を物語るものであろう。勿論これに対する指令はその責任「其身一分ニ止リ候事」であった（同上六七〇頁以下）。
（3）『民事要録』甲篇一〇六二頁以下所出「明治六年三月廿日指令同年二月廿日滋賀県伺」。
（4）『民事要録』丁篇六七七頁以下所出「明治九年九月一日新潟裁判所伺」。
（5）前註所引文面参着。

五

徳川時代には身的責任（債務違反に原因する、一定人の身体その他の人格法益に対する拘束）制が一般的原則として行われたのであるが、[1] 明治に入ると間もなくその影を没するのである。しかし、その初期においてはある程度の遺存が見られるのである。

明治五年八月十日の司法省達第六号に

聴訟之儀ハ人民ノ権利ヲ伸シムル為メニ其曲直ヲ断スルノ設ニ候得者最懇説篤諭シテ能ク其情ヲ尽サシムヘキノ処右事務ヲ断獄ト混同シ訟訴原被告人ヘ笞杖ヲ加ヘ候向モ有之哉ニ相聞ヘ甚以無謂次第ニ付自今右様之儀無之様厚注意可致事[2]

とあるが如き、徳川時代の身的責任の遺風の残存を思わしむるものであろう。

明治五年十月廿二日司法省は、「身代限申渡候節被告人印形ハ三十日ノ間所役人封印ヲ以テ原告人預リ置」くべしと指令している。[3] 身的責任の一つというべきであろう。

明治六年七月十七日の太政官布告第二百五十二号は、

貸金穀又ハ義務ヲ得可キ者定約期限未満内ニハ訴出ル事ヲ許サヽル規則ナレトモ負債者又ハ義務ヲ行フヘキモノ右期限未満内ニ身代限ニ遇フ時ハ訴出ル事ヲ得ヘシ[4]

との原則を定め、身代限を受けた者は、債務関係における期限の利益を失うこととしたのである。

明治九年一月九日の司法省達第二号に

従前民事呼出ノ上拘留致候儀モ有之哉ニ候処右ハ都合ノ儀ニ有之自今不相成候条此旨相達候事[5]

とあって、この時までは民事に拘留の行われたことが知られるが、これまた身的責任の一つであろう。

明治九年四月十五日第四十九号太政官布告に

諸坑業稼ノ者身代限リ処分ヲ受ケ候節ハ右処分相済候マテ稼業不相成候条此旨布告候事[6]

と、また身的責任の一例といえるであろう。

(1)　本書第一編第一章第三節。
(2)『法令全書』明治五年一三三二頁。
(3)『民事要録』甲篇一〇四九頁以下所出「明治五年壬申十月廿二日回答同月十日山梨裁判所問合」。
(4)『法令全書』明治六年三六三頁。
(5)『法令全書』明治九年一三六六頁。『民事成文律類纂』下巻一〇七一頁以下所出「明治八年九月二十二日東京裁判所伺大木司法卿回答」に「勧解裁判……若原告被告ノ中情実判然聊差支無之者ニシテ徒ニ弛慢不届自分勝手而已申募リ候義有之万々不得止節ハ敢テ押留等ノ義ニハ無之候得共便宜ヲ以テ勧解席中暫ク留置勘考為致候様ノ取計致度右ハ素ヨリ勧解中ノ方便ニテ……相伺……伺之通云々」とある参照。
(6)『法例彙纂』訴訟法商法九七五頁。

六

徳川時代においては、刑事責任を負担することによって、その債務履行責任が解消するという制度、即ち民事責任と刑事責任との混同が一般的に見られるのであるが[1]、明治時代に入っても民刑責任混同はなお存続するのである。しかし次第に民刑責任分離への歩みを続ける。ただ、その道程は必ずしも坦々たるものではなかった。

『公事方御定書』によれば盗品を盗人より買い取った者は（善意でも）、他日所有主より追奪された場合、盗人に弁償を求むることが出来なかったのであるが[2]、これは盗人の刑事責任負担によって賠償責任が阻却せられる訳で、民刑責任混同例であるが、明治に入ると、明治七年五月三十日の

改訂律例第五十三条盗贓タル事ヲ知ラスト雖トモ買取シテ公商公賈ニ由ラサル者ハ直ニ追徴スル事ヲ得ト若シ盗犯資

カアレハ買取者ヘハ盗犯ヨリ賠償セシム可キ哉

なる島根県伺に対し、同年六月二十四日「伺之通」(3)と指令しているように、民刑責任が分化して来るのである。

されぱとて、これを以て一般的に民刑責任分離ということはいえないのである。もっとも、右伺指令の前年明治六年の左の如き、民刑責任混同思想より出でたる伺の存する情勢からしても、当然のことであったであろう。即ち、「明治六年二月三日指令同五年壬申十一月日不詳新潟県伺」(4)に

動物不動物引宛貸金ノ訴訟タリトモ丁卯十二月晦日以前ノ分ハ裁判ニ不及条理ニ可有之候得共貸金ニ於テ約定ノ如ク其引宛物ヲ受取ントシ借主ト闘殴ニ及ヒ、捕縛ニ就クトキハ闘殴ノ原因ヲ問ハサレハ罰ヲ断シ難ク原由ヲ問ヒ曲直ヲ折ムルトキハ借主ヲシテ其約ヲ遂ケシムヘキ筋ニ可有之乍去闘殴ノ為ニ裁判スルトキハ訴訟セスシテ闘殴スルノ弊害ヲ生スヘク右様ノ儀ハ如何致処分可然哉

指令

闘殴ノ為メニ金穀貸借ノ裁判ヲ為スニ不及事

さて、明治前半期においても、民刑両責任混同思想は損害賠償制の上に最もよくあらわれているので、以下明治期の損害賠償制の概要を窺って、その面から、民刑責任分化の足跡をたどって見ようと思う。

明治初期においても、個人の損害塡補に関する規定は、刑事法の中に多く見受けられる。このこと自身、当時の損失塡補責任の本質をあらわしているのであるが、ともかくここに明治の近代刑法成立までの刑事法を調査せねばならない。以下に引用する当時の刑事法は、特記せざる限り、司法省編纂『日本近代刑事法全集』（上、中、下）所出による。引用各条に註記の頁数はその頁数である。

明治初頭の『仮刑律』「闘殴」の条に

闘殴……傷を成すものは傷の軽重によつて贖を収罪を宥因て傷を請るもの医薬の資に給す（上、二六七頁）

「戯誤過失殺傷」の条に

若、過失によつて人を殺傷いたすは闘殴条之罪に準して贖を収、死傷之家に給す（上、二八〇頁）

右の如きがその損害塡補に関する制規であった。明治三年の『新律綱領』になると、その関係条項増加して来る。「盗二売田宅一」の条に

凡他人ノ田宅ヲ。盗売。……田産。及ヒ典売スル田価。並ニ逓年得ル所ノ花利ハ。各官ニ還シ。主ニ給ス。（上、四九四頁）

「過失殺二傷人一」の条に

凡過失ニテ。人ヲ殺傷スル者ハ。各闘殺傷ニ準シ。法ニ依リ。収贖シテ。其家ニ給付ス。（上、五三七頁）

「威逼致レ死」の条に

凡……若シ官公使人等。公務ニ因ルニ非スシテ。平民ヲ威逼シ。因テ自死ニ致ス者モ。罪同。并ニ埋葬金二十五両ヲ追給（トリアゲワタス）ス。（上、五四〇頁）

「闘殴」の条に

両目ヲ瞎シ。両肢ヲ折リ。及旧患アルヲ殴チ。因テ篤疾ニ至ラシメ。若クハ舌ヲ断チ。陰陽ヲ毀敗スル者ハ。流三等。仍ホ金二十両ヲ追給シテ。養贍セシム。

若シ闘ニ因テ。……篤疾ニ至ラシムル者ハ。仍ホ金二十両ヲ追給シテ。養贍セシム。死ニ至ル者ハ。流三等。埋葬金二十五両ヲ追給ス。（上、五四四頁）

「過失殺二傷人一」の条に

凡過失ニテ。人ヲ殺傷スル者ハ。各闘殺傷ニ準シ。法ニ依リ。収贖シテ。其家ニ給付ス。（上、五三七頁）〔原文重複ママ〕

「車馬殺二傷人一」の条に

若シ馬驚逸シ。或ハ公務ノ急速ニ因リ馳驟シテ。人ヲ殺傷スル者ハ。過失ヲ以テ論シ。法ニ依リ収贖シテ。其家ニ給ス。（上、五三九頁）

「笞杖不レ如レ法」の条に

凡官吏。笞杖ヲ用ルニ。故ラニ法ノ如クセサル者ハ。笞三十。因テ死ニ致ス者ハ。杖一百。埋葬金二十五両ヲ追徴ス。（上、六一七頁）

明治五年の『東京違式詿違条例』第五条に

違式詿違ノ罪ヲ犯シ人ニ損失ヲ蒙ラシムル時ハ先ツ其損失ニ当ル償金ヲ出サシメ後ニ贖金ヲ命ス可シ（上、六二四頁）

明治六年『改定律例』「過失殺傷人条例」に

第百八十一条　凡過失殺傷収贖ハ官吏華士族平民ヲ分タス一体ニ本図ニ照シ追シテ其家ニ給ス

第百八十二条　凡一人二人ヲ過失殺スル者ハ例ニ照シ金八十円ヲ収贖シテ均シク二人ニ分給シ二人一人ヲ過失殺スル者ハ金四十円ヲ二人ニ分追シテ一人ニ給付ス一人二人ヲ傷シ二人一人ヲ傷スル者モ亦此例ニ依ル（中、一八九頁）

「車馬殺傷人条例」に

第百九十条　凡深山曠野猛獣ノ往来スル処ニ於テ阬穽ヲ穿作シ及ヒ窩弓ヲ安置シテ望竿及抹眉索ヲ立サル者ハ懲役四十日ヲ以テ人ヲ傷スル者ハ闘殴傷ニ四等ヲ減ス減シテ本罪ヨリ軽キ者ハ本罪ニ依テ論シ死ニ致ス者ハ懲役三年仍ホ埋葬金二十五円ヲ追シテ死者ノ家ニ給付ス云々

第百九十一条　凡窩弓人ヲ殺ス者例ニ依リ罪ヲ科スト雖モ貧困ニシテ埋葬金ヲ追スルコト能ハサレハ其雇工銭ノ全数ヲ領置シ食費ヲ除キ余ル所ノ雇銭金二十五円ニ満レハ死者ノ家ニ給シ仍ホ役限ハ本法ヲ尽ス（中、一九〇頁）

「闘殴条例」に

第二百十条　凡二人共ニ人ヲ殴チ各一目ヲ瞎シ盲ニ至ラシムルニ先キニ殴ツ者ハ癈疾律ニ依リ懲役三年後ニ殴ツ者ハ篤疾律ニ依リ懲役十年仍ホ養贍金ヲ二人ニ分追ス云々（中、一九四頁）

右は、明治初期、近代刑法たる明治十三年の所謂旧刑法の成立するまでの間の、主要刑法典の上に見える、被害者に対する損害塡補規定であるが、これを徳川時代の損害賠償法と比較して見るに、損害塡補は損害あれば常に塡補されるというのではなく、列挙したような特別の場合にのみ塡補の方法が講ぜられるという制度であったということにおいて、塡補賠償額が法定されているという点において、徳川時代の伝統を遺存するものであり、なお民事責任刑事責任混同時代であったといわれるのである。ただ右法条に見えるように、刑事責任と賠償責任（それは官によってなされるものであり、罰金の一つという性格があるにしても）との重畳的存在を認める場合の出て来たことは一つの進歩といえる。

しかし間もなく、民刑責任分離の思想が現れるのである。『校正律例稿』の「改正過失殺傷収贖例図」の条に

凡人ヲ過失殺スルハ四十円両目ヲ瞎シ両肢ヲ折ルハ三十円肢体ヲ折跌シ一目ヲ瞎スルハ三十円ニテ収贖セシムルハ一定ノ金円ヲ以テスルナリ然レハ贖ヲ受ルニ或ハ埋葬医薬ノ為ニ充分ナルアリ或ハ埋葬医薬ノ一部分ニ足ラサルアリ又贖ヲ出スニモ家財ヲ傾クルアリ或ハ家財ノ万分一ヲ出スニ過キサルアリ其貧富ニ依テ損益難易甚タ不公平アリ恐クハ法如此ナリト雖モ実事ニ於テ行ハレ難カラン故ニ貧賤ニシテ贖フ能ハサルハ其半ヲ贖ハシムルノ例ヲ立ルニ至ル如シ富人ノ犯スニ至テハ法四十円ト雖モ窃ニ百円二百円ヲ更ニ附与スル者アラン是一定ノ金円ヲ以テ一般ノ人民ニ施ス可ラサル所以ナリ宜ク金円ヲ定メスシテ幾許円以上ト改定スヘシ（中、三〇一頁）

との意見が述べられているが、これは損害塡補額一律法定を否定せる意見であり、実害塡補にはまだ遠いにしても、賠償の意義をより深めようとするものであり、民事責任としての賠償責任の姿が判然として来ることは確かである。

続いて

凡殺傷過失ニ出ル時ハ殺傷セラル丶者埋葬医薬ノ資ヲ受ルト雖モ如シ有心故造ニ出ル時ハ罪犯本刑ニ処セラル丶ニ止リテ殺傷セラル丶者其償ヲ受ル事能ハス然レハ則殺傷有心故造ニ出ル時ハ殺傷セラル丶者及ヒ家属其埋葬医薬ノ為ニ却テ家産ヲ傾クルニ至ル事アラン豈不公平甚シカラスヤ宜ク殺傷有心故造ニ出ル者モ亦本刑外ニ償金ヲ出サシムヘシ英国ノ律ニテモ人ヲ損傷シ及ヒ誹謗スル等ハ刑先ツ之ヲ罰シ更ニ贖金ヲ傷謗セラル丶者ニ附与セシム云々（同上）

これに至っては、民事責任と刑事責任を完全に分離すべしとの意見であり、近代法思想であるのである。

これが明治十年の『日本刑法草案』第一編総則第二章刑例第四節「徴償処分」の条では、

第五十八条　犯人ヲ刑ニ処シ又ハ放免スト雖モ被害者ヨリ犯人及ヒ民事担当人ニ対シ贓物ノ還給損害ノ賠償ヲ請求スルノ障礙ト為ル事ナシ

還給賠償ノ請求ハ刑事裁判所ニ於テ民法ニ従ヒ之ヲ審判スル事ヲ得

第五十九条　同一ノ犯罪ニ因リ宣告シタル裁判費用贓物ノ還給損害ノ賠償ハ犯人及ヒ民事担当人互ニ連帯シテ之ヲ償フヘシ（中、三九〇頁）

即ち、民刑責任分離が法案の上に採り上げられたのである。

続いて明治十二年の『刑法審査修正案』でも、その第一編総則第二章刑例第四節「徴償処分」の条に

第四十六条　犯人刑ニ処セラレ又ハ放免セラル、ト雖モ被害者ノ請求ニ対シ贓物ノ還給損害ノ賠償ヲ免カル、事ヲ得ス

第四十八条　裁判費用贓物ノ還給損害ノ賠償ハ被害者ノ請求ニ因リ刑事裁判所ニ於テ之ヲ審判スル事ヲ得云々（下、一一二頁）

而して、明治十三年の刑法所謂旧刑法において、右に掲げた修正案の法文がそのまま採用せられ（下、一五七頁）、ここに民事責任刑事責任の分離が法典の上で実現するに至るのである。[5]

（1）本書第一編第三章第四節第二項。
（2）本書第五編第五節〔本書三〇三頁以下〕。
（3）『刑事類纂』甲篇六五三頁以下。
（4）『民事要録』甲篇四二三頁以下。
（5）『日本近代刑事法全集』下、所収、明治十四年十二月十九日の『刑法附則』参照。

本文に述べたるところは、明治初年の民刑責任分離の大要であって、今繁に過ぎるを避けて、その詳細に亘らなかったが、註記において、少しく補足して見ようと思う。

明治初頭の『出版条例』（己巳六月廿三日達、『法令彙纂』懲罰則五一六頁）に「重版ノ図書ハ版木製本尽ク官ニ没入シ且罰金ヲ出サシム是ヲ売弘ムルモノ亦同シ罰金ノ多少ハ著述者出版人ノ損害ノ多少ニ準ス　但シ罰金ハ即チ著述出版ノ本人ニ附与スル償金トス」、罰金を償金となすことにおいては旧態であるが、損害の多少によって罰金を決定するとあるは、実害塡補であり、新制であった。明治八年九月三日の「出版条例」では、版権侵害の場合「罰金二十円以上三百円以下ヲ科シ其刻版印本及売得金ハ没収シテ版主ニ給付ス」（『法令全書』明治八年一六五頁）となる。明治七年十月十八日三重県伺に対する八年四月十三日の指令面に、「姦夫強姦ノ罪ニ処刑セラル、ノ以上ハ被姦ノ女医薬料等ノ入費アリト雖モ償ハスニ及ハス」（『刑事類纂』丙篇一四一頁）とあるが、損害塡補特例制からは当然であったのである。

明治八年九月二十四日の滋賀県伺に「…賠償セシムルハ事主ノ損失ヲ償ハンカ為ニシテ之ヲ償フト償ハサルトニ依テ罪ノ軽重アルニア

ラス故ニ自今官物ヲ除クノ外ハ事主ニ於テ右賠償ヲ求ムルト求メサルトヲ聞糺シ賠償ヲ求メサル者ハ別段賠償ノ言渡ヲナサスシテ如何候哉」、十二月廿八日の指令に「事主請求セスト雖モ賠償セシメサルヘカラス故ニ賠償スル者ト看做ス事ヲ得ス」（同上甲篇、七四六頁）とあるが、この伺は新思想、指令は旧弊というべきであろう。

明治八年二月五日の断刑課判事上申中に、「過失殺傷ノ収贖ニ至テハ償金一般ニシテ埋葬医薬ノ資ナレハ他ノ犯ノ罪ト同ク酌減スヘキモ如何云々」（同上甲篇、一六頁）とあるは、償金と贖金とを区別する考えである。

次第に近代法思想が高揚せられていくのであるが、一方明治九年代においても次の如き旧思想を見ることが出来る。『大審院民事判決録』自明治九年一月至同九年十二月所出明治九年十月十六日申渡「繰綿売買違約償金上告ノ判文」中、原告惣代太田三郎平上告ノ要領第二条に「張出売買所ノ売買ニ関係シタル者ハ空商ノ罪ヲ受テ既ニ贖罪金ヲ出シタルニ今又償金ヲ命セラル丶ハ再度ノ罰ニ渉ルノ道理ニテ益了解シ難シ」これなり、これに対し「右贖罪金ハ犯罪ノ為メニ県庁ヘ納メタルモノナリ今般ノ償金ハ違約ノ為メニ出ス所ノ商事ノ金円ナリ焉ンソ之ヲ再度ノ罰金ト謂フ事ヲ得ンヤ」。

明治九年六月十七日の「写真条例」では「第七条…罰金ヲ科シ仍ホ原主ノ損害ヲ償ハシム但原主ヨリ訴出ルニアラサレハ受理セス」（『法令彙纂』懲罰則五三六頁）とあって、全くの近代法組織となっているが、一般的には未だしであって、なお旧刑法を待たねばならなかったのである。

七

徳川時代の法制においても、責任と債務とは同一概念ではなく、責任なき債務、債務なき責任あり、債務主体と責任主体と異なる場合あり、責任と債務内容、責任限度と債務限度の異なる場合ありで、少なくとも概念的には充分その区別が認識せられること、既に論証した通りであるが、(1)それは明治期に入っては如何。

徳川時代債務関係無訴権ということは、当該法律関係の無効という意味ではなく、原則として債務関係そのものの存立には影響なきものであったのであるから、ここに法律上責任なき債務の存在が見られる訳である。(2)明治初年の責任なき債務、即ち訴権を有しない債務関係について、まず考えて見よう。

徳川時代、所謂相対済令なるものが行われたが、一定期間経過後の債務関係には訴権を認めない、当事者の間で事を処理すべしとの命令であり、無訴権債務関係を作り出すものであり、責任なき債務の一適例である。この相対済令は、明治期に入ってもその類例を見出すのである。[3]

しかし、明治六年頃からはこれを見ることが出来なくなるのである。

一方明治六年十一月五日には「出訴期限制」が確立され、それぞれの債権につき一定期限空過後はその訴訟を受理しないということになり、しかもそれは「出訴期限過去リ出訴セサル者ハ自分条約ヲ取消シタル者ト看做シ受取ルヘキ者ハ受取ルヘキ権利ヲ失ヒ引渡スヘキ者ハ引渡スヘキ義務ヲ免レ[4]」るという制度、即ち出訴期限経過後は債権そのものも消滅するという原則が行われることとなり、ここに明治六年以降は、期限経過により発生する無訴権債務関係は存在しないということになるのである。徳川時代に比して、責任なき債務の事例が減少するのである。

なおここに序でに考えて見たいのは、明治初期における不受理の意味である。前記の如く、明治初期にも徳川時代来の相対済令が行われたのであり、それにおいては一定債権の出訴は受理しないというのであり、而してそれは債権の消滅を意味するものではなかった訳であるが、その裁判所不受理をいうに、また徳川時代同様に「取揚裁判不申付」、「不取上」、あるいは「裁判ニ不及」などの表現を採ったのであるが[5]、さて当時「不取上」は一般的にも徳川時代来の用例に従い、且つ受理しないということだけを意味したかどうかということである。

明治八年司法省編纂の『民事要録』においては、所謂相対済令を出訴期限の条に纂集しているのであるが[6]、この事実は、相対済令即ち一定期前の債権は受理しないという制規を、出訴期限制の一つと考えた訳である。もっとも徳川時代来相対済令は出訴期限不備の補充として施行せられたものと考えられるのであるところからすると[7]、当然というべきであろう。

一方、前記の如く明治六年十二月になると、一般的出訴制限制が確立し、出訴期限空過後は受理せざるは勿論、債権そのものも消滅するということになるのであるが、それは以後少なくとも出訴期限に関する限り、裁判所不受理の意味が変改されることになるのであって、出訴期限制の一つと考えられた相対済令も以後存在しなくなる訳である。

出訴期限制上の不受理なる概念はかく変わったのであるが、これはその他の場合についても同様にいえるかどうか、今詳論の遑を有しないが、この新しき不受理の概念は、一般的概念でもあったのではあるまいか。[8]

然りとすれば、責任なき債務の範囲は益々狭少となるのである。

徳川法制上には「仲ヶ間事」なる制度があり、一定の債務関係は当然に訴権を認められないとするのであるが、この仲ヶ間事制も、明治に入ってもなお行われたのである。[9] しかし明治五年十一月廿八日には廃止されるのであって、[10] 徳川時代に比して、責任なき債務例がまた一つ少なくなるのである。

次に、徳川時代においては、親その他尊属親及び忌掛かる妻または親類を訴うることは、原則として許されなかった。また奉公人あるいは家来等がその主人を訴うるとも受理されなかったのである。[11] これが明治に入ると、次の伺指令に見えるように、親族訴訟も受理されるのである。即ち「(司法省指令) 明治六年六月十五日浜松県伺」に

親族相互ノ貸借又ハ預ヶ金滞訴訟ハ人民一般ノ詞訟ト同シク准理スヘキ哉…身代限抵償可申付哉…（七月五日指令）伺之通[12]

また家来、奉公人の主人に対する訴訟も明治六年七月九日施行の「訴答文例」の第十二条

奉公人又ハ弟子奉公ノ者等其主人師匠ヨリ受取ル可キ給米金淹滞ノ訴状モ又本条ニ照ス可シ[13]

を以て、受理されることになったのである。

この種当事者条件より来る無訴権関係も、明治時代に入ると消滅するのである。

徳川時代の責任法上には、債務主体と責任主体とが異なる場合があり、それは不動産質関係についても見られはしまいかということを先に考えたのであるが、詳しくいえば、徳川時代の不動産質は物質質、帰属質の本質を有するものであるが、既に中世の如き質入不動産の滅失は最早これによって担保さるる債権の消滅を伴うことがなくなったので、質入不動産は純物的責任物たる本質を失うに至ったのである。即ち、徳川時代の不動産質関係には責任主体、債務主体、異別の現象を見ることが出来なくなった。しかし徳川時代の不動産質の本質には質物の解除条件附譲渡の要素が存するので、当時の不動産質関係には、責任主体、債務主体異別の観念を汲み取ることが出来はしまいかというのである。[14]

さて、明治に入って、不動産担保法は明治六年一月十七日の「地所質入書入規則」を以てまず整備せられるのであるが、その第十二条に、質物滅失により債権消滅の原則が規定され、純物的代当責任制を採用しているのである。[15] 正に中世法の復活なのである。この点においては明治法は徳川法に比して、債務責任区別がより判然たるものがある訳である。しかし、

それは間もなく翌七年五月十二日には改制せられ[16]、而して一方価格質の本質を備えることになるのであって[17]、全般的に見て、徳川時代に比し、責任主体、債務主体異別の概念はより不明瞭になるのである。

以上取り上げた問題を通して見る限り、債務責任区別概念は、徳川時代の方が、より判然と看取することが出来るということになるのである。

(1) 本書第一編第四章。
(2) 同上第一節。
(3) 金澤理康「明治初期に於ける消費貸借法の変遷」(『早稲田法学』四〇巻)一六頁以下。
中川善之助・宮沢俊義『法律史』(『現代日本文明史』所収)「私法史」二二五頁以下。

明治期に入っても、相対済の思想があったこと、徳川時代の相対済令にしてなお行われたもののあったこと、次掲の布告、指令によっても窺われるであろう。『法令彙纂』「訴訟法」三二七頁所出「明治六年三月三日第八十一号布告附録ノ内」に「明治二己巳六月已来旧知藩事手許金ヲ以テ貸付ノ金穀…右貸借ハ双方相対ヲ以テ返弁可致云々」。『民事要録』甲篇二七五頁所出「明治四年辛未十二月二十日指令同年九月十八日尼ヶ崎県伺」に「年賦約定ノ外十ヶ年以上約定ニテ貸借シ或ハ返済約定期月後十ヶ年モ相立候出訴ハ旧制取上不成候処御一新之際右処置方如何心得候テ宜御坐候哉　指令　旧法ニ十ヶ年以上不取上トノ儀ハ売掛ノ訴訟ノミニ有之貸金銀ノ類ハ天保十四卯年十一月以後ノ分ハ追テ一定法則被仰出候迄取上裁判可申付儀ト可相心得事」。
(4)『民事要録』甲篇二六四頁以下。
(5) 同上、二五六頁以下。
(6) 同上。
(7) 本書第一編第四章第一節第二項第四款。
(8)『民事要録』甲篇二五九頁所出「明治五年壬申十一月本省二日東京府三日往復」の東京府意見書に「右ハ根元年季奉公人解放ニ付貸借訴訟一切不取上之御趣意ニ候上ハ従前年季証文等ハ悉皆取消ニ致可然儀ニ候云々」とあるは、出訴期限制以前既に早く一般的に「不取上」の用法の変わった一徴証か。
(9) 本書第四編。
(10) 同上第二節〔本書二五五頁〕。
(11) 本書第一編第四章第一節第二項第一款。
(12)『法令彙纂』訴訟法九六五頁。『民事要録』甲篇四七四頁以下所出「明治七年三月八日指令同年二月五日足柄裁判所伺」の指令中に「干名犯義ノ律ハ尊長ノ罪ヲ申告スル者ノ刑ニシテ民法ノ訴ノ如キハ此律ヲ以テ論スヘキ者ニアラス依テ訴状採上身代限迄処分ニ及フヘシ云々」。

(13) 同上、一一一頁以下。

(14) 本書第一編第四章第三節第一項。

(15) 前段註（3）前段所引五九頁以下。

(16) 同上、六〇頁。『民事要録』甲篇九一九頁以下所出「明治七年五月十四日御指令同六年七月十二日本省伺」参着。

(17) 同上、六一頁以下。『法令彙纂』「訴訟法」六四〇頁以下所出「(司法省指令) 明治八年二月二十三日滋賀県伺」参照。

解題

和仁かや

本書は、九州帝国大学法文学部で法制史講座を担当した金田平一郎博士の学位論文である。著者は、江戸時代に本格的に焦点を当てた近世日本法制史研究のパイオニアであり、とりわけ債権法史に関する分野の先駆者として知られる。明快かつ緻密な法学的分析を得意とした学者とされるが、債権法史と密接に関連する経済史はもとより、文学・言語学などきわめて広い問題関心を持つ一方、早い段階から幕府法のみならず大坂法に通暁し、また九州各地に関する法制度を積極的に研究対象とするなど、法制史学におけるいわゆる地方史研究の土台をも築き上げた。

一　著者略歴

金田平一郎博士は、明治三三（一九〇〇）年七月一〇日、茨城県行方郡玉造町（現・行方市）に生まれた。[1] 幼少より祖父から論語などを叩き込まれた著者は、[2] 京北中学校（現・東洋大学京北中学高等学校）、旧制第二高等学校を経て東京帝国大学に進み、同法学部法律学科（独逸法選修）を大正一五（一九二六）年に卒業、その後直ちに大学院に進学し、中田薫（明治一〇（一八七七）～昭和四二（一九六七）年）の指導下で日本法制史を専攻した。当時同門として研究室で机を並べていたのは、高柳真三（明治三五（一九〇二）～平成二（一九九〇）年／日本法制史・東北大学）、原田慶吉（明治三六（一九〇三）～昭和二五（一九五〇）年／ローマ法・東京大学）、仁井田陞（明治三七（一九〇四）～昭和四一（一九六六）年／東洋法制史・東京大学東洋文化研究所）などいずれも錚々たる顔ぶれであり、彼らとは九州赴任後も密な学問交流を維持して、共に日本における法制史学の基盤を築き上げていく。

未だ大学院生であった昭和二（一九二七）年に、本書でも屡々参照されている最初の公刊論文「徳川時代に於ける雇傭法の研究」[3]を書き上げた著者は、既に法政大学でローマ法を講ずるなどの講義経験も有していたが[4]、翌三年一一月一九日付で九州帝国大学法文学部講師を嘱託され、同年末に新婚の伴侶つね夫人と共に、生涯の活躍の場となった九州の地を初めて踏んだ。当初は法文学部の内紛事件である、いわゆる「内訌事件」の余波を受け、あくまでも日本法制史の講義のみ担当という条件下の採用であり、身分的には不安定な状態が一年ほど続くが[5]、同五年二月一〇日に正式に法制史講座担当の助教授に任ぜられ、同一五年五月四日には法制史講座主任の教授に昇任する。

以後、第二次世界大戦を挟んだ激動期に、まさに九州帝大法文学部と歩みを共にするかのように研究教育を始めとする職務に従事し、数々の業績を残してゆく。とりわけこの間、昭和九年に創設された九州文化史研究所（現・九州大学附属図書館付設記録資料館・九州文化史資料部門、以下「文化史」と略）には、その準備段階から所員として関わり、同二三年六月には法文学部教授会の推薦を受けて第一三代九州大学附属図書館長に任命されたことで、九州大学の蔵書形成上も果たした役割はきわめて大きい。旺盛な史料調査・蒐集活動は戦中戦後の困難時も衰えず[6]、九州帝大で得られたネットワークを最大限活用し、また自ら進んで開拓することにより、九州地域に主軸を置きつつ江戸大坂やその他地域にも及ぶユニークな近世・近代史料群が構築されたのは、この所産に他ならない[7]。かかる中で得た史料への該博な知識に基づき、地域的刊行物でも旺盛な発信を行う[8]と同時に、司法省からの委嘱で主著『近世債権法』[9]や本学位論文にこれまでの研究成果を纏めていたが、激動期の旺盛な活動による過労も祟ってか、これを展開させようという矢先の同二四年一〇月七日、心臓内膜炎[10]のため九州大学医学部附属病院にて没した。享年四九歳、折しも法学部が法文学部より独立した年であり、また法制史学会の「創立総会」を僅か一ヶ月半後に控えてのことであった。

二　学位論文執筆及び提出の経緯

本書収録の学位論文は、著者逝去直前に編まれた本格的な学問著作である。昭和二四年二月二日の法文学部教授会において論文が提出された旨の報告が行われ、その後同三月九日の同教授会で、いずれも法科の教授から主査として西山重和（国際法・国際私法）、副査として青山道夫（民法）、山中康雄（同）が審査委員に選出、六月三〇日付で法学博士（九州大学）が授与された[11]。

本稿の着手時から完成に至るまでの殆どの期間、著者は体調面から既に執筆が思うに任せぬ状態にあった[12]。学位論文提出のほぼ半年前に当たる前年九月、公務出張途上の東京・上野駅で狭心症のため倒れ、同一〇月に小康を得て福岡に戻った後、一旦は教育研究はもとより図書館長としての職務にも復帰していた[13]。ところが回復思わしくなく、同年末より自宅療養を余儀なくされる。本格的な執筆はこの時期が中心と思われるが、翌年完成・提出に至ったものの論文審査中の五月中旬に九大病院に入院、学位取得の報告を病床で受けた後病状は著しく悪化し、自らの手による公刊を果たせぬまま世を去っている。

三　本書の構成及び内容

本論文は、きわめて近接した時期に完成・刊行をみた代表作『近世債権法』（以下「前著」と略）を基礎として加筆・修正を施しつつ、九州帝大着任後の執筆にかかる四本の既発表論文を組み入れた上で、末尾に書下ろし論文を付加したという体裁となっている。

元となった初出稿は以下の通りである。

第一編
序説（大幅加筆）、第一、二章
『近世債権法』[14]（昭和二三年）第七章「債権関係の担保」第一節「責任の範囲」、二節「責任の実現」
第三章　書き下ろし
但し第三節第三〜六項は、同第四章「債権関係の成立」第四節「その他の成立条件」
第四節は、同第三章「債権関係の種別」第二節「不法行為債権」
第五節は、第一項のみ同第六章「債権関係の移転」第二節「債務の移転」
第四章　同第七章第三節「責任と債務との区別」（附説は書き下ろし）
第二編　同題『法政研究』一四巻三・四号（昭和二二年）
第三編「徳川時代の他人の行為に対する責任制一斑」『国家学会雑誌』四七巻一一号（昭和八年）
第四編「我近世法上の仲ヶ間事」（一）（二）『国家学会雑誌』四六巻四、五号（昭和七年）
第五編「公事方御定書の損害賠償法規に就いて」『法政研究』五巻一号（昭和九年）
第六編　書き下ろし
（没後、同題で『法政研究』一七巻合併号（九州大学法学部独立記念論文集／昭和二五年）に公表[15]）

著者の最終的な企図自体は、残念ながら早すぎた死により完成は叶わなかったものの、この構成自体が、この時点で目指していた一つの方向性を物語る。まずは本書の中心である第一編とそれ以外との関係も意識しながら簡単に紹介しておこう。

第一編は、分量的にも全体の凡そ六割近くを占め、まさしく中核をなす。近世の債権法全体に目配りした概説である前著から、中でも重点が置かれていた最終章の「債権関係の担保」に基づき、まさに著者の言うところの「近世民事責任法の体系的研究を試み」（「はしがき」）るべく、債権債務関係における不履行に対するサンクションとして加えられていた様々な拘束のうち、とりわけ債権担保としての性質が認められるものを「民事責任」と捉えて詳細に分析したものである。構成及び内容は基本的に前稿に従い、対象たる民事責任につき、拘束の及ぶ人的及び物的な範囲（第一章）、債権実現のための差押等の執行主体と方法（第二章）、債務違反に対する拘束を可能にする、すなわち責任が発生する要件（第三章）、債務とそれに起因する責任との相関関係（第四章）という順で論じられ、先に示した書き下ろし部分の他、著者自身が蒐集した九州及びそれ以外の諸地域の関係史料や参考文献の追加[16]、説明の補充及び引用史料への傍点付加、誤字訂正[17]などが随所に見られ、「民事責任」というテーマに即しての書換ないし組替が多く施されている。

すなわち本編は、いわゆる民事上の「担保」について、債務不履行に対する刑事的な色彩も帯びた制裁一般をも視野に入れた上での踏み込んだ理解を目指したものであり、幕府法における私的執行の原則的禁止など、これまでの著者による重要な指摘を多く含むが、前著からの変更に着目して一例を挙げておくと、第三章「責任の発生」に加筆された契約証書の効力に関する叙述は、証書の機能をめぐる早い段階での論考としても興味深い[18]。早くから各種証文類に着目しその蒐集に注力していた著者は、証書の作成を一般的には契約成立要件ではなく出訴要件、すなわち責任発生の原因とするが、敢えてそれに当て嵌まらない「特異な内容の契約関係」として九州諸地域を始めとする証文類を挙げ、その例外性を説くことにより却って自説を論証しようとする。かかる手法は、著者の比較法的関心の一端と同時に、出来るだけ多様な素材を用いて当時の法制を描こうとする姿勢の反映といえよう。

なお「結語」冒頭に付加された近代法との関係への言及には、現実の法実務に対する著者の強い関心[19]が鮮明に表れている。実定法制度を意識した上での叙述もまた、本書に通底する特徴として挙げられる。もとより著者に、徳川時代の法制度を「近代的」ないし「前近代的」という単純な指標で評価する意図はなく、文中における法律用語の活用は、あくまでも当時の思考枠組に即した上で、敢えて説明概念としてこれらを選択した帰結である。

第二編以降は、第一編に「直接関係ある主要問題」を取り上げた「詳論」と位置づけられているが、そのうち第二編の論稿は前著完成と近接して公刊されたものである。著者は、近世期において債務不履行に対する私的な強制執行、すなわち私的な差押は原則として禁止されていたとするが（第一編）、財物について私的差押を盛り込んだ契約書は相当数見られるとし、その効力につき自ら蒐集した九州地域の文書を多く紹介しながら検討する。

第三編は、本書のテーマについて著者が早い段階から問題意識を有していたことを明確に示す論稿である。著者は、徳川期のいわゆる民事責任は、少なくとも法制度上は行為者本人にのみかかる原則であったとするものの、行為者以外に及ぶ責任の事例が慣習や社会通念に見出せるとし、制度との懸隔を踏まえつつ当時の民事責任のあり方を多面的に明らかにしようとする。

本書収録中、最も早い時期に初出論稿が公刊されている第四編は、「仲ヶ間事」、すなわちそもそも裁判上の保護を与えられなかった私権に着目した、このトピックに関する初めての本格的な研究である。[20] 既に著者はいわゆる金公事、すなわち当時冷遇されていたとされる利息付無担保金銭債権について先駆的に明らかにしていたが、[21] それよりもなお「虐遇」された一見近世期の「前近代性」を特徴付けるかのように見えるこのプラクティスにつき、立法理由を含めて丁寧に考察することで近世期の訴権をめぐる思考を明らかにする。その上で、これが明治初年まで続いていたことに着眼して、近代との連続性の再評価をも迫る。

第五編では損害賠償法、すなわち個人の法益侵害に対する補塡を題材として、責任の性質を論ずる。やはり近世期の「前近代性」の徴表とされる、現代的に言うところの民事・刑事の交錯を象徴的に示すトピックに関する、これまた初めての本格的な考察であるが、著者は御定書の条文を丁寧に読み解き、条文制定以前の法例とも対比させつつ当時の法制度の意図を明らかにする。本稿もやはり、著者が早くから本書全体に通底する問題認識を有していたことを示すものである。

終章の第六編は新稿で、これまで論じてきた民事責任法につき、近代への架橋を念頭に、主として『民事要録』に収録された史料から考察している。昭和初期までは必ずしも研究の対象と見做されていなかった明治期法制史は、[22] 高柳真三、小早川欣吾らにより研究が徐々に本格化しつつあったが、[23] 著者はこれらも踏まえ、近代法移行期から逆に近世法の特徴を炙り出そうと試みる。ここで興味深いのは、近世期の方が明治初期に比べて、本書第一編第四章で考察した責任と債務に関する区別が、むしろ判然としていたのではないかという指摘である。江戸時代の「前近代性」というシェーマに徒に囚われず、近代法概念を用いつつもあくまで即物的な分析に徹しようとする著者の姿勢も端的に表れた、総括的展望を含む論稿である。

近世を対象とするいわゆる「法科派」法制史研究において、昭和初期頃まではどちらかといえば物権法的な関心が先行する傾向にあった中[24]、著者は最初のテーマとして幕府雇傭法を選択し[25]、奉公を始めとする当時の雇傭契約についての体系的な見通しを踏まえた上で債権法研究を本格的に切り拓いていった。早い段階から、大坂で発展を遂げた商慣習や制度にも強い関心を持ち見識を深めていたこともまた[26]、債権法研究に裨益したのはもとより、幕府以外の、とりわけ九州地域との比較研究への土台にも繋がったと考えられる。もっとも本書では、大坂・九州を中心とする地方史に関する知見は重要な補助線の機能を果たし、かつ比較への強い意欲は表れながらも、その使い方については禁欲的であり、あくまでも幕府法を軸に構成されている。

前著『近世債権法』で初めて体系化された問題関心は、続く「民事責任」を柱とする本書において如何に展開しようとしていたか。もしかすると著者は、前著の最後で扱った債務と責任との相関関係、すなわち幕府法上における訴権を認められない債務及び責任なき債務に関する考察の時点で、これが近世法全体に跨がる重要な特徴であることを見出して本書を構想したのだろうか。幕府法が私的執行について原則として禁止する一方で、いわゆる訴権というかたちでのみ担保されてはいなかった近世期の債務のあり方につき、敢えて「責任」の語を広義に用いることこそが、出来るだけ当時の実態に即した理解に繋がると考えたのかも知れない。とりわけ第一編の細かな項目立てでは、一面ではかかる広義の「責任」概念を説明する上での試行錯誤の表れとも見えるが、恐らくここからさらに突き詰め、本格的な比較法制史の展開を企図していたと推測される。

以上のような、債権の担保に関する当時の法制度と様々なレヴェルでのプラクティスとの丁寧な分析及び紹介を通じて、金銭取引を軸とした私人間の関係性とそれを取り巻く社会背景や思考を描出する著者の試みは、初期法制史学の特徴の一端を反映した重要な成果である。金銭関係という、私人間の問題という側面が強いものの、一端拗れれば公的な秩序にも影響が及びかねず、しかも背後にある人間関係から地域的特性が反映されやすい事柄につき、ソリッドな制度理解と厖大な蒐集史料に立脚したプラクティス把握の両面から迫った本書は、法制史学上の古典的研究というに留まらず、西洋近代法継受以前における日本の債権を考える上で、今なお重要な素材を提供する。

本書に示された著者の叙述スタイルは基本的に、重要な着眼点について、抑制的な筆致で緻密な実証を重ねるというものである。この分野における先駆性をも充分意識した上で、多くの史料の引用紹介がなされているが、それらは叙述自体とスムーズに連接し、史料紹介に立脚した論説をなしている。法学上の概念を用いたいわゆる「法科派」的な体系化や説明は、幅広い学問分野及び対象への興味関心に裏付けられた一次史料に関する該博な見識に支えられたものであり、厖大かつ多種多様な史料[27]からの素材は法学の道具立てを利用してひとまず整理され、単に法学的もしくは歴史学的といった方法論に徒に囚われずに、あくまでも対象及び当時の思考枠組に即した再構成を可能にしている[28]。そもそも債権法という分野自体経済に関する理解が不可欠であるが、文学への深い造詣とも相俟って[29]、本書の素地をつくり上げていた。著者の置かれた九州帝国大学法文学部という法科・文科・経済科から構成された学際的な環境が、いわば相乗的にかかる手法の涵養に積極的に作用したことは言うを俟たないであろう[30]。

四　著者の学問その後

最後に、著者が培った土台のその後につき、若干言及しておくこととする。

生前の著者は、九州帝大法文学部及び文化史という学問環境を活かしつつ、後進の育成にも熱心であったようである[31]。ところが戦争とその混乱により手塩に掛けていた弟子を相次いで失った上[32]、昭和二二年より大学院特別研究生として指導していた服藤弘司（大正一〇（一九二一）～平成一七（二〇〇五）年）は、著者逝去の四年後に金沢大学に着任し、後に東北大学に転任して高柳より講座を引き継いだため、事実上九大での学統は途絶えたかたちとなった[33]。著者の蔵書・古文書の一部は九大法学部が購入したが、多くの教官個人蔵書と同様にそのまま分散配架された[34]。精魂傾けた法制史料の蒐集も著者没後は殆ど行われず[35]、著者が体現していた「日本法制史」の講座と文化史との学問的な関係も、昭和二四年の法文学部の解体及び各学部の分離独立とも相俟って、希薄化した。

但し、著者の先駆的業績及び見解の数々は、後の近世法制史学の展開の基盤をなした。とりわけ金公事をめぐる法制及び慣習に関する基本的な認識は、著者による本格的な着目(36)を嚆矢に展開を遂げ(37)、雇傭法制に関する研究は、法制史のみならず経済史学や社会史学にとっても重要な出発点となった(38)。地方史研究との関連では、債権法制研究の土台をなした大坂法はもとより、文化史を拠点に蒐集に尽力した史料から、九州の地域的特性への強い問題関心に基づいて見出した長崎の『犯科帳』、熊本藩における懲役刑、対馬の奴婢制もまた著者によって開拓された素材であり(39)、後世への大きな布石となった(40)。

早すぎた逝去に加え、抑制の利いた叙述や、業績の殆どが個別論文に留まったことが、本書出版に七〇年という長い歳月を要した理由かもしれない。この間、法制史学はもとより、隣接の学問分野、そして大学も様々な変化に直面してきたが、著者の体現する学問背景及び築き上げた土台は、著者自身ではなし得なかった課題も含め、今なお変わらぬ基礎的な原点であり続けている。

（1）著者の経歴及び生涯については拙稿「金田平一郎と九州帝国大学」『法政研究』八三巻三号（二〇一六年）、とりわけ二二〇～二頁、及び吉原達也・吉原丈司「広島大学法学部　旧吉原研究室」ウェブサイトの「法制史学者著作目録選」に掲載された「金田平一郎博士略年譜・著作目録」(http://home.hiroshima-u.ac.jp/tatyoshi/kaneda001.pdf)。なお平成三〇年三月に九州大学箱崎キャンパスで開催された企画展示「金田平一郎と九州大学附属図書館」（主催・九州大学附属図書館・同大学院法学研究院）の記録である和仁かや・梶嶋政司・中川晃一『金田平一郎と九州大学附属図書館』http://hdl.handle.net/2324/1913973（九大文献（レコードＩＤ：１９１３９７３）、二〇一八年／以下「展示記録」と略）も参照。

（2）『福岡日日新聞』昭和一五年一二月五日付の著者による寄稿「読書する心」、本書所収の金田久仁彦氏による手記「父の生きた時代を追って――ささやかなルーツと世相の一端――」（以下「手記」と略）。

（3）『国家学会雑誌』四一巻七～一〇号の四回連載。

（4）「人事記録」（九州大学保管）。

（5）拙稿（前掲註（1））二二一頁。九州帝大法文学部の「内訌事件」につき最新の詳細な研究として、七戸克彦「九州帝国大学法文学部内訌事件」『法政研究』八一巻四号（二〇一五年）、同「九州帝国大学法文学部と吉野作造（一）（二・完）――九州帝国大学法文学部内訌事件の調停者――」同八三巻四号、八四巻一号（二〇一七年）。上記文献も指摘するように、同じく中田の弟子であった先任の瀧川政次郎（明治三〇（一八九七）～平成四（一九九二）年）が事件の当事者であり、かつ事件自体に、当時東京帝大の法学部長であった中田が関与していたことによるものである。
(6) その一端として、梶嶋政司「草創期九州文化史研究所の史料収集活動――『採訪日記』の紹介――」『九州文化史研究所紀要』四九号（二〇〇六年）、「展示記録」（前掲註（1））。また「九州帝国大学法文学部教授会議事録」（九州大学法学部保管）、及び「九州大学法学部教授会議事録」（同／以上、共に以下「議事録」と略）に残る出張承認記録からもその頻度が窺える。
(7) 「展示記録」（前掲註（1））参照。就中、現・九州大学附属図書館付設記録資料館・九州文化史資料部門及び法制資料部門として所蔵する多くは、著者の直接的な関与によって集められたものである。
(8) 吉原による目録（前掲註（1））参照。一例として、「九州と監獄法」（『九州行刑』三巻三号（昭和二三年））。
(9) 『司法資料』第二九八号（法務庁資料統計局資料課、昭和二三年一〇月）。
(10) 九州大学附属図書館司書官・長澤由次郎の弔辞（「金田文庫」（九州大学附属図書館）蔵。なお同文庫については後掲註（34）を参照）による。
(11) 以上拙稿（前掲註（1））二三四頁の註25、及びその根拠である「議事録」（前掲註（6））による。但し、そもそも著者自身は必ずしも学位取得自体に積極的ではなかったようである。「手記」（前掲註（2））。また著者宛の書簡類（「金田文庫」（前註）蔵）からは、師である中田が自身の定年退官が迫った昭和一〇年前後に、著者を含む門下生に学位論文の執筆について示唆した様子が判明するが、この時は提出に至っていない。
(12) 以下は「議事録」（前掲註（6））及び弔辞（前掲註（10））による。また「手記」（前掲註（2））も参照。
(13) 昭和二三年一一月一〇日に開催された「人文科学顧問団会議」では、アメリカからの視察団に対し、図書館長として対応している。『九州大学七十五年史　史料編下巻』（一九八九年）四五頁以下、拙稿（前掲註（1））五〇二頁以下註63。
(14) 前掲註（9）。
(15) 弟子の服藤弘司は本論文に対する書評（紹介）で、これが学位論文の一部である旨言及する。『法制史研究』一号（創文社、一九五一年）、二八三頁。
(16) たとえば本書四三頁掲載の中津藩、書き下ろし部分の同八八頁で引用されている福岡県鞍手郡の「古野家文書」は、そのごく一例である。また文献の追加例としては、同一四一頁以下での債務・責任分離説に関する諸文献や、同一六九頁の相対済令に関する石井論文の追加などが挙げられる。
(17) 前著刊行時は既に病床にあったと思われ、実質的にはこの時期に執筆された本書で訂正がなされている。「金田文庫」に収められた多くの抜刷に詳細な訂正書込があるのに比して、著者本人により「訂正用　金田」と自筆された前著（同文庫蔵）にはかかる書込が一切見られないのも、この状況を物語るものであろう。
(18) たとえば服藤「債権法上における証書の機能」（同『幕藩制国家の法と権力Ⅳ　刑事法と民事法』（創文社、一九八三年）所収。初出は『金沢法学』四巻二号、五巻二号、六巻一号（一九五八～六〇年））五九四頁では証書に関する先行研究を挙げているが、本論考については未見ゆえか言及がなく、未だ証文全般に関して体系的に把握しようと試みた研究がないとする。

(19) 著者がそもそも実務法律家を志していたことにつき、「展示記録」（前掲註（1））及び「手記」（前掲註（2））。また法律相談に熱心に関与していた様子は、服藤「法律扶助部　巡回相談手記」（『九州帝国大学新聞』二六〇号（昭和一七年一二月二〇日））からも窺える。

(20) 石井良助「目安糺、相対済令および仲間事――近世債権法と民事訴訟法の接点――」（同『近世取引法史』（創文社、一九八二年）所収。初出は三ヶ月章他編『裁判と法――菊井先生献呈論集――』（上）（有斐閣、一九六七年））五二頁以下、大平祐一「近世における債権の訴訟法上の保護について（一）――学説整理を中心として――」（『立命館法学』一五八巻（一九八一年））二二頁、二三頁以下。なお著者自ら脚註で言及するように、本稿初出前年の昭和六年に『法律時報』（三巻八号）上で概要は既に示している。

(21)「徳川時代の特別民事訴訟法――金公事の研究――（一～四・完）」（『国家学会雑誌』四二巻一一号、四三巻二、七、九号（昭和三～四年））。

(22) 大竹秀男「高柳先生の頌寿に寄せて」（大竹・服藤編『幕藩国家の法と支配』（有斐閣、一九八四年）所収）五三七～八頁には、法史家・実定法学者共に関心を持たなかったとある。また服藤弘司の執筆による『国史大辞典』（吉川弘文館）の「法制史学」も参照。

(23) 高柳「明治初年の養子法」（『国家学会雑誌』四一巻六～八号（昭和二年））に始まる諸論稿、及び著者と同年に生まれ昭和一九（一九四四）年に早世した小早川による『明治法制史論』（巌松堂書店、昭和一五年。なお同書について著者は早くも、同年一一月一四日付の『福岡日日新聞』紙上に推薦記事を書いており、また九州帝国大学新聞（第二五二号（昭和一七年六月））では日本法制史の入門書として挙げる）を始めとする著作を参照。小早川は京都帝国大学で東洋法制史を担当したが、日本の近世から近代にかけての民事法に関しても多くの重要な著作を残している。

(24) この傾向は、とりわけ師の中田についてみれば、著作集たる『法制史論集』の構成からも顕著といえよう。中田は大正一二年の関東大震災以後に「研究の主力」をそれまでの中世法から「近世近代法」に移しており、オットー・フォン・ギールケの「団体法論」をも意識した入会権に関する一連の論文を始めとする諸論稿を公刊している（石井良助「中田先生の業績について」（中田『法制史論集　第四巻』（岩波書店、一九六四年））三二二～五頁）。

(25) 前掲註（3）所引。著者自身も同論文で屢々引用するように、このテーマについては師の中田が『徳川時代の文学と私法』（大正一二年、半狂堂（初版、和装本／後に『徳川時代の文学に見えたる私法』に改題））において扱っているが、本格的な纏まった研究論文としては初出である。

(26) 拙稿（前掲註（1））二二五頁。また刑事法分野についての知見にも通じていたことが（同二二四頁）、民事刑事両面に関する緻密かつ柔軟な考察を可能にした面もある。

(27) とりわけ多くの証文類と同時に、その分析の手掛かりとなり得る文例集を重視していたことは、著者による史料蒐集の重要な特徴の一である。「書誌雑題」（『福岡日日新聞』昭和一二年一〇月七日）、「薩南訪書片々」（『九州帝国大学新聞』二六四号（昭和一八年四月二〇日））。「金田文庫」（後掲註（34））にはかかる文例集が多く収められている。

（28）法制史学の出発点をなす宮崎道三郎からして、素材を狭義の法制史料に限定することなく隣接分野への関心が当然の前提であったことにつき、拙稿「宮崎道三郎と伴信友のカササギ――法制史学黎明期への一アプローチ――」『神戸学院法学』四二巻三・四号（二〇一三年）。著者も宮崎の学問手法から大きな影響を受けていた端的な一例として「近世に於ける九州地方の法制関係語について」『九大国文学』三号（昭和七年）。

（29）「展示記録」（前掲註（1））参照。屢々ペンネームも用いた新聞等への読み物的寄稿も、その一端を良く示す。以下、著者執筆と判明するもののみ列挙しておく。越脛生「水法一言」（『九州大学新聞』昭和七年八月二五日）、江戸廻家主人「戯文　福岡紀行（一）～（五）」（『福岡日日新聞』昭和七年一二月二～五日連載）、曲柁生「今は昔　難銭壽《なんせんす》①～⑤」（同、同八年一月六～一一日連載）、陸常雄「公事師の旅日記　福岡の巻（一）～（四）」（同、同年七月一〇～一四日連載）。

（30）文化史における、とりわけ遠藤正男（明治三四（一九〇一）～昭和一五（一九四〇）年）、宮本又次（明治四〇（一九〇七）～平成三（一九九一）年）ら経済分野のスタッフとの良好な関係はその端的な表れである。拙稿（前掲註（1））二二七～八頁、「展示記録」（同）。

（31）とりわけ九大出身の学者の育成に腐心していた旨、高田源清（商法教授、明治四二（一九〇九）～平成六（一九九四）年）による弔辞（「金田文庫」（後掲註（34））蔵）にもみえる。

（32）現在判明する限り、直接の弟子としては少なくとも、戦死した本多了証（昭和八年法文学部卒）、また戦後直後に結核で早世した明石種次郎（同一五年卒）がいた。本多は卒業後、著者の史料蒐集にも協力する傍ら、著者が編輯顧問を務めていた『法文論叢』（九州帝大法文会学芸部）に、修猷館出身で同校教授にもなった福岡の国学者の松田敏足（天保五（一八三四）～大正一二（一九二三）年）に関する論稿も執筆している（同一七号（昭和九年））。明石は昭和一七年三月に助手採用が決定し、さらに学徒動員後の翌一八年末には大学院特別研究生としての入学が認められており、著者の指導下で東洋法制史との比較も視野に入れた研究に従事していたようである（「議事録」（前掲註（6）））。

（33）「服藤弘司先生略歴」（『服藤弘司先生傘寿記念　日本法制史論纂――紛争処理と法システム――』（創文社、二〇〇〇年）所収）。但し文化史での活動が隣接分野も含めた当時の若手研究者に大きな影響を及ぼしていたことは、本書所収の秀村選三・九州大学名誉教授による寄稿「金田先生の思い出」にも明らかである。後掲註（38）も参照。

（34）九州大学法学部百年史編集委員会「九州大学法学部・法科大学院の歩み――1924年（法文学部創設）から2012年まで――」（『法政研究』八一巻四号（二〇一五年））七二三頁。なおこれらは平成二九年七月に集約が実現し、九大附属図書館において「金田文庫」（https://www.lib.kyushu-u.ac.jp/ja/kaneda）として文庫化された。

（35）但し若干ではあるが、服藤、そして服藤の指導教官及び文化史での活動を引き継いだ西洋法制史担当教授であった吉田道也（明治四五（一九一二）～平成四（一九九二）年）が寄贈した写本も存在する。また昭和二〇年代末から三〇年代初頭に懸けて大量のＤＤＴ散布での防虫措置が施されたこともあり（現在では除去済み）、法制史料自体がその価値に比して利用頻度があまり高くなかったようである。

（36）この点に関する著者の研究の位置付け及び学説史の整理として大平祐一「「金公事」債権の保護」（同『近世日本の訴訟と法』（創文社、

二〇一三年）所収。初出は大竹・服藤編『幕藩国家の法と支配』（前掲註（22））。

（37）代表的かつ重要な一例として、神保文夫「近世私法体系の転換――天保十四年の金公事改革――（一）～（四）」『名古屋大学法政論集』八九、九二、九四、九五巻（一九八一～三年）。天保一四（一八四三）年に大坂法を導入したかたちで大きな改革がなされた、という著者の指摘を受けて、これを「「私法体系の転換」の実相」（同（一）、四五六頁）と捉えた上で、この近世法制史学上重要なトピックについて考察したものである。

（38）著者の研究から直接間接に影響を受けた多分野に渉る研究は枚挙に暇がないが、ここでは学説史の整理及びそれにソリッドに立脚したものとして、吉田正志「近世雇傭法の構造とその史的展開過程序説（一）（二・完）」『法学（東北大学）』四一巻一、二号（一九七七年）を挙げておく。

（39）たとえば、昭和三〇年代に森永種夫によって翻刻、公刊されて以後、近世期の基本的法制関係資料の一として知られる本史料につき、著者は早くも昭和一〇年代初頭に着目し、日本学術振興会からも補助金を受け、早速写本の作成及び検討に取りかかっている。「議事録」（前掲註（6））及び昭和一一年六月二八日付『福岡日日新聞』掲載記事「国際私法に関する我国最古の貴重な資料　長崎奉行所の犯科帳　金田九大助教授が研究」参照。同紙の連載「学界断層図　九大の巻24」の同二六日付記事「九州文化史を探る人々（C）」では金田が取り上げられ、これらの史料について紹介している。

（40）著者の着目した熊本藩、対馬を始めとする史料の多くは重要史料として翻刻・刊行もされている。一例として藩法研究会編『近世刑事史料集　2　対馬藩』（創文社、二〇一四年）。

＊本稿はＪＳＰＳ科研費２６３８００１及び同１５Ｋ０３０９６による研究成果の一部である。

【寄稿】金田先生の思い出

秀村選三〔九州大学名誉教授（日本経済史）〕

先生に初めてお目にかかったのは、日本法制史の講義を受けた時であったか、或いは九州文化史研究所に通っていた頃であったか、よく思い出せない。一九四七年の講義に出た時はまだ学生で、宮本又次先生〔九州大学教授、後に大阪大学名誉教授、一九〇七―一九九一〕のゼミに入れて頂く前であったかもしれない。

法律学は旧制高等学校三年の時に受けた法律の講義がナチスばりの教授の講義で面白くなかったし、彼は運動部の鍛錬にも同様ナチスばりに熱心で、被害者もいたので反感ももっていた。

大学は日本史の学科へと思っていたが、当時の国史学科はどこも国粋主義で西洋史の兄〔秀村欣二・東京大学名誉教授、一九一二―一九九七〕が忠告して行くなと言うので悩んだが、高校の玉泉大梁先生〔旧制福岡高等学校教授、一八八六―一九七二〕のお勧めで日本経済史の本庄栄治郎先生〔一八八八―一九七三〕のおられる京都大学経済学部に入学した。履修科目の中に法律学の数単位があり、最初に民法総則を聴講したが面白くなく、高校時代の友人で法学部にいる学生のすすめで法学部の石田文次郎教授（ぶんちゃん）〔一八九二―一九七九〕の民法総則をもぐりで聴いたところ、これは面白かったが、経済の単位を取らねばと思い、続けて聴くことはなかった。しかし法律学は自分の資質にむいた先生に学んだがいいのかなと思わされた。

敗戦後、復員して九大に転学して法文学部経済科に編入されたが、同じ建物の中で法・文・経の講義が聴け、教授も学生も事務員も建て前は別でも近く親しい関係で面白く学び、他学科の先生や事務に近づいたり、学生とも遊ぶことも出来た。もっとも戦後直後は復員学生があふれて混乱状態であったが、次第に落ち着き、学生も法科・文科・経済科とそれぞれの人数も戦後すぐのようではなくなり、落ち着いて聴講できるようになった。各科を通して高校出身や高商出身の学生とも友達になり、今思うと田舎者のよい学生が多かった。

そういう雰囲気のなかで法制史の「史」の文字にひかれ、経済学専攻の学生には日本法制史は単位にはならないのを承知で講義を聴いた。金田教授の講義は近世の商品取引を主題に講義されていたが、法律学の用語をあまり使われず、近世古文の用語のままで講義されるので親しみやすく、印象の深い講義で法制史に親しみを覚えた。金田先生が亡くなられた後に法制史学会が創立されて、宮本先生が入会されたが、私も法制史を大切に思うようになったようで、法制史の学識もないのを気兼ねしながら入会した。法制史への親しみを金田先生から与えられていたからであろう。

その後厚かましくも関西学院大学での法制史学会第九回大会（一九六〇年（昭和三十五年））で「上方奉公人」の報告をさせてもらったこともあった。西洋法制史の吉田道也先生〔九州大学名誉教授、一九一二―一九九二〕や服藤弘司君〔東北大学名誉教授、日本法制史、一九二一―二〇〇五〕とは親しくさせて頂いた。吉田先生は私の兄の中学以来の友人で、我ら兄弟とは共に無教会主義キリスト教の仲間で、私は外国書の難解な所を習ったりもした。服藤弘司君とは親しく、金田先生の亡くなられた後には、宮本グループの一員として史料採訪をともにして益々仲が良くなった。彼が金沢大学、後に東北大学に行った後も長く付き合い、能登の時国家に案内してもらい、共に時国分家に泊めて頂いたりもした。私と藤本隆士君〔福岡大学名誉教授、日本経済史、一九二五―〕が北海道の学会後漫遊旅行で懐具合が寂しくなって、仙台の彼のところに転がり込んだり、仙台で服藤君、作道洋太郎君〔大阪大学名誉教授、同、一九二三―二〇〇五〕と三人で呑んで、若い時代の九大法文学部の先生方は素晴らしかったなと語り合ったりした。私の研究上、法制史的な難しい問題にぶつかると電話であれこれと教えを受けて、まことに有難かった。思えば彼との交友関係は金田先生のお蔭であった。

金田先生と宮本先生からお話を聞けるようになったのは、法文経三科が協同で運営していた大学内の「九州文化史研究所」で、法文学部の地下にあった。地下でも半地下で明るく、中型の教室の広さで、各地の古文書と多くの写本が収められていた。私が宮本又次先生の日本経済史のゼミで博多織のテーマを与えられ、先生から「博多津要録」を見るようにと御紹介の名刺をいただいて訪れたのであった。まだ古文書がよく読めず、筆写の事務員に習いながら、それもあまり頻繁に聞くのは遠慮して『難読字典』で文字を探しながら読む状態で、まだ「古文書解読字典」など出版されていない時代であった。

やがて法文学部は一九四九年（昭和二十四年）年に三学部に分立し、私は経済学部の大学院特別研究生になったが、法学部は服藤弘司君、文学部は安藤精一君〔和歌山大学名誉教授、日本史、一九二一―二〇一八〕で、各人研究員になり、文化史にも机を与えられて嬉しかった。

金田先生と宮本先生は頻繁に文化史研究所に来られてお互いお話しされるのが大変貴重なお話で、さらに私達と火鉢を囲んでの雑談も大変楽しく、先生方のお話は聞いていて面白かった。金田先生は瀟洒なスタイルの、いかにも大学教授という方であるが、堅苦しい方ではなく、宮本先生は上品な方で明るくて、あけっぴろげ、すべてに速く、慌てられての失敗談も多いので人気があった。そのようなお二人のお話は横で聞いていても大変楽しいものであった。お歳は金田先生が六、七歳違いの年長で御兄弟のようにお親しかった。

両先生は戦時中に史料採訪に行かれた時のお話をよくされたが、史料採訪は当時食糧難で「飼料」採訪でもあったと言われていた。佐賀県の多久では、村長が旧「御屋形」（領主）で東大国史の卒業で古文書を大切に保存されていて、いかにも葉隠武家の殿様だったと言われ、大量の優れた古文書があるから、誰か研究したがよいと勧められていた。

多久のことで宮本先生が話されたのは、朝、宿で先生が蚊帳をくるくるっと巻いて押し入れに投げ込まれたら、金田先生が「そうしてはいけないよ」と言われて、蚊帳をつられて「こうしてたたむのだよ」とたたみ方を教えられたとのこと、私たちはいかにも両先生らしいなと笑ったことであった。ことほど左様にお二人の仲は兄弟のようにお親しく面白かった。

お二人で大分県日田の日田金《がね》の文書を見に行くと言われていたが、帰って来られて言われるのでは、大きな駅に着いたので日田と思って降りたら佐賀だったので、鍋島家の内庫所の古文書を見てきたとのこと。おそらくお二人は鳥栖での乗り換えの時も車中ずっと話し込まれていて、久大線と長崎本線を間違えられたのを気付かず、反対方向の佐賀に着かれたのだろうと皆で笑ったこともあった。

一九四七年（昭和二十二年）の夏休みには、黒田家の御曹司が宮本ゼミの学生であったからであろう、金田・宮本両先生が秋月の黒田家が古文書の虫干の時に、九州文化史で筆写する古文書を借り出されるために行かれるのにお供したことがあった。先生方は文書を見られ、昼のお食事後にはお昼寝をされたが、私には昼寝をする度胸は無く、読めない文書をあれこれと眺めていた。古文書十数点を文化史で写すためにお借りして、帰り道で秋月の葛の店で葛を買われたが、「経済」統制外でどれだけでも売るというので、先生方は沢山買われた。文化史で古文書の筆写の後にお戻しに行ったのは私の役目であったが、おかげで後に農地改革史の編纂の一員に加えられた時には、殿様ご夫妻がおられてよくしていただいた。

九月末には長崎・平戸への古文書採訪にお供したが、車中で宮本先生が金田先生に「秀村君は大学院を志望していて、農村奉公人の研究をしたいと言っています」と言われたら金田先生は「それは良いテーマだ」といわれ、「質奉公人というのがいるよ」とも言われた。宮本先生は以前私に「農村奉公人は農村を広く見なければならないから大変だよ」と云われていたが「テーマを変えよ」とか、新しいテーマをお示しにはならなかった。おそらく宮本先生は金田先生が「良いテーマだ」と言われ、金田先生の雇傭法研究を高く評価されていたので、「やらせてみるか」と思われたのであろう、その後私は農村奉公人を一生のテーマとして研究を続けてきたが、金田先生のあの時のお言葉のお蔭と思っている。もっとも長い間取り組んで痛感したのは宮本先生が「そのテーマは大きく広がりすぎるよ」と言われたのも後になるほどまさしくその通りで、両先生のお言葉は一生私の研究生活の基本になっているなと思うのである。

長崎では県立図書館で古文書を見られるのを、古文書を読めない私が古文書をただ眺めていたところ、お二人の先生が「君も読みたい文書を借り出してあげるよ」と言って下さったが、私には見当がつかないままであった。

長崎から平戸に行きお城の天守閣に登り、平戸の湊や城下を眺めて、いかにも海の殿様だなと思い、さらに先生方御存知のお家を訪問したが、城下の気品のある方言には地域を大切に学ぶことを学んだ。

平戸の商家で「じゃがたら文」を見せて頂いたが、宮本先生が二階への梯子の階段を踏みはずされて下に落ちられたので驚いた。しかし金田先生は「宮本君がまた、やったな」くらいの御態度で、あまり心配はされなかった。出発前に私が宮本先生をお迎えに行った時に、先生のお母様から「又次をよろしくお願いします」と言われて、「とんでもない」と思ったが、この時成程と思った。後々まで奥様からも同じように言われたものであった。

翌年の三月には金田・宮本両先生に、新任の国史の森克己先生〔後に中央大学教授ほか、対外関係史、一九〇三―一九八二〕が加わられ、特別研究生の服藤弘司君と私がお伴で、鹿児島県の史料採訪に行ったが、鹿児島から指宿・山川の旧家の文書を拝見し、さらに枕崎に行こうとしたが、戦時中に山が荒れて道も消え、それに猿の群れもいるので無理だと言われて、鹿児島に帰り伊集院から南薩線で枕崎に行った。枕崎では鰹の大漁で、私達も鰹の生干しを左手に、右手に焼酎の盃をあげて豪快であった。或る老人が「戦争に負けたからとショボショボするな、薩摩は秀吉に負けた、関ヶ原で負けた、西南戦争でも負けた。碁将棋に負けたくらいに思えばよかとじゃ」と意気軒昂なのには度肝をぬかれ、さすが薩摩隼人の国と思った。

坊の津から市の助役さんがトラックで迎えに来てくれて、「皆さん、荷台にお乗りください」といわれて、乗り込んで進んでいるうちに、はるか左前方の海を指して「あのあたりが戦艦大和が沈んだところです」といわれて、一同粛然として大和と多数の戦死者の霊を弔った。

坊の津では案外古文書は少なかったが、景観そのものに中世の貿易港の面影を偲ぶことが出来た。中世以来のお寺など名所を訪れ、鰹漁業の船主の家の文書や断片的な文書などを見た。土地の風俗や、ことに女性がものを入れたカンメブスという藁細工の帽子を頭において山坂の道を腰を上手に使って軽々と越えるのには感心した。森克己先生が中世貿易史の学位論文を書かれている方なので、当然以前に坊の津には来られていると思っていたら、初めてだと言われるので両先生は驚かれていた。その後両先生から中世史の人は古文書だけで論文を書く人がいるが、研究する所には必ず行くようにと教えられて、これは一生の戒めとなった。

その後、金田先生は九大附属図書館の館長となられたので一同喜んだ。各学部のたらいまわしで適任の方がなられるとは限らないが、先生は最適任の方だと大いに喜んだ。

一九四八年（昭和二十三年）頃近世庶民史料調査が始まって、九大は九州のまとめ役であり、各地に史料採訪、採録でも競い合った。私の記憶にあるのは図書館長室で会議があり、金田先生の主宰で日本史の竹内理三〔九州大学教授、後に東京大学名誉教授、一九〇七—一九九七〕、社会学の喜多野清一〔同、後に大阪大学名誉教授、一九〇〇—一九八二〕、宗教学の古野清人〔同、後に北九州大学（現・北九州市立大学）学長ほか、一八九九—一九七九〕、経済史の宮本又次、日本史の玉泉大梁等の諸先生が協議され、檜垣講師〔檜垣元吉・九州大学名誉教授（教養部／日本史）、一九〇六—一九八八〕、特研生〔大学院特別研究生〕の服藤・安藤・三木〔三木俊秋・神戸女学院大学名誉教授、日本史、一九二二—二〇一三〕・中村〔中村正夫・九州大学名誉教授（教養部／農村社会学）、一九二三—一九九七〕・秀村…等が補助員であったが、金田先生の庶民史料の会議に出席された最後であったのではないだろうかと思う。

この調査は数年続き各地の古文書を広く採録した調査であったが、金田先生は御病気の中で積極的に動かれることはなかった。先生はさぞかし残念であったろう。

先生が御病気で九大病院に御入院になっている時に、法・経済学部研究室事務室の事務主任の庄野さんから私に電話があって、先生が私に会いたいと言われているので、病院に来てくださいとのことで、いそいで病院に行くと、病室の入口に待ち構えていた庄野さんが先生のもとに行かれて、私が来たことを告げられたらしい。すると先生が「もういいと言われています」とのことだったのでそのまま引き下がったが、何のことだったのだろうと、いつまでも気になった。先生が亡くなられて後、大分経って宮本先生から「君も知っている金田先生の御所蔵の四国の人身売買の古文書〔本書九三—四頁に引用されている徳島県麻植郡の文書〕を、奥様にお願いして貰ってあげよう」といわれて、奥様にお願いされて先生と金田家に参上して私が頂いた。その後研究に利用させていただき、以来家宝として座敷の壁に本庄先生の書、宮本先生の油絵とともに長く掲げさせていただいたが、私も老齢なので九大の法制資料として差し上げて保存していただければ寄贈したいと思う、むしろ金田先生にお返しする気持ちである。

先生が私に会いたいと言われたのは、この文書のことではなかったろうか、私が病室に来ている間に、先生は私に直接古文書を譲ると言うよりも、宮本先生に伝えておく方がよいと思われたのではないだろうか、と私は思っている。ただただ有難いと思うのみ。

私が学生、大学院特研生の駆け出し時代に、思いもよらず巨大な先生にお会いしていたのだと、金田先生を思う時、感謝の思い溢れるのである。

【手記】父の生きた時代を追って

――ささやかなルーツと世相の一端――

金田久仁彦

父・金田平一郎は水戸・霞ヶ浦に接する茨城県行方郡玉造町に農家の倅として生まれましたが人生五十年寸前で世を去りました（明治三十三年（一九〇〇年）～昭和二十四年（一九四九年））。

当時の生家は鹿島鉄道（廃線）玉造駅周辺の地主と言われ、現存する玉造小学校などを地元に寄付するなど教育熱心な面もあったようです。

古い系図を遡れば平家に端を発し、遠く「壇の浦」まで頑張った平氏から見れば、早くに落伍し農耕を選んだ弱い武士だったのかも分かりません。

彼の父は農業を捨て関西に住んだ時期もあったようです。

平一郎は同地で三歳にして生母と死別し一人実家たる玉造に預けられ祖父・亀吉に育てられるという孤独な生い立ちを強いられました。

亀吉爺は鍬を学びの書籍に持ち替えることもあった人だったのか、三歳児の平一郎に「論語」など厳しく叩きこんだと伝えられています。

文字を読めない幼児は正座して音読を強いられたそうで、その時流した涙のあとをとどめる教本が郷里の物置小屋に現存しています。

高等小学校を終え文字通り行李を担ぎ東京へと出た際、三歳で死別した母の実家「両角家」に下宿し往時の旧制京北中学校（現・東洋大学附属京北高校）に入学しています。

諏訪の豪族とも言われる両角家で産まれた生母・常子の弟に両角業作（第二次世界大戦時、最後の比島司令官・中将）がおりその子息・良彦（平一郎の従兄弟）は後に通産事務次官を務め、一方日本エッセイストクラブ賞を受賞した文人でもあったので、父平一郎には農民の血と共に頭脳労働のＤＮＡみたいなものが少しは流れていたのかも分かりません。

往時、久留米師団長就任時、筥崎神宮公式参拝に馬列をつらね訪れた業作将軍は、九大近くの筥崎宮横に住まう父に呼び出しを掛けて式典に参列させたりし、早世した実姉の遺児に何かと目を掛けてくれていたようでもあります。

中学を終え仙台の旧制第二高等学校へ進んだ平一郎は松島湾を舞台のボート部に所属し小柄なせいかコックス専門だったようです。

「荒城の月」で知られる土井晩翠先生にドイツ語を教えて頂いたのが強烈な印象だったと後に彼の妻に思い出を語っています。

晩翠先生は授業中一切日本語を使わず、例えば「立つ・座る」の単語も「立ったり座ったり」の身ぶりの後にドイツ語の発音がついてくる徹底ぶりで、行動で学ぶことが学問へのアプローチ也と悟らされたとか。また当時二高の有名三教授と称された登張竹風・粟野健次郎先生にも教えを受けたこともあり恵まれた旧制高等学校生活だったようです。

一方ではこの頃から健康を損ね、東京帝国大学を卒業するのに五年を要しています。夢とした法曹界への道は諦め、生涯の大恩人・中田薫先生の門下生として薫陶をいただき、昭和三年（一九二八年）に九州帝国大学法文学部に赴任しました。

中田先生から長年に亘り、子を思う気持にも似た封書を百通ほどいただき今も遺っておりますが、当時の切手は三銭という時代でした。

九帝大キャンパスに近かった箱崎は水戸っぽの夫と江戸っ子育ちの新妻には異郷も同然、「角のうどんや」が「かろのうろんや」と発音された時代でもありました。

魚やさんで「こりゃよかですタイ」と言われ「タイは要りません」と逃げ帰ったなど落語みたいな逸話にはこと欠かかないようです。

以来、平一郎が九大にお世話になった二十余年間は敗戦を挟んで激動の時代であったことは言を俟ちません。

なかでも博多大空襲（昭和二十年（一九四五年）六月十九日）の光景は国民学校（筥松小学校）六年だった筆者にも強烈な印象を残しました。平一郎は文部教官ということで兵役免除を受けながらも比較的若かったせいか法文学部校舎防衛隊みたいなことをやっていたらしく、空襲の最中も家族の防空壕には居らず私達の恐怖は言葉になりませんでした。

灰燼に帰した博多の街並みを見てさすがに子供たちの危険を感じたのでしょう、二ヶ月後に終戦を迎えるとは露知らずのこのこと疎開先を見つけに走ったようです。沖縄陥落目前の中、米軍「艦砲射撃」が着弾しない？であろう阿蘇山外輪の街を思いついたと聞きます。

菊池郡・隈府町（現菊池市・平成二十八年（二〇一六年）の熊本地震で全国に知られる）でした。後にWIFE・TOWNの発音から生じた占領軍米兵との間に信じられ無い騒動も勃発しましたがここでは省きます。

単身生活となった平一郎のお陰で家族五人は飢えることなく熊本で約二年を過ごしましたが、帰福してからの食糧難は当時の誰しもが経験した塗炭の苦しみでした。

配給制度下の主食は選択の余地がなく例えば「脱脂大豆（馬の飼料）」の粉とか時にはコーリャン米（旧満州産）。これを炊き上げると赤飯そっくり！ 大喜びのあと全員腹痛で七転八倒の悲劇を繰り返すなどは日常茶飯事でした。

平一郎は化学実験用の蒸発皿を見つけて来、箱崎海岸から汲みあげた海水を煮詰めては食塩として居ました。精製前ですから苦くて舐められたものではありませんでしたが、終日七輪の前で火をくべていた姿が懐かしく思い出されます。

昭和二十三年（一九四八年）秋、兼務していた大学図書館長会議で函館に向かう途次、父は上野駅頭で倒れ鉄道病院に収容された後、暫し故郷の茨城で静養しています。

ほどなく九州へ帰任も、充分な務めを果たせないまま昭和二十四年（一九四九年）春に九州大学病院・第一内科（操担道教授）に入院しました。

当初から助かる見込み薄き患者だったのでしょう、大学当局の温情で通常の患者ベッドとは違いリノリウム貼りの病室に畳を敷いて頂き後に畳の上から昇天することが出来ました。

丁度世の中に抗生物質が現れ、新薬ペニシリンなどが目に付き始めた時代です。

後に頂いた多くの「弔辞」に父の病状が詳しく述べられていますが、昨今では珍しくない心臓疾患からくる感染症だったと思われます。鬱血により腹部が異常に膨れ、まるで臨月の妊婦同然！激痛に苦しむ日々が続き精神に異状も来しました。

痛みが去ると枕頭に置かれた「法律時報」を手にしますが逆さまに読む始末を見て家族は愕然としたものです。

今なら手術で簡単に治せる病も、当時は輸血以外有効な治療は無かったと見え、修猷館高校一年生だった私が主な献血者を引き受け、下校時いそいそと操内科の階段を駈け上がったものでした。孝行息子の務めに励んだ訳ではなく、血を採ったあと医局で頂ける「ほうれん草のおひたしと生卵」が目当ての偽善者です。餓鬼の見本みたいなものでした。

食糧難の光景で忘れない一つに、父が遺骸となり担架で解剖室に運ばれる際のそれがあります。

手伝いに来られたゼミの学生さんが、死体を抱きあげた手を洗いもせず、母が苦面して来たコッペパンにむしゃむしゃと齧りついたのです…。

敗戦から四年を経てもなお続いた食糧難でした。

七十年近くを経た今も、九大附属病院の佇まいは大きく変わっていないのではないでしょうか？

広大な敷地のつきあたりが解剖学教室、道を隔てて火葬場がありました。十三世紀の元寇防塁あとが近い博多湾の潮騒が聞こえる長閑な地域だったと思います。

昭和二十四年（一九四九年）十月七日歿の遺体処理は翌日迅速に行われ家族（と言っても母と私）の立ち会いもなく、多分患部中心の解剖・点検と標本化が行われたと思います。

棺に花を添えるでもなく火葬の炉に入って行きましたが、泣き崩れる母を置き、私が炉の裏に連れていかれ大量にくべられた薪に火をつけました。重油も欠乏の時代を物語る出来ごとでした。

火葬終了まで二十四時間以上必要と言われ、太陽が明るく照り映える庭に父が去っていく黒煙が猛烈な勢いで吹き上がる影を背に母の肩を抱いて帰ったのが昨日のことの様です。母は四十二歳でした。一緒に手伝っていただいた服藤弘司氏（後の東北大学名誉教授・故人）と三人だけの葬列は淋しく、留守を守った就学前の幼い弟妹たちに最後の別れをさせてあげられなかった悔いは未だに消えません。

父は「定価」を伴った出版物は教科書も含め一冊も遺しませんでしたが、この度論文の一部が多くの方の御尽力で刊行されることとなり感謝に耐えません。

本書『近世民事責任法の研究』は学位論文ですが、執筆時は既に病の床にありました。

狭い和室に何故か卓球台のように大きな机を置き、病床から起き上がっては筆をとっていた姿は今も鮮明です。

妻から幼い子たちのために「学位」くらいは遺してくれと懇願されても居た様で、本来無欲を貫きたかった彼の信念？（衒うことを嫌う性格）を曲げた様にも思います。

四十年余の長い未亡人生活を送った母は子育ての苦闘が一段落したころ、「論文」の所在を求め一人歩いています。

何をどうする心算だったかは不明ですが、頼りにならない私などに相談することなくあれこれ一人模索した揚句「国会図書館」に辿りつきそこで「論文」に再会を果たしています。

「渡る世間に鬼はなし」の譬え通り、親切な図書館員の方に恵まれ、一三六四頁の原稿をコピーして頂きました。今も唯一の家宝みたいなものとなっております。

手前味噌ではありますが、父への尊敬と言うよりは縁の下の力を捧げた母を追憶する宝であります。

平一郎歿後六十九年・妻歿後二十七年。

百姓の家業を継ぐことはできませんでしたが、第二次大戦の激動期を挟み、遠く九州で生き抜いた二人は故郷・霞ヶ浦の遠く土葬を旨とした丘に帰らせて頂いたように思えます。

間も無く移転を完了する現九大キャンパス、そして箱崎・武内通り…。私達兄弟姉妹にも思い出は尽きません。

ささやかな一学徒に曙光をお与え下さった関係の皆々様に改めまして心からの感謝を捧げさせて頂きます。

平成三十年（二〇一八年）初夏

主要著作一覧

著書

『近世債権法』（『司法資料』第二九八号、法務庁資料統計局資料課、昭和二三年一〇月）

論文（◎は本書所収（書誌情報については解題参照））

昭和二（一九二七）年

「徳川時代に於ける雇傭法の研究（一～四・完）」『国家学会雑誌』四一巻七～一〇号

昭和三（一九二八）年

「徳川時代に於ける訴訟上の和解（一～二・完）」『史苑（立教大学史学会）』一巻二、三号

「徳川時代の特別民事訴訟法――金公事の研究――（一～四・完）」『国家学会雑誌』四二巻一一号、四三巻二、七、九号（昭和三～四年）

昭和六（一九三一）年

「徳川時代に於ける債権及び債務の移転」『法政研究』一巻一号

昭和七（一九三二）年

「近世に於ける九州地方の法制関係語について」『九大国文学』三号

「古判例集数種」『法政研究』二巻二号

◎「我近世法上の「仲ヶ間事」（一～二・完）」本書第四編所収
「古判例研究――判例を中心とせる古法制雑考（その1）――」『法政研究』三巻一号

昭和八（一九三三）年
◎「徳川時代の他人の行為に対する責任制一斑」本書第三編所収

昭和九（一九三四）年
「徳川時代に於ける不作為の給付契約・詫証文・徳政担保文言附証文――史料紹介を主眼とする古法制雑考（その2）――」『法政研究』四巻二号
「徳川時代の大坂分散法註解」『国家学会雑誌』四八巻九号
◎「公事方御定書の損害賠償法規に就いて」本書第五編所収

昭和一〇（一九三五）年
「竃雑考――古法制雑考（その3）――」『法政研究』六巻一号

昭和一二（一九三七）年
「大坂奉行所刑事判決例十六題――近世中葉大坂地方に行はれたる刑事的法則（1）――」『法政研究』七巻一号）
「判例近世大坂私法一斑――大坂奉行所判決例四十五題紹介――」石井良助編『中田先生　還暦祝賀法制史論集』（岩波書店）
「徳川幕府『過料』刑小考」国家学会編『国家学会五十周年記念　国家学論集』（有斐閣）
「近世懲役刑小考――熊本藩刑法研究序章――」『九州帝国大学法文学部十周年記念　法学論文集』（岩波書店）
「大坂奉行所刑事判決例十五題――近世中葉大坂地方に行はれたる刑事的法則（2）――」『法政研究』八巻一号

昭和一三（一九三八）年
「大坂奉行所刑事判決例二十七題――近世中葉大坂地方に行はれたる刑事的法則（3）――」『法政研究』九巻一号

昭和一四（一九三九）年
「大坂奉行所刑事判決例三十七題――近世中葉大坂地方に行はれたる刑事的法則（4・完）――」『法政研究』九巻二号
「対馬藩刑事判決例五十題――近世中葉対馬藩に行はれたる刑事的法則――」『法政研究』一〇巻一号

昭和一六（一九四一）年
「小城藩刑事判決例六十二題――近世中葉小城藩に行はれたる刑事的法則――」『法政研究』一一巻一号

昭和一七（一九四二）年
「徳川時代の大坂町制一斑」『法政研究』一二巻一号
「熊本藩「刑法草書」考」『法政研究』一二巻二号

昭和一八（一九四三）年
「九州地方の近世刑事判決録」『法政研究』一三巻一号
「対馬藩の奴刑」『法政研究』一三巻二号

昭和二一（一九四六）年
◎「近世の私的差押契約」本書第二編所収

昭和二二（一九四七）年
「古法制雑記（1）」『法政研究』一五巻一・二合併号

昭和二三（一九四八）年
「古法制雑記」『法政研究』一五巻三・四合併号

昭和二五（一九五〇）年

◎「明治前半期の民事責任法」本書第六編所収

「福岡の法制史」福岡編纂委員会『福岡』（福岡市役所）

＊新聞を始め学術雑誌以外の媒体への寄稿等を含めた詳細な目録は、吉原達也・吉原丈司「広島大学法学部　旧吉原研究室」ウェブサイトの「「金田平一郎博士略年譜・著作目録」(http://home.hiroshima-u.ac.jp/tatyoshi/kaneda001.pdf)」を参照。

なお事実上の絶筆と思われる末尾の「福岡の法制史」については、萩尾明彦氏（筑紫女学園高等学校教諭）よりご教示を得た。

あとがき

金田博士との出会いは、未だ進路に迷っていた学部学生最終年度の春であった。博士の論文「公事方御定書の損害賠償法規に就いて」に偶々接し、内容は充分理解出来ないなりにも受けたインパクトが結局、江戸時代及び近世法に漠然とした興味は抱きながら学問の世界に踏み込むには最後まで躊躇のあった一劣等生の背中を押す大きな要因となったように思う。

以来『近世債権法』を始めとする論稿に学びながら、博士について伝える手掛かりが余りに乏しい——いわゆる「法科派」法制史学の代表格的な先達、かつ個別の論文が及ぼした影響力にもかかわらず——のを予てから不思議に感じていた。それを多少なりとも解消し得たのは、九州大学赴任により、博士が文字通り命を削るが如く蒐集に注力された法制史料に関わる立場となり、そして直接教えを受けられた九州大学名誉教授の秀村選三先生（日本経済史）からお話を伺う機会に恵まれたことによる。大学にお越しの度に長時間、時にはご自宅にまで押しかけた監修者にいつも温かく、金田博士との交流を鮮明かつ情熱をもってお話し下さることで、論文のみからでは知り得なかった生前のお姿が、七〇年という時間を経て眼前に浮かび上がってくる様は、本当に感動的であった。学位論文が未公刊であることへの疑問を思わず口にした折に「金田先生の学位論文は学界のためにも必ず世に出さねばならない、それはあなたの仕事ですよ」と仰った一言がすべての始まりである。快く貴重なご寄稿をたまわったこととも併せ、篤くお礼申し上げる。

本書刊行に際し何よりも大きくかつ決定的だったのは、博士のご遺族との交流という僥倖であった。とりわけご長男の金田久仁彦氏からは、博士所縁の貴重きわまる資料のご提供はもとより、平成二九年初頭に初めてご連絡を頂戴して以来、ほぼ毎月のようにお目にかかり、数百通に及ぶ電子メイルや電話でのやり取りを通じて数々の重要なご教示をたまわった。学位論文出版という提案にも直ちにご快諾の上、度重なる監修者の質問や手記執筆などのお願い事にも常に精密かつ的確に、配慮の行き届いた励ましをもってお応え下さった。博士の人柄や教育を彷彿とさせるご賢慮が如何に刊行の大きな推進力となったかは、到底言い尽くせない。最愛の夫の業績が世に出ることを切望し最後まで奔走されたという故つね夫人（平成三年逝去）はもとより、長女真智子氏、次女理都子氏、そして次男史麻呂氏のご兄弟姉妹、ご家族全員が多大な苦労の末現在に至るまで大切に守って来られた有形無形の財産に、本書の刊行は全面的に負っている。頂戴した数多の厚意溢れたご助力と併せ、改めて心より感謝申し上げる。

かかる望外の幸運を齎して下さったのは、ここ十数年来博士についての詳細な履歴・著作目録を作成し続け、本書刊行に至る土台を築かれた吉原丈司先生、広島大学名誉教授の吉原達也先生（ローマ法）である。この礎ゆえに、博士の足跡を辿り改めて世に問うという営為をここまで遂げられたといっても過言ではない。ご遺族とお繋ぎ下さるという大変なご厚意に加え、数々の重要な情報のご提供やご示唆に深くお礼申し上げたい。

言うまでもなく、ご高配をいただいた九州大学の同僚の先生・職員方は数知れない。ここでは特に、秀村先生とお引き合わせ下さるという、そもそもの端緒を開いて下さった上に、すべての局面において、終始一貫して心強く重要不可欠なご協力やアドヴァイスを頂戴し続けた九州大学附属図書館付設記録資料館・九州文化史資料部門の梶嶋政司先生（日本近世史）、本書刊行に当初より深い理解を示され、決定的なご助言を下さった法学研究院の熊野直樹先生（ドイツ政治史）、いつも良き相談相手となり、学問・実務面はもとより精神的にも支えて下さった同じく法学研究院の西英昭先生（東洋法制史・中国法）のお名前を挙げさせていただきたい。また、かつて監修者が奉職していた神戸学院大学法学部の米田真理子先生（中世日本文学）からも、専門の見地及び豊富な校訂の経験から多くのご助言をいただいた。博士の大きなスケールで展開された学問の集大成たる本書の刊行は、かかる分野を跨がる多くの先生方からのサポートがなければ、決してなし得ないものであった。

まるでタイミングを合わせたが如く、平成二九年の夏、博士の逝去後に九州大学に納められた分の旧蔵書が文庫化されたのは、思いがけない奇跡であった。「金田文庫」としてこの度改めて集約された蔵書・古文書類からも、博士が如何に広い視野に立っておられたかが容易に窺える。移転業務に忙殺される中、九州大学附属図書館、就中文系合同図書室の皆様には多大なご協力をいただいたが、とりわけ同館の山根泰志氏、宮嶋舞美氏は、同文庫への直接かつ献身的な尽力はもとより、蔵書全般についての豊かな見識に基づいた数々のご教示により、本書の刊行上も代え難い貢献をして下さった。出版に当たり、九州大学出版会理事長の五十川直行先生（民法学）からは一方ならぬご支援をたまわった。学術出版厳しい当世事情に加え、経験の乏しい監修者が何とか目的を果たせたのも、全面的なご理解あってのものである。同会の尾石理恵氏は、常に細心の注意力と鋭い編集眼とをもって、本書を内容に相応しいものに仕上げて下さった。

本書公刊に際しては、九州大学法政学会の刊行助成を受けることが出来た。法政学会が刊行する九州大学法学部の紀要『法政研究』は、博士の巻頭論文に始まり、現在に至るまで弛まぬ学術発信を続けている。いよいよ箱崎に別れを告げる直前に、まさにここで生み出された、九州帝国大学法文学部の最良部分の体現でもある金田博士の集大成を、多くの方々の尽力によって世に出せたこと、これも偏に博士のご功績と心より感謝しつつ、あとがきとさせていただく。

平成三〇年七月一〇日（金田博士一一八回目のお誕生日）

移転を目前に控えた

九州大学箱崎キャンパスの研究室にて

和仁かや

史料索引

・本書で引用されている古文書・写本類のうち、原則として既に刊本に収録されているものを除外して掲載した。
・著者個人の所蔵にかかるものは、本文に従い「(家蔵)」と表記した。現在これらの殆どは九州大学附属図書館「金田文庫」に収められている。
・同付設記録資料館・法制資料部門として所蔵されている文書群は、「(法制史料)」と示した。

著者

金田平一郎（かねだ へいいちろう）

1900（明治33）年　茨城県に生まれる。
東京帝国大学法学部法律学科（独逸法選修）卒業。
1928（昭和3）年より九州帝国大学法文学部法制史講座担当講師・助教授・教授。
1949（同24）年　九州大学医学部附属病院にて逝去。

監修者

和仁かや（わに かや）

東京大学法学部卒業。
同大学院法学政治学研究科（基礎法学専攻）、神戸学院大学法学部講師・准教授を経て2015（平成27）年より九州大学大学院法学研究院（法史学講座）准教授。

近世民事責任法《きんせいみんじせきにんほう》の研究《けんきゅう》

2018年9月10日　初版発行

著　者　金　田　平一郎

監修者　和　仁　か　や

発行者　五十川　直　行

発行所　一般財団法人 九州大学出版会

〒814-0001　福岡市早良区百道浜3-8-34
九州大学産学官連携イノベーションプラザ305
電話　092-833-9150
URL　https://kup.or.jp
印刷／城島印刷㈱　製本／篠原製本㈱

ISBN 978-4-7985-0238-0